山东省社会科学规划项目"全域旅游视角下山东省旅游产业效率演化及影响机理研究"（16CLYJ15）

中国旅游产业绿色化评价与升级研究：基于全球价值链视角

田磊 著

中国社会科学出版社

图书在版编目（CIP）数据

中国旅游产业绿色化评价与升级研究：基于全球价值链
视角/田磊著. —北京：中国社会科学出版社，2020.9
  ISBN 978 - 7 - 5203 - 6581 - 9

Ⅰ. ①中… Ⅱ. ①田… Ⅲ. ①旅游业发展—研究—中国
Ⅳ. ①F592.3

中国版本图书馆 CIP 数据核字（2020）第 092828 号

出 版 人	赵剑英
责任编辑	刘晓红
责任校对	孙洪波
责任印制	戴 宽

出　　　版	中国社会科学出版社
社　　　址	北京鼓楼西大街甲 158 号
邮　　　编	100720
网　　　址	http://www.csspw.cn
发 行 部	010 - 84083685
门 市 部	010 - 84029450
经　　　销	新华书店及其他书店

印刷装订	北京君升印刷有限公司
版　　　次	2020 年 9 月第 1 版
印　　　次	2020 年 9 月第 1 次印刷

开　　　本	710×1000 1/16
印　　　张	17
插　　　页	2
字　　　数	262 千字
定　　　价	99.00 元

凡购买中国社会科学出版社图书，如有质量问题请与本社营销中心联系调换
电话：010 - 84083683

摘　　要

改革开放以来，中国旅游产业经过 40 多年的起飞、赶超和跨越的发展历程，从初级阶段的发展到逐渐走向旅游产业的成熟，成绩斐然：从需求侧角度看，中国旅游产业发展表现为消费升级驱动产业发展，旅游产业发展推动经济增长、生态和社会的循环互动。从供给侧角度看，中国旅游产业发展呈现强烈的动态性特征，新业态、新商业模式不断涌现，"互联网＋"、全域旅游等更是推动了旅游产业供给侧改革，增强了其内生发展能力。中国旅游产业作为全球旅游产业发展的重要一环，其日益成熟的旅游产业发展机制不但提升了旅游产业的国际竞争力，而且对世界旅游经济的贡献日益增加，旅游产业正在融入世界旅游经济体系和全球旅游价值链体系。但是随着旅游产业的壮大，已产生了一系列问题，如产业结构单一、不足已经远不能满足民众和市场日益高要求和高能力的井喷式发展态势，旅游产品的有效供给不足成为长期压制行业发展的"瓶颈"。旅游市场出现了市场秩序混乱的不良现象，旅游资源不合理开发导致生态环境被破坏，旅游资源品质下降，目的地生态环境失衡的局面。旅游产业绿色化是旅游可持续发展战略的具体化和明确化，是旅游产业升级新动力来源，推动中国生态文明建设的重要途径之一，切实推进旅游产业绿色化进程是旅游产业可持续发展需要解决的关键问题。所以，对全球价值链下中国旅游产业绿色化评价和升级问题的研究具有重要的理论和现实意义。

本书围绕通过全球价值链下中国旅游产业绿色化评价以及绿色化推动产业升级，实现中国旅游产业可持续发展这条主线，通过对文献梳理，系统运用定性与定量相结合、综合比较与归纳论证相结合的研究方法，在分析全球价值链下中国旅游产业发展的现状和问题基础上，构建旅游产业绿色化评价指标体系；运用 DEA 模型、Malmquist 模型，对中国旅游产业绿色化综合效率、旅游产业绿色化规模效率、旅游产业绿色化技术效率和旅游产业绿色化全要素生产率这几个反映旅游产业绿色化水平的关键指标进行了评价，并对评价结果进行了国家、区域和省域范围内的分析。在对比不同区域旅游产业绿色化发展差异的基础上，构建面板数据模型，对旅游产业绿色化水平的影响因素进行归纳，并对不同影响因素影响程度进行测算，最后借鉴国外典型国家旅游产业升级的经验，提出中国旅游产业绿色化推动产业升级的驱动机制和旅游产业升级的路径对策。

本书主要结论如下：

第一，从经济、生态、社会三个维度分析了中国旅游产业绿色化的发展历程，把中国旅游产业绿色化发展过程分为三个阶段，分别是经济导向的旅游产业成长阶段（1978—2000 年），经济—生态导向的旅游产业拓展阶段（2001—2008 年），经济—生态—社会导向的旅游产业综合发展阶段（2009 年至今）。从三个阶段发展可以归纳出全球价值链下中国旅游产业发展特点：中国旅游产业发展已经纳入全球价值链和世界旅游版图；驱动创新下中国旅游产业提质增效效果显著；旅游产业绿色化发展取得长足进展；旅游企业良性发展成为产业可持续发展的有力支撑。当然从这些典型化特征事实还可以发现中国旅游产业目前所存在的问题：旅游产业供需失衡，绿色化和转型升级艰难；旅游企业嵌入全球价值链环节中缺少领袖企业，竞争力低；低附加值的旅游产品对中国旅游经济持续增长支撑度降低；生态环境对中国旅游产业制约日趋明显。

第二，中国旅游产业绿色化综合效率在 2001—2015 年总体有所降低，呈现出一种"升降升降"的变化趋势。这种情况表明，虽然中国旅游产业的规模在不断扩大，但是这种规模的扩大并没有带动绿色化水平的有效提升。中国各区域旅游产业绿色化发展效率水平差异明显，东部、中部、西部区域分布不平衡，呈现出东高西低的梯队分布格局。

中国旅游产业绿色化技术效率波动起伏中略有下降。总体上表现出东部大于中部，中部大于西部的格局，东部、中部旅游产业绿色化规模效率大于西部，而东部和中部地区旅游产业绿色化规模效率差距非常小。

中国旅游产业绿色化规模效率总体出现小幅度的下降，2008 年出现明显降幅，说明国际金融危机对旅游产业绿色化规模效率影响严重，也体现出旅游产业脆弱性特点。东部、中部和西部地区旅游产业绿色化规模效率表现出与综合效率、技术效率不同的变化特征，地区差异相对较小，东部、中部和西部地区旅游产业绿色化规模效率水平略有下降，东部、中部旅游产业绿色化规模效率大于西部，而东部和中部地区旅游产业绿色化规模效率差距非常小。

2001 年以来，中国旅游产业绿色化全要素生产效率并未得到明显改善，仍处于较低水平，15 年间增长幅度仅为 11%，表明中国旅游产业绿色化整体运行效率呈现缓慢上升的趋势，且年际之间呈现波动状态。

第三，从经济发展、旅游产业地位、环境治理、技术创新、市场潜力共 5 个方面定性分析各因素对旅游产业绿色化的影响机理，以旅游产业绿色化综合效率为被解释变量，从经济发展、旅游产业地位、环境治理、技术创新、市场潜力 5 个方面选取影响因素指标作为解释变量，将旅游产业绿色化综合效率纳入计量分析框架，建立空间计量回归模型对旅游产业绿色化综合效率的影响因素进行实证分析。结果显示经济发展、旅游产业地位和旅游市场潜力对旅游产业绿色化综合效率产生正向影响，技术创新、环境治理对旅游产业绿色化综合效率产生负向影响。

第四，西班牙、日本、新加坡 3 个国家旅游产业绿色化推动产业升级的主要特点与经验有：高度重视可持续发展；政府主导的灵活的发展战略和旅游政策；重视旅游宣传推广，强调整体的促销和联合营销；不断开发新的旅游产品，提供优质的旅游服务。

第五，从旅游产业绿色化支持产业升级的基础动力看，政府、市场和企业三种主客观因素交织在一起形成了旅游产业升级的强大驱动力。客观方面，市场需求的升级形成了旅游产业升级的外在压力，使旅游产业的功能呈现综合化。旅游产业绿色化的市场需求需要引导旅游者的绿色消费。主观方面，政府对旅游产业绿色化发展、全域旅游、优质旅游的追求，以及旅游企业适应市场需求推出绿色旅游产品，也都为旅游产业升级提供了基础动力。旅游产业升级路径和对策主要表现在 5 个方面：以绿色理念引导产业发展方向；以旅游者需求优化旅游产业结构；以效率导向提升要素配置水平；以科技创新提高旅游产业素质；以优质服务提升旅游全球价值链中间环节质量水平。

ABSTRACT

Since the reform and opening up, China's tourism industry has made remarkable achievements after more than 40 years of development, from the initial stage of development to the maturity of tourism industry. Whether from the perspective of balanced development of market structure or from the upgrading of tourism industrial structure level, it shows the characteristics and advantages of tourism industry development under the background of socialism in China. As an important part of the development of global tourism industry, China's tourism industry is becoming more and more mature, which not only improves the international competitiveness of the tourism industry, but also contributes more and more to the world tourism economy. The tourism industry is being integrated into the world tourism economic system and the global tourism value chains. China has become a major tourist country. However, with the growth of the tourism industry, a series of problems have arisen, such as the lack of a single industrial structure, which is far from meeting the increasing demands of the people and the market and the blowout – like development trend of high capacity. The tourism market has been confused and the essence of the market has deteriorated. The development of tourism resources has faced unrestricted destruction, the ecological environment has been destroyed, ecological environment in destinations has declined and became unbalanced. Green tourism industry is the concretization and clarification of sustainable tourism development strategy. It is one of the important ways to upgrade tourism industry and promote the construction of ecological civilization in China. It is the key problem to be solved for sustainable development of tourism industry to effectively promote green tourism industry. Therefore, it is necessary to evaluate and upgrade the green tourism industry in China under the global value chain. The research of this topic has important theoretical and practical significance.

Focusing on the main line of evaluating the greening of China's tourism industry under the global value chain and promoting the industrial upgrading through greening to realize the sustainable development of China's tourism industry, this paper analyses the greening of China's tourism industry under the global value chain through literature review, systematic research methods, qualitative and quantitative research methods, comprehensive comparison and induction and demonstration methods. On the basis of the current situation and problems of the development of green tourism industry, this paper constructs an evaluation index system of green tourism industry, evaluates the level of green tourism industry in China by using DEA model and Malmquist model, and analyses the influencing factors. On this basis, it puts forward the mechanism of green tourism industry promoting industrial upgrading, and draws on the experience of green tourism industry promoting industrial upgrading in foreign countries. The paper puts forward the upgrading strategy of China's tourism industry on the basis of greening.

The main contents of this paper are as follows:

Firstly, this paper analyses the development process of green tourism industry in China from three dimensions of economy, ecology and society, and divides the green development of tourism industry into three stages: the growth stage of economy – oriented tourism industry (1978 – 2000), the expansion stage of economy – ecological – oriented tourism industry (2001 – 2008), and the integration of economy – ecology – society – oriented tourism industry. Development stage (from 2009 to present). From three stages, we can conclude the characteristics of the development of China's tourism industry under the global value chain: the development of tourism industry has been brought into the global value chain and the world tourism territory; the effect of promoting quality and efficiency of China's tourism industry under the driving innovation is remarkable; the green development of tourism industry has made considerable progress; and the sound development of tourism enterprises has become a strong support for the sustainable development of industry. Of course, from these typical characteristics, we can find the existing problems of China's tourism industry: unbalanced supply and demand of tourism industry, difficult greening and transformation and upgrading; lack of leading enterprises embedded in the global value chain, low competitiveness; low value – added tourism products to sustain the growth of China's tourism economy to reduce support; ecological environment constraints on China's tourism industry. It is becoming more and more obvious.

Secondly, the overall efficiency of green tourism industry in China has a downward trend from 2001 to 2015, showing a trend of "rising, falling, rising and falling". This shows that although the scale of China's tourism industry is expanding, the expansion of this scale has not led to the effective improvement of the level of greening. There are obvious differences in the greening efficiency of regional tourism industry in China. The distribution of the eastern, central and western regions is unbalanced, showing a pattern of echelon distribution of the eastern high and the western low. The overall efficiency gap of the greening of tourism industry between different regions is decreasing.

China's tourism industry green technology efficiency fluctuates slightly. The fluctuation range and decline range are obviously smaller than the comprehensive efficiency of green tourism industry. Generally speaking, the eastern part is bigger than the central part, and the central part is bigger than the western part. The green scale efficiency of tourism industry in the eastern part is bigger than that in the western part, while the gap between the eastern part and the central part is very small.

The green scale efficiency of China's tourism industry has declined slightly in general and significantly in 2008, which shows that the financial crisis has a serious impact on the green scale efficiency of the tourism industry, and also reflects the vulnerability of the tourism industry. The scale efficiency of green tourism industry in eastern, central and western regions is different from that of comprehensive efficiency and pure technical efficiency. The regional difference is relatively small. The scale efficiency of green tourism industry in eastern, central and western regions fluctuates slightly. The scale efficiency of green tourism industry in eastern and central regions is higher than that in Western regions, while the green regulation of tourism industry in eastern and central regions is higher than that in Western regions. The efficiency gap is very small.

As for the total factor productivity of tourism industry, since 2001, the green total factor productivity of China's tourism industry has not been significantly improved, and is still at a low level. The growth rate in 15 years is only 11%. This shows that the overall green operation efficiency of China's tourism industry shows a slow upward trend, and shows fluctuations between years. This instability also shows the vulnerability and sensitivity of the tourism industry.

Thirdly, this paper qualitatively analyses the influencing mechanism of each factor on the green efficiency of tourism industry from five factors: economic development level, tourism industry status, environmental governance, technological innovation and market potential. Taking the green efficiency of tourism industry as the explanatory variable, the influencing factors are selected from five aspects: economic development level, tourism industry status, environmental governance, technological innovation and market potential. Explain the variables, incorporate the green efficiency of tourism industry into the econometric analysis framework, and establish a spatial econometric regression model to empirically analyze the influencing factors of regional ecological efficiency. The results show that the level of economic development, tourism industry status and tourism market potential have a positive impact on the green efficiency of tourism industry, while technological innovation and environmental governance have a negative impact on the green efficiency of tourism industry.

Fourthly, the main characteristics and experiences of green tourism industry in Spain, Japan and Singapore are as follows: attaching great importance to sustainable development; flexible government – led development strategy and tourism policy; attaching importance to tourism promotion and promotion, emphasizing overall promotion and joint marketing; and continuously developing new tourism products and high – quality tourism services.

Fifthly, from the basic motive force of green tourism industry to support industrial upgrading, three subjective and objective factors, government, market and enterprise, are intertwined to form a strong driving force for the upgrading of tourism industry. Objectively, the upgrade of market demand forms the external pressure of tourism industry upgrade, which makes the function of tourism industry tend to be integrated. The green market demand of tourism industry needs to guide tourists' green consumption. Subjectively, the government's pursuit of green development of tourism industry, global tourism and high – quality tourism, as well as the introduction of green tourism products by tourism enterprises to meet the market demand, also provide a common basic driving force for the upgrading of tourism industry. The path and Countermeasures of tourism industry upgrading are mainly manifested in five aspects: guiding the direction of industry development with green concept; optimizing the tourism industry structure with tourists' needs; improving the level of factor allocation with efficiency orientation; improving the quality of tourism industry with scientific and technological innovation; and upgrading the middle link of tourism global value chain with high – quality service.

目　　录

第一章 绪论

第一节 研究背景与意义

一 研究背景

（一）绿色化是旅游产业推动生态文明建设的要求

20 世纪后期，世界各国围绕"绿色革命"的中心议题，致力于本国旅游产业的发展和环境保护综合治理的世界性活动。《气候变化与旅游业：应对全球挑战》（世界旅游组织，2008）的研究报告警示世人必须关注旅游发展与环境气候问题。2017 年，世界经济论坛发布面向全球的《2017 年旅游产业竞争力报告》。该报告指出中国旅游产业所取得的成就与其相对应的环境保护的现实警告，显示中国在发展旅游与环境保护能力之间的矛盾依然比较突出，严重地影响了中国旅游产业绿色化和可持续发展。

经过 40 多年的发展历程，中国已成为名副其实的旅游大国。但在旅游产业发展过程中，受旅游企业"经济利益至上"和地方政府"唯GDP 论英雄"观念的影响，粗放型的开发和无规律的消耗依然存在，产生了交通拥挤，环境污染，生态、自然和人文资源破坏等问题，使旅游资源品质下降，目的地生态环境失衡，最终阻碍了旅游产业的可持续发展。

党的十八大把生态文明建设放在突出位置，将其纳入建设中国特色社会主义"五位一体"的总体布局。旅游产业本身是一个资源消耗低、综合效益好的产业，在党的十八大高度重视生态文明建设之后，越来越需要旅游产业发挥生态效应最大化作用来促进生态文明建设。2015 年，《关于加快推进生态文明建设的意见》首次提出"协同推进新型工业化、城镇化、信息化、农业现代化和绿色化"的战略任务，这表明"绿色化"成为中国生态文明建设的核心价值观和经济转型的可操作路径。《"十三五"旅游业发展规划》全面提出旅游产业绿色化长期发展的宏伟目标。旅游产业作为"绿色产业"，无论是在环境保护维度上，还是在资源开发带动经济效益的维度上都具有一定的优势。同时，旅游产业综合性特征证明，通过绿色化发展提高旅游企业、旅游者与相关政府部门及组织的生态文明意识水平，促进旅游产业绿色水平提高，可以有效地推动中国生态文明建设。

（二）中国旅游产业已经融入世界旅游经济体系

中国旅游产业的发展可以说是经济发展的必然结果，也是关乎国计民生的要素，旅游产业更是人类文明加以发展和延续的重要载体。《世界旅游经济趋势报告（2018）》通过对全球旅游产业发展总体状况分析得出，2017 年全球旅游总人数突破 118.80 亿人次，在全球旅游总收入贡献数额上创造了高达 5.30 万亿美元的效益。报告显示，旅游群体方面内容最大的特征就是群体范围不断扩大，更多的人将消费方向转向满足精神需要的旅游当中，旅游消费在全球民众消费结构中的比例越来越大。

世界旅游产业发展正从双板块时代转向多板块时代，从旅游总人次和旅游总收入看，欧洲和美洲板块比重下降，亚太板块份额显著上升。2005—2017 年全球旅游总人次中，欧洲板块占比从 25.60% 下降至16.30%，美洲板块从 27.30% 下降至 17.70%，亚太板块从 43.50% 上升至 63%。在新的分工体系中，全球旅游产业发展表现出最大的特征是新兴国家旅游产业地位不断提升，全球旅游产业发展的区域中心已经逐渐转向东方国家，亚太地区正逐渐成为世界上主要的旅游目的地和客源地，最为明显的就是中国（见图 1 - 1）。

世界旅游组织的统计数据表明，2017 年中国旅游产业综合收入排名世界第二，旅游产业对国民经济综合贡献率达 11%、对社会就业综合贡献率超过 10.26%。这些数据无不说明中国旅游产业正在融入世界旅游经济体系，成为全球旅游业经济竞争增长的引擎，中国旅游产业发展和升级正推动全球旅游要素流动和要素组合的变化。

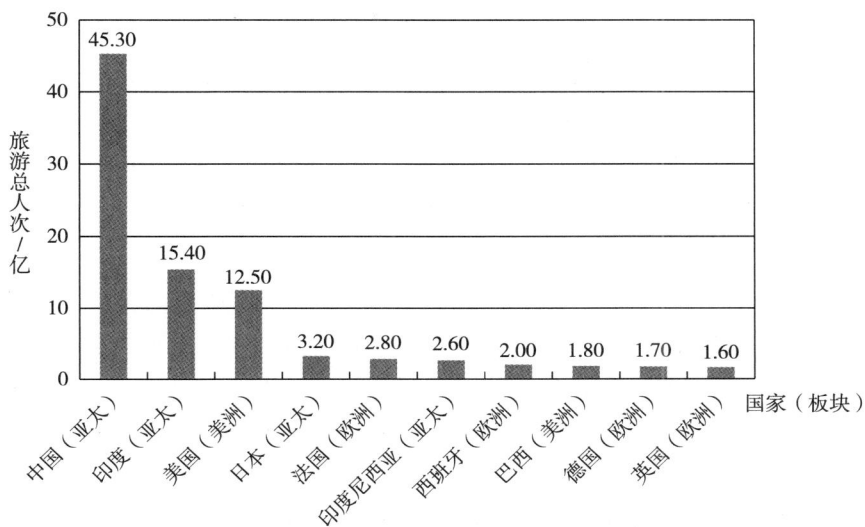

图 1-1 2017 年全球旅游总人次排前 10 名的国家及其所在板块

（三）旅游产业升级将推动旅游企业嵌入全球价值链高端环节

在全域旅游积极倡导全民参与并营造更加和谐友好的旅游环境、旅游供给侧结构性改革引导旅游休闲消费等的推动下，人们的旅游消费趋势受经济收入提高、生活观念进步、政策引导和产品供给等方面的多重影响，正在由传统的以观光为主向以休闲度假为主转变。旅游消费市场发展趋势的变化将带来旅游产业发展方向的改变和管理服务质量的转型升级。

从全球价值链角度看，企业是一国参与全球价值链分工与竞争的行为主体，旅游产业竞争力是依靠旅游企业实现的。尽管中国旅游经济的发展诞生了一批有实力的品牌旅游企业，这些企业也参与到了全球旅游竞争中，但就总体而言，中国旅游企业的管理能力、研发能力、海外投资决策能力以及整合各项资源能力，与世界一流旅游企业相比还存在很大差距。中国旅游企业大而不强，旅游企业间往往通过恶性竞争方式来争夺市场份额，导致旅游企业间竞争日趋激烈，企业发展空间不断压缩，整个旅游产业尽管总收入不断增加，但行业整体利润率却呈现出逐步下降的趋势。在消费升级的新时代，旅游企业面临着如何用更加优质的内容、更有品质的产品、更加便利的服务满足国内外游客不断增长的新需求，如何突破中国旅游企业在全球价值链低端锁定，更好地参与全球竞争，推进从旅游企业升级到旅游产业升级的共同命题。

"十三五"规划提出以旅游业转型升级、提质增效推动全域旅游的发展。产业升级有利于旅游企业上下游之间联系和无缝对接，实现节约成本、相互服务、提高效率、增加收入。对中国旅游企业而言，立足中国旅游市场，放眼全球市场，通过创新旅游产品，即研发、生产、营销高质量、高附加值的旅游产品，才能提高品牌竞争力和大型旅游企业集团的领导地位，嵌入全球价值链的高端环节，增强企业经营能力和产业竞争力，推动旅游产品结构、旅游产业结构全面完善，实现旅游产业的优质发展，更好、更全面地满足人民日益增长的美好生活需要，使旅游业成为广大人民群众更加满意的现代服务业。

（四）旅游产业绿色化是推动旅游产业升级，实现产业可持续发展的必由之路

联合国将2017年定为国际可持续旅游发展年，说明全球范围内已经达成了对旅游产业可持续发展的共识，这有助于将旅游产业的贡献延伸至经济、社会和环境可持续发展三大支柱领域。要想实现旅游产业可持续发展的目标，必须要将旅游产业的升级作为强大的基础与前提，这是特殊世界经济发展形势下旅游产业发展的最佳出路。

从市场变化来看，中国当前已经全面进入大众旅游新时代，旅游市场需求从观光游览逐渐向休闲度假阶段过渡，旅游产业供给结构还不能完全适应这种新变化；从增长动力来看，传统的资源驱动已经难以支撑现阶段旅游产业的优质发展，创新驱动将成为中国未来旅游产业转型升级的重要推动力量；从发展成效看，人们通过旅游产业实现了带动区域经济发展的基本目标，但由于对旅游资源开发与保护、季节性和周期性差异、游客大量涌入等问题处理不当，也对当地的生态环境造成不小的压力。这些问题的出现迫切需要旅游产业创新发展理念，加快推进旅游产业升级、提质增效，通过旅游产业绿色化能逐步扭转旅游产业自身生

态环境恶化以及旅游资源被破坏的局面，进而满足旅游者对良好生态资源环境的期望和需求。同时，旅游产业作为中国经济的战略性支柱产业，也必须从粗放发展方式下的要素规模扩张维度向转型升级形成的内涵效率提升维度转变，这也是旅游产业面对经济发展新形势实现可持续发展的唯一选择。

二　研究意义

（一）理论意义

1. 从全球价值链视角丰富旅游产业可持续发展研究

旅游产业全球化时代已经来临，中国作为亚太旅游的发展引擎驱动世界旅游经济增长，但是中国旅游产业产品单一、环境污染、企业大而不强等问题不但影响了中国旅游产业绿色化进程，而且影响了旅游产品和旅游企业在全球价值链中的地位和产业的升级。从目前的研究成果来看，现有研究较多的是突出生态旅游、绿色旅游、可持续旅游发展的性质和行为，多采用定性分析的方式，缺少对旅游产业绿色化程度的具体测算，旅游产业绿色化的综合评判标准以及相应的提升对策的研究基本不存在。本书将通过明确旅游产业绿色化内涵，反思过去中国旅游产业在全球价值链中的地位，发展过程中的生态破坏和环境污染，完善旅游产业发展模式，对旅游产业绿色化程度及其影响因素进行定量研究。借鉴西班牙、日本、新加坡三个典型旅游强国的旅游产业绿色化推动产业升级的经验，在此基础上提出旅游产业升级的具体策略。

2. 为旅游产业绿色化评价研究的理论与方法体系提供新的研究内容与研究成果

研究的过程中发现，当前对旅游产业绿色化评价研究的各种理论和方法各成一派，分化现象比较严重，将区域层面的旅游产业绿色化效率定量研究作为研究的主要目标的相对较少。这说明旅游产业绿色化评价还有进一步研究的理论空间，评价方法方面仍然需要做出较大的努力去探索。本书立足于中国当前旅游产业绿色化的发展现状和问题，将现有的研究成果作为理论基础，不断收集新的文献资料，努力将旅游产业绿色化各种研究理论和方法有机结合起来，以期建立一套合理的旅游产业绿色化效率评价指标体系和评价理论体系，完善现有旅游产业绿色化效率评价方法。本研究融入了定性与定量的两种研究方法，立足于实践，提出旅游产业绿色化研究方法的创新观点和具有说服力的结论，为旅游产业绿色化研究提供技术分析手段以及为各地区实现可持续发展提供政策依据。

3. 深化现有的旅游产业升级研究

现有的旅游产业升级研究，在研究内容方面，较少涉及从全球价值链和旅游产业绿色化角度推动产业升级内在逻辑与规律的探讨，对策研究的深度与广度也有待拓展。在研究视角上，当前对旅游产业转型升级现状与对策的探讨尚局限于内部视角，缺乏对国外典型案例的借鉴与对比。本书通过对旅游产业升级驱动机制的分析，结合典型国家旅游产业升级发展的优秀经验，加之结合中国特殊的旅游业产业绿色化发展特色，深入探讨了如何促进中国旅游产业升级，丰富旅游产品，提升旅游企业竞争力，嵌入全球价值链的高端环节，尽快使中国迈入旅游强国之列，这在一定程度上将丰富中国旅游产业升级的理论研究。

（二）现实意义

1. 准确判断中国旅游产业绿色化发展水平及程度，为旅游产业可持续发展制定相关政策提供理论依据

"十三五"时期，"绿色发展"口号的提出使旅游产业掀起了可持续发展的大潮，如何实现旅游产业的经济增长与环境影响的平衡是当前学界关注的焦点。本书从明确旅游产业绿色化内涵，建立旅游产业绿色化评价指标和评价体系出发，并对旅游产业绿色化水平进行评价，将为旅游产业发展给予更加科学的绿色化计量标准，将进一步推进中国旅游业产业可持续发展，从而为制定旅游产业可持续发展相关政策提供理论依据。

2. 为中国旅游产业升级提供现实依据

在全球旅游产业蓬勃发展的趋势下，中国旅游产业的发展也不断朝着更加全民化和高标准的方向发展，进一步突出"绿色"的核心本质，在旅游产品的质量和旅游服务的高要求上实现新的突破，这不但是旅游产业嵌入全球价值链高端环节的需要，也是旅游产业升级的迫切要求。针对中国 31 个地区旅游产业绿色化水平的测算，对探讨旅游产业升级具体路径和对策措施具有科学的指导意义。将旅游产业绿色化评价加入

各个地区旅游产业绿色化整体发展战略中，是科学判断该地区旅游产业绿色化水平以及各地区绿色化变动趋势的重要途径，这是进一步在发展旅游产业的过程中探索产业升级的有效途径，最终将有效促进中国旅游产业的升级和可持续发展。

第二节　研究对象与概念界定

一　研究对象

本书的研究对象是中国的旅游产业，是从全球价值链背景下研究中国旅游产业绿色化和升级问题，所以所研究的中国旅游产业的活动主体更多地聚集于中国范围内发生的旅游活动，即以国内旅游和入境旅游为主，而出境旅游虽然是中国旅游产业组成部分，但是一方面因为缺少官方明确的统计数据，另一方面出境旅游对中国旅游产业绿色化发展和升级问题影响相对较小，所以研究中无论是中国旅游产业绿色化评价问题还是旅游产业升级问题相对涉及较少。

具体来讲，本书有两个主要研究对象：一是中国旅游产业绿色化评价问题。通过对中国旅游产业绿色化水平进行系统评价，解决的问题有中国旅游产业绿色化真实水平如何。旅游产业绿色化水平随着时间的推移是否呈现增长或下降的趋势，其变化的趋势是怎样的。各地区的绿色化水平和变化趋势是否一致或者具有某种规律。在全球价值链背景下，中国旅游产业绿色化是否影响了中国向旅游强国迈进的步伐和可持续发展的进程等问题。二是旅游产业升级问题。旅游产业升级是落实绿色发展理念，实现优质旅游发展和可持续发展的必然选择。绿色化为产业升级提供了动力来源，旅游产业绿色化推动产业升级的动力机制如何？本书通过借鉴典型国家旅游产业绿色化推动产业升级的历程经验，分析了旅游产业升级的驱动机制，为旅游产业升级政策制定找到理论依据。

本书将围绕上述两大研究对象，在全球价值链的背景下，详细分析中国旅游产业绿色化的现状、问题，对其进行评价，并通过分析对旅游产业绿色化推动产业升级的机制，提出旅游产业升级的具体策略。

二 概念界定

(一) 全球价值链和旅游全球价值链

随着全球化进程的加快,生产流程工序化整合能力的提高为产业链的区域化分工创造了先决条件,使产品从概念设计、生产、营销到最终用户的使用、售后服务支持的全生命周期中的所有价值创造活动,得以在全球范围内延展,这一过程被称为全球价值链(Kaplinsky,2000)。在经济全球化的背景下,随着产业转移的规模和程度进一步升级,跨国公司在全球范围内配置资源,信息技术革命推动了国际分工的细化,全球价值链进一步升级,形成了以垂直专业化和产品内贸易为特征的全球生产网络。

全球价值链概念实际上描述的是一种国家或地区间的国际分工。产品的研发、设计、生产、销售等增值环节相互协调、互相依赖,共同构成了产品的全球价值链。全球价值链主要由三个环节组成:一是研发设计,包括研发、创意设计、提高生产加工技术、技术培训等环节;二是加工制造,包括采购、系统生产、终端加工测试、质量控制、包装和库存管理等分工环节;三是营销服务,包括销售后勤,批发及零售,品牌推广及售后服务等分工环节。就增值能力而言,以上三个环节增值状况分布呈现由高向低再转向高的"U"形状,或称为"微笑曲线"。

旅游全球价值链描述了价值在全球范围内旅游产业链中的传递、转移和增值过程。为满足旅游者需求而连接生产、销售、服务等全过程的旅游企业,都可以参与价值、利润的分配,所有参与者都是旅游全球价值链的节点。旅游全球价值链与其他行业的全球价值链不同,它起始于旅游者,旅游者产生旅游需求之后,在旅行社的组织下,利用交通工具,最终来到旅游目的地,并且游客的流动过程始终伴随着价值链的增值。

要理解旅游全球价值链的概念,一方面,需要理解旅游全球价值链分工,旅游全球价值链分工是随着旅游全球化发展逐步形成的一种新型的国际分工形式。根据新古典贸易理论,要素禀赋和技术条件决定了国际间的竞争优势,不同旅游产品提供环节对技术、资本、人员等要素的要求存在较大差异,要素禀赋不同的国家和地区在其富裕要素相对密集的生产环节便具有比较优势，从而为旅游全球价值链分工的形成提供基础。旅游发达的国家在要素禀赋方面通过输出品牌、人才、资本到旅游经济欠发达国家，旅游欠发达国家依靠旅游资源和劳动力相对丰富的特点，承接具有竞争优势的旅游产品生产环节。旅游欠发达国家可以将旅游产业的资源密集型和劳动密集型的潜在比较优势释放出来，转化为真实的比较优势。这些以要素禀赋差异为基础的旅游全球价值链分工协作模式，共同完成旅游产品的生产。另一方面，旅游产业空间聚集带来的规模报酬递增效应成为推动旅游全球价值链分工的新动力。规模经济的出现可以导致各个国家人力、研发、资本等要素资源的聚集，专业化要素资源与企业的集聚效应又不断吸引着外部专业资源的加入和聚集，从而强化了各国的旅游资源优势和技术优势，改变不同国家在旅游全球价值链中的竞争位置。

因为参与了全球化的国家都处在"全球价值链"的"治理"之下；而"价值链"的治理目标正是索取各种各样的"经济租"。全球价值链分工的利益分配来源于建立进入壁垒而阻止竞争者进入，使企业规避竞争所获得的"经济租"。Kaplinsky认为，经济租分为内生经济租和外生经济租，旅游全球价值链和全球价值链的区别在于全球价值链的利益分配主要来源于内生经济租，包括技术租、人力资源租、组织租、关系租，而旅游全球价值链的利益分配主要来源于外生经济租，包括自然资源租、政策租、基础设施租、金融租。旅游产业发展的特点决定了旅游资源在旅游产业中占有重要地位，由于旅游资源的稀缺性和不可移动性的特点，旅游产品吸引旅游消费者主要依赖于旅游资源，所以控制了旅游资源开发利用活动，就可以阻止竞争对手进入，从而产生本国的旅游产业竞争优势。

（二）绿色化

准确把握"绿色化"的科学含义，首先必须对"绿色化"的字面含义有一个初步了解。"绿色化"是由"绿色"和作为后缀的"化"字组成的一个复合词。根据《现代汉语词典》等权威辞书的解释，"绿色"既可以用作表示事物名称的名词，也可以用作表示事物属性的形容词。当它用作名词时，指的是一种颜色；当它用作形容词时，指的是事物的一种属性。作为后缀的"化"，加在名词或形容词之后构成动词，反映的是事物变化的动态过程，表示由一种属性转变到另一种属性，譬如"美化""恶化"等。毛泽东在《反对党八股》一文中还对"化"做过一个著名的解释："化者，彻头彻尾彻里彻外之谓也"，表示彻底通透之意，反映的是事物变化的动态过程的完成，表示由一种属性到另一种属性的转变覆盖该事物变化的全过程和各方面。

"绿色化"是"绿色"社会的构建过程，目标是达致一个人与自然界、人与人和谐相处的、可持续的美好生存状态。生态文明是对工业文明的扬弃；是人类遵循人、自然、社会发展规律而取得的物质与精神成果的总和；是以人与自然、人与人、人与社会和谐共生、良性循环、全面发展为宗旨的社会形态。

2015 年，《关于加快推进生态文明建设的意见》中首次提出了"绿色化"的概念，是指把绿色的理念和价值观融入产业、企业和人的生产、生活过程中。"绿色化"的发展并不是一个突发的过程，而是在不断的发展中逐渐演变的过程，具有一定的动态性和发展性，突出的是国民理念、国土空间、生产生活方式、制度管理不断由浅绿色向深绿色转化的过程（黎祖交，2015）。"绿色化"的出发点是对自然观和发展观的改变，将创新驱动作为生活方式和生产方式转变的主要方式，最终建立绿色生态文明重大制度，培育更加先进的生态文化（赵建军，2015）。

"绿色化"概念区别于绿色发展，也不等同于五大发展理念之一的"绿色"，它既有"绿色"含义，又有"化"的过程及结果。"绿色化"概念的内涵也包括观念和现实两个层面的内容。

"绿色化"概念的含义有多重。

第一，它指使颜色本来不是绿色的事物变成绿色的。我们通常所说的植树造林就是这个意思，它是在原来没有草或树的地方种上草或树，使那个地方的地表被绿色植物覆盖。

第二，它指使不健康的生产、生活方式变成健康的、可持续的。以前"高污染、高能耗、高成本"的生产方式和"高消费、高浪费"的生活方式，不仅使人类的生态环境遭到破坏，还使人类的可持续发展受到极大威胁，因而是不健康的、非绿色的，"绿色化"发展要求把这种不健康的、非绿色的生产、生活方式转变成"低污染、低能耗、低成本"的生产方式和"适度消费、节约环保"的生活方式。

第三，它指进行有关绿色的教化活动，即绿色教育，它以环境保护、可持续发展等相关知识为教育内容，旨在培养学生的环境意识和与环境保护的相关知识与技能。通过绿色教育，形成绿色思维和绿色价值观，使"绿水青山就是金山银山"的生态理念内化于心。

第四，它指以"绿色"去"化"制度，把不利于生态环境保护、可持续发展的政策、法规等制度体系转变成促进生态环境保护、可持续发展的绿色制度体系。

第五，它指把当前社会转变成人与自然、人与人和谐发展的社会。工业革命以来，人类为了发展，肆无忌惮地掠夺地球资源，向自然界排放各种废弃物，引起了自然界的反抗和报复，人与自然的关系越来越紧张，这种扭曲的发展观还导致人与人之间关系的冷漠、紧张。"绿色化"发展以增进人民福祉和促进社会公平为旨归，强调经济发展与环境保护相统一、人与自然及人与人和谐相处，是一种新型的可持续发展模式。

（三）旅游产业绿色化

旅游产业绿色化概念的提出是在旅游可持续发展理念的基础上逐渐升华出的，是新的市场经济条件下旅游产业发展的最终形式和终极目标。当今旅游产业的发展最重视的是环境生态保护，也就是旅游产业与环境友好的最佳状态，这是一种理想的绿色化。

旅游产业绿色化在意识层面表现为它是一种精神层面的思想意识，是在旅游产业发展过程中生发出来的一种内隐性的思想意识，这种思想意识作为在现实旅游产业中开展旅游工作的意识导向，力求旅游产业各个部门在各自的工作中朝着绿色化迈进，最终实现整体的绿色化；在过程层面表现为是在生态学规律、市场发展规律、产业发展规律等指导下对于旅游资源和产品开发进行规划的动态化发展过程；在结果层面表现为旅游绿色产业化发展的最终目的是将产业发展的各个系统进行重组和优化，通过发挥各个子系统的作用达到旅游产业发展与自然环境的生态的平衡，最终实现和谐的旅游发展目标。

（四）旅游产业升级

旅游产业升级是在外部需求环境和行业内部运营环境的驱动下，政府通过满足市场需求来实现旅游供给的进一步完善。旅游产业升级既包括旅游产业发展模式与发展形态的改变，也包括产业结构的优化与产业要素的优化。旅游产业层面内容的升级依托于旅游企业层面内容的升级，最终表现为产品与服务层面内容的升级。旅游产业的升级主要涉及3个层次：第一层次，产业层面的旅游业态升级。旅游产业升级以业态升级为载体，具体表现为旅游产业发展模式由数量增长向质量效益和可持续发展升级；空间结构由建立行政的壁垒向区域旅游合作升级等；第二层次，组织层面的旅游企业升级。旅游产业升级以旅游企业转型升级为主体，具体表现为产业组织形式由单体企业组织向产业融合与企业链条式组织升级；第三层次，微观层面的旅游产品与服务升级。旅游产业升级以产品与服务的升级为最终表现，具体体现为消费方式由低层次消费向高端绿色消费转型升级；产品开发由观光旅游产品向复合旅游产品升级等（见图1-2）。

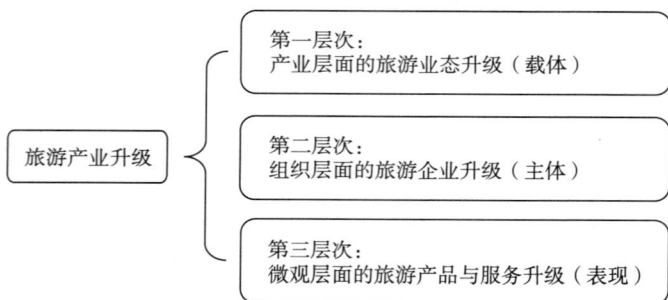

图1-2　旅游产业升级的内涵解读

全球价值链下旅游产业升级的最终目标是实现"量"和"质"两方面的共同提高："量"方面的提高主要是指旅游产业规模的不断扩大，体现在旅游产业发展在潜力上的挖掘，吸引更多的入境过夜旅游者，继续扩大国内旅游人群规模，"量"的增加是"质"得以提升的基础。"质"方面的提高反映的是旅游产业整体在既定产业环境中要素投入的使用效率水平，反映的是旅游产业在整个发展过程中所表现出来的能量多少、发展水平高低，通过产品的绿色化、多元化、品牌化满足国内外游客多元化的出游需求和旅游产业可持续发展的基本要求。

第三节　研究内容与方法

一　研究内容

目前，虽然国内外学者对旅游产业绿色化进行了很多研究，但是缺乏从全球价值链视角对中国旅游产业绿色化和升级的研究，对中国旅游产业长时间跨度和不同区域层面的旅游产业绿色化评价分析、旅游产业绿色化影响因素的研究，旅游产业绿色化对产业升级驱动机制的相关研究更少。本书综合运用价值链理论、可持续发展理论、产业经济学理论等众多基本理论，以实现中国旅游产业可持续发展为基本目标，对中国旅游产业绿色化发展阶段、绿色化水平、影响因素、旅游产业升级的具体路径对策进行研究。

具体来说主要做了以下 4 个方面的研究工作：

一是从经济、社会、生态三个维度分析了中国旅游产业绿色化的发展阶段，从发展阶段特点分析归纳出全球价值链下中国旅游产业发展现状特点，从这些典型化特征事实中找出中国旅游产业目前存在的问题，为后续有针对性地对旅游产业绿色化评价和升级奠定基础。

二是通过构建旅游产业绿色化效率评价指标体系，利用 DEA 模型和 Malmquist 模型，对 2001—2015 年中国 31 个省域的旅游产业绿色化综合效率、技术效率、规模效率和全要素生产效率进行评价，评价的目的就是发现中国旅游产业绿色化发展水平、发展趋势以及旅游产业绿色化效率的区域差异。

三是对影响中国旅游产业绿色化效率的因素进行理论和实证分析。首先通过文献查阅，系统分析了经济发展、旅游产业地位、环境治理、技术创新和市场潜力对旅游产业绿色化的影响作用机理。其次，运用面板数据模型对上述影响因素对旅游产业绿色化具体影响程度进行实证分析。

四是通过对全球价值链下中国旅游产业绿色化问题分析，旅游产业绿色化效率评价和借鉴西班牙、日本和新加坡旅游产业升级的经验，对中国旅游产业升级的驱动机制进行分析，得出中国旅游产业升级的具体路径和对策。

二　研究方法

（一）文献查阅与实地调查法

文献查阅法是规范研究的一种主要方法。本书注重从古今中外的相关文献资料库中收集中外文资料：在中文文献查阅方面，电子类的文献主要通过中国知网、超星图书馆、读秀知识库、谷歌图书搜索、谷歌学术搜索。外文文献的收集主要通过 ELSEVIER 数据库、PQDD 博硕士论文数据库、ECO 电子期刊库、ProQuest Education Journals 电子数据库、谷歌图书搜索、谷歌学术进行，然后对此进行分析，从而对国内外相关研究成果有一个全面的了解。

实地调查法是在缺乏明确理论假设的基础上，研究者直接参与调查活动，收集资料，依靠本人的理解和抽象概括，从收集资料中得出一般性结论的研究方法。实地调查所收集的资料往往不是数字而是描述性的材料，而且研究者对现实的体验和感性的认识也是实地研究的特色。与人们在社会的无意观察和体验相比，实地调查是有目的、有意识和更系统、更全面的观察和分析。

本书通过对国内外全球价值链、旅游产业绿色化、旅游产业升级等相关理论的研究成果的大量阅读、整理、归纳，了解了迄今为止有关的研究范围、研究角度、研究方法、研究成果以及未覆盖的研究方向和未深化的研究分支，为实现本书的研究目标奠定基础。同时，为了获得第一手资料，同旅游政府部门、旅游研究机构、各类型旅游企业、旅游者、目的地居民进行座谈交流，充分了解旅游产业绿色化和旅游产业升级情况，从而提高研究结果的准确性和实用性。

（二）定性与定量分析法

定性分析法是指决策者运用过去管理过程中积累的经验，对决策方案进行主观的评价与选择的一种方法。由于环境的多变和决策本身的复杂性，人们对许多决策方案的评价和判断很难运用定量的方法去分析，因而只能依据在日常工作中积累的经验去判断。定量分析法是指根据现有数据资料，建立在一定数学模型基础上分析的决策方法，可以使决策过程数学化、模型化，大大提高了科学决策的水平。定性分析侧重理论角度的演绎和推理，定性分析是通过建立数学模型，用数据统计得出倾向性结论。

本书研究涉及国内国外大量文献资料的参考以及大量现有数据和调研数据的分析，这需要用到定量分析和定性分析的方法，对所涉及的数据和文献资料进行"质"的方面的分析。定性方法主要体现在对全球价值链、旅游产业绿色化、旅游产业升级等概念的界定及相关文献分析、全球价值链下中国旅游产业发展特点及问题等方面的研究中。定量研究主要体现建立旅游产业绿色化效率方面运用了 DEA 模型和 Mulmquist 指数模型进行定量计算，在旅游产业绿色化影响因素方面运用面板数据模型进行定量分析。通过定性与定量分析相结合，理顺旅游产业绿色化推动产业升级的机理，有针对性地提出中国旅游产业升级的具体对策，使研究结论和判断更具有客观性和科学性。

（三）归纳分析与演绎分析法

归纳分析法，是指从许多个别事例的认识，概括出这些事例的共同特点，推导出一般性的结论，是由个别到一般的推理方法。归纳分析法对社会调查有直接的指导意义。我们进行社会调查研究的目的就是要通过大量"个别"事例的调查，去了解社会现象整体的"一般"性特点。这是使我们获取新的认识和找到赖以进行演绎推理的前提。归纳分析法在社会调查中的重要作用是毋庸置疑的，因为调查是由个别到一般，是一个运用归纳方法的实际过程。归纳分析法强调从客观事实出发，用铁的事实说话并进而发现新的事实。

演绎分析法，是逻辑推理的主要方法，即根据已知的一般原理，推知某个从属于该类事物的个别事物的情况，由已知进到未知的方法。演绎和归纳方法是互相对立、互相依赖、互相补充，并在一定条件下互相转化的。人们对自然界和社会的认识，总是从个别、特殊的现象开始，然后上升到一般的、普遍的结论，这就是归纳的过程。所以，归纳推理是演绎推理的基础，没有归纳，演绎就无法进行。另外，归纳也不能脱离演绎，归纳推理在收集大量经验材料以及对这些材料进行归纳时，绝不是盲目的，总不能脱离一般原理和理论的指导。演绎对归纳能起规定方向和目的的作用，没有演绎，归纳得来的成果就不能扩大和加深，归纳所得出的绪论并非是完全充分可靠的，还必须有演绎加以补充和修正。

本书首先运用纵向的归纳分析方法，着重分析了我国 31 个省域旅游产业绿色化的整体发展水平，并作出了相应的数据对比；然后通过采用横向比较方法，以时间发展为研究维度，对同一时期中国不同区域之间旅游产业绿色化发展状况做了分析，最后通过演绎分析得出中国旅游产业升级的对策。

第四节 研究技术路线

本书围绕"文献梳理—旅游产业绿色化评价—评价结果分析—绿色化影响因素—典型国家旅游产业绿色化推动产业升级的借鉴—产业升级策略"的研究主线，通过定性与定量分析相结合、过程演变与机理分析相结合、理论总结与实践应用相结合的方法，致力于全球价值链视角下旅游产业绿色化评价和升级的演化与总结（见图1-3）。

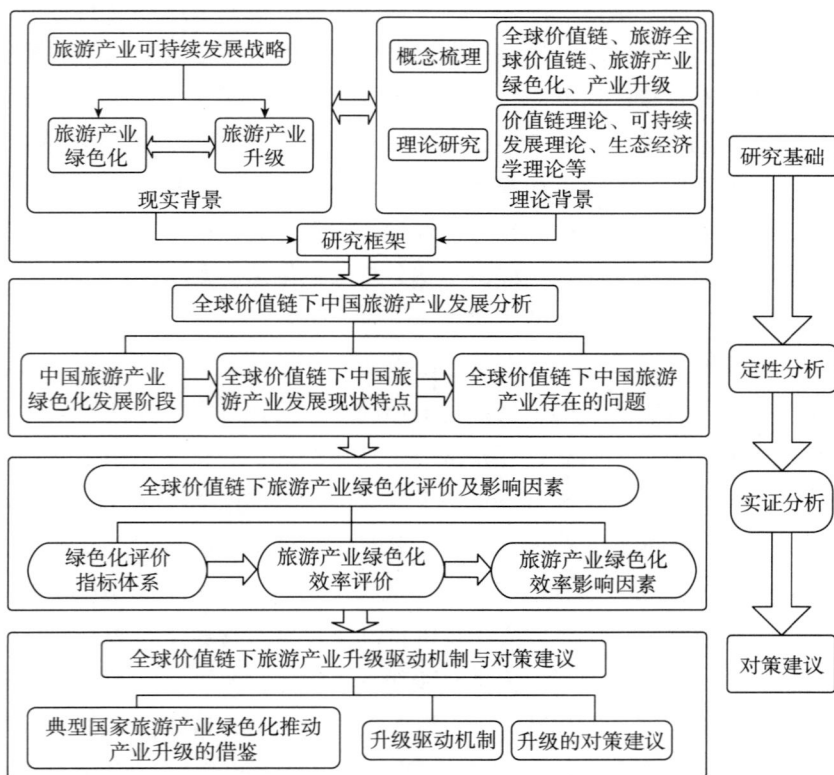

图1-3 本书研究技术路线

第五节　创新点和不足

一　创新点

（1）本书总结了全球价值链、旅游全球价值链、旅游产业绿色化、旅游产业升级的研究进展，立足于全球价值链企业的微观视角和旅游产业的宏观视角，通过全球价值链下中国旅游产业绿色化发展现状和问题分析，初步建立旅游产业绿色化和升级的理论分析框架，在理论阐述上具有一定的创新性。

（2）综合运用 DEA 模型、Malmquist 模型、面板数据模型等计量分析方法，采集了大量的数据进行分析，构建了旅游产业绿色化评价的分析框架，实现了对中国旅游产业绿色化水平的定量评价，并对影响中国旅游产业绿色化的影响因素进行定量分析，从而获得较为可靠的结论，这在旅游产业长期以来以定性研究为主方面也体现了分析方法的科学性运用和突破。

（3）厘清了旅游产业升级的驱动机制。通过旅游产业绿色化和产业升级关系的梳理，针对性地提出旅游产业升级的具体路径和对策。

二　不足

本书虽然对全球价值链下中国旅游产业绿色化的发展历程、特点、问题进行了理论研究，对中国旅游产业绿色化进行了评价，阐述了旅游产业绿色化推动产业升级的机理，并对中国旅游产业升级提出了相应对策，但是由于议题本身的复杂性，加之本人知识水平的有限、研究时间的紧迫性、部分资料数据难以获取，导致研究仍存在部分不足之处：

（1）旅游产业绿色化的指标体系涉及经济、资源、环境、社会等多方面指标内容，是一个庞大的体系，在建立指标体系过程中，经济、社会、生态、环境指标虽然都有涉及，但因旅游产业综合性、绿色化内涵广泛的背景，以及部分数据的难获取性，导致旅游产业绿色化评价指标体系仍尚待完善。

（2）本书运用多学科的相关知识，制订了相应的调查方案，对相关的专家进行了访谈，根据访谈结果细化得出影响旅游产业绿色化的相关因素。在研究的过程中突出表现的问题是，由于现实条件的限制，致使某些数据结果存在偏差，对研究结果产生不同程度的影响。

第二章　国内外研究进展与理论基础

国内外对全球价值链、旅游全球价值链、旅游产业绿色发展、旅游产业可持续发展的研究已经取得诸多成果。但是笔者通过梳理文献发现，当前对全球价值链下旅游产业绿色化与产业升级的相关研究仍然不够深入，尤其是国内文献对全球价值链下旅游产业绿色化评价以及旅游产业绿色化的影响因素，以及旅游产业升级方面研究仍缺乏系统性、理论性，旅游产业绿色化评价和产业升级研究的学科范式仍没有建立。从这个角度看，需要进行这方面的基础理论构建。本章首先对全球价值链、旅游全球价值链、旅游产业绿色化和旅游产业升级理论进行梳理，并分别对其进行述评，其次对研究涉及的相关理论进行分析，以对后续研究奠定基础。

第一节　国内外研究进展

一　全球价值链与旅游全球价值链研究

（一）全球价值链

全球价值链不是一个新的概念，随着全球信息技术的进步、交通运输能力的增强和全球生产网络的成熟，全球价值链出现了延伸的新趋势。生产过程分散化也为发展中经济体和不发达经济体提供了很多机会，为它们进入全球价值链降低了成本，且使发展中经济体享受到分散化生产所带来的贸易发展与就业机会增长。全球价值链理论是融合微观和宏观两个视角来审视国家产业发展的一个新兴理论，是系统解决产业升级问题的重要支撑理论。全球价值链理论来源于迈克尔·波特的价值链理论。价值链最早由哈佛商学院的迈克尔·波特（Michael Porter, 1985）在其《竞争优势》一书中提出：每一个企业都是在设计、生产、销售、发送和辅助其产品的过程中进行种种活动的集合体。这些相关关联的价值活动构成了创造企业的一个动态过程，即价值链（Porter, 1985）。价值链管理强调企业应该从总成本的角度考察企业的经营效果，通过对价值链各个环节加以协调，增强整个企业的业绩水平。近年来，随着全球生产的分散化，原来局限于一个企业内部的价值链概念也被拓展到了国家与区域的层面，即一条价值链上所有的增值环节都可被分离开来，从产品开始诞生概念到其生产和商业化的全部过程都散布到不同的空间，并衍生了概念更为广泛的术语——全球价值链。

全球价值链是从全球角度研究产业链条的空间配置与价值链参与者之间相互关系的理论。它是指在全球范围内为实现商品或服务价值而连接生产、销售、回收处理等过程的全球性跨企业网络组织，涉及从原料采集和运输、半成品和成品的生产和分销，直至最终消费和回收处理的过程。它包括所有参与者和生产销售等活动的组织及其价值利润分配，并且通过自动化的业务流程和与供应商、合作伙伴以及客户的链接，支持机构的能力和效率（联合国工业发展组织，2002）。Sturgeon（2001）、Gereffi（2003）、Humphrey（2000）等学者完善了全球价值链概念及其理论框架。

国外学者对全球价值链的理论研究集中在全球价值链的治理和升级两个方面：

全球价值链治理是通过非市场机制来协调价值链上活动的企业间的相互关系和制度机制，即价值链的组织结构、制度安排、权力分配，以及价值链内部不同经济活动和不同环节之间的协调。Gereffi（1995）等将全球价值链分为生产者驱动和购买者驱动两种模式，认为全球价值链条的驱动力来自生产者和采购者两方面。在生产者驱动模式下，生产者是核心部门，它一方面向国内外的分销商提供商品，另一方面与本地或国外的配套企业、分包商合作，完成采购或生产，呈现明显的上下游关联；在购买者驱动模式下，国际贸易公司和国外购买者是中间客户，起到中介作用，将本地生产企业同国外经销商联系起来，构成一条基于国际贸易的价值链。价值链的治理结构决定着市场准入程度及利润分配（Kaplinsky，2000），影响价值链上所有活动参与者的地位与功能，同时也决定着发展中国家的产业提升能力（Schmitz，2001）。根据不同产业和不同视角的分析，全球价值链治理模式有不同的分类，如 Powell（1990）将生产网络的治理结构分为市场、网络和层级组织 3 种。John Zysman（1997）在研究了亚洲跨国生产网络的类型和决定因素后，发现决定亚洲生产网络类型的是领导厂商的母国治理结构、领导企业的结构和海外生产动机。Sturgeon（2000）根据全球价值链中行为主体协调能力的高低，将全球价值链治理模式分为权威性生产网络（Authority Production Network）、关系型生产网络（Relational Production Network）和虚拟性生产网络（Virtual Production Network）。Sturgeon（2001）等通过对电子产业和契约制造的研究，以产品和过程标准化程度为基础比较了商品供应商（Commodity Supplier）、领导型供应商（Captive Supplier）和交钥匙供应商（Turn Key Supplier）3 种类型的供应关系。Humphrey 和 Schmitz（2001）利用交易成本理论和企业网络理论识别了 4 种治理模式：纯市场关系（Ams' Length Market Relations）、网络（Network）、准等级制（Quasi - hierarchy）和等级制（Hierarchy）模式。在以上研究基础上，Gereffi（2005）根据市场交易的复杂程度、识别交易的能力和供应能力，将全球价值链治理模式细分为 5 种：市场型（Market）、模块型（Modular）、关系型（Relational）、领导型（Captive）和等级制（Hierarchy）。

　　从全球价值链的角度来研究产业升级，是指处于价值链之中的企业，或尚未嵌入价值链的企业通过嵌入价值链获取技术进步和市场联系，提高竞争力，进入增加值更高的活动中的升级过程，包括各个价值环节内在属性和外在组合两个方面的变动，这两方面连接在同一链条之中或不同链条之间。由于一个国家或地区在全球价值链中所处的功能环节直接决定了其在该产业获得的附加价值多少，因此要改变在价值链中的被动局面，发展中国家的产业必须进行升级。

　　在此基础上，英国 Sussex 大学创新研究小组的学者提出全球价值链中的产业升级的四种模式：工艺流程升级、产品升级、功能升级和链条升级（Humphrey & Schmitz，2005）。

表 2 - 1　　　　　　　　　产业升级四层次的实践与表现

升级类型	升级的实践	升级的表现
流程升级	过程更有效率	通过降低成本、增进传输体系，引进新的组织方式，获取更多价值
产品升级	比对手更快的产品研发	通过扩充新产品市场份额、增大新产品市场份额，改进使商品市场份额增加，获取更多价值
功能升级	在价值链中位置的改变	通过提高在全球价值链中的地位，专注于价值量高的环节，而把低价值的活动外包，获取更多价值
价值链升级	移向新的、价值高的价值链	通过涉足高收益的相关产业领域、相异领域，获取更多价值

产业升级一般都依循从工艺流程升级到产品升级，再到产业功能升级，最后到价值链条升级这一规律。但应强调指出的是，产业升级轨迹并不一定完全依照这一规律，并非不可改变，比如当技术出现突破性创新时，升级轨迹可能突破常规规律。

此外，还应重视随着产业升级的不断深化，附加价值的不断提升，参与价值链中实体经济活动的环节变得越来越少，产业空心化现象会越来越严重。

Schmitz 深入研究了巴西 Sinos Valley 制鞋业集群的兴衰成败过程，发现嵌入准层级制全球价值链为实现工艺流程和产品升级提供了有利的条件，但阻碍功能升级；如果全球价值链治理模式是纯市场关系模式，由于升级并非由全球采购商培育，因此工艺流程和产品升级缓慢，但功能升级的广阔前景说明了全球化竞争促使产业集群不但要加强本地合作，而且必须加强外部关联（Schmitz，2001）。Chikashi Kishimoto 以中国台湾地区 PC 产业集群为例，总结了"OEM—ODM—OBM"的升级路线（Chikashi Kishimoto，2002）。Humphrey 和 Schmitz 深入分析了发展中国家的产业嵌入全球价值链的目的，认为获得进入市场的机会、生产能力的提升和全球利益的重新分配，是驱动本地供应商进入全球市场的主要因素（Humphrey & Schmitz，2003）。Gereffi 和 Pan、Gereffi 和 Korzeniewicz、Ernst 和 Francis 等对东亚地区，Humphrey 和 Schmitz、Bair 和 Gereffi 等对墨西哥、巴西、印度等国家的产业升级进行了研究

（Gereffi & Pan， 1994； Gereffi & Korzeniewicz， 1994； Ernst， 2001；
Francis， 2004； Humphrey & Schmitz， 2004； Bair & Gereffi， 2001）。

国内对全球价值链理论的研究主要从两个角度展开：

一是全球价值链的动力机制分析。全球价值链动力机制，不仅包括
对供应商和零售商的显性激励，而且包括对其暗合性激励、约束作用等
方面因素（彭绍仲，2006）。童昕、王缉慈（2003）分析了生产者驱动
型和购买者驱动型两种全球价值链在中国沿海出口加工区集群发展中扮
演的角色，并就其面临的制度"瓶颈"提出政策建议。张辉（2004；
2006）认为，全球价值链片断化的驱动类型有生产者驱动型、购买者
驱动型和混合型三种动力机制，生产者驱动的全球价值链条，要采取以
增强核心技术能力为中心的策略；参与购买者驱动的全球价值链的产
业，应强调销售渠道等的拓展来获取范围经济等方面的竞争优势。江心
英、李献宾等（2009）认为生产者驱动型全球价值链的价值增值多位
于生产领域，而购买者驱动全球价值链的附加值多流向了市场销售和品
牌化等流通领域。崔焕金、刘传庚（2012）阐述了全球价值链驱动型
经济体间的产业联动发展和结构分化演进机制及发展效应。

二是全球价值链治理模式及产业升级研究。全球价值链背景下，国
家和企业都是全球竞争市场上的行动者，它们已成为提升一国产业国际
竞争力时需要同时关注的力量。张向阳等（2010）从全球价值链视角
分析了发展中国家产业升级状况，指出如何突破发达国家购买者的锁
定，进而推进功能升级是发展中国家制造业升级的关键所在。任家华等
（2015）认为，抓住国际产业转移的机遇能够促使中国高新技术产业的
升级，可采用战略收购与联盟，不必再采用嵌入全球价值链的组织方
式。张国胜（2009）指出企业内生技术优势是全球价值链内产业升级
的传递机制，而且这种明显的路径依赖可促使技术能力演化，在充分运
用全球价值链内局部知识外部性的前提下，把企业内部与外部知识进行
整合，可以持续有效地推动本地产业的升级。曾刚等（2005）分析了
全球集成电路公司的治理行为对浦东集成电路地方产业网络升级的影
响。在此基础上提出，价值链治理者——全球领先公司，对地方产业网
络升级的推动或阻挡，决定于地方产业网络的升级行为是否侵犯了其核
心竞争力，而不是决定于地方产业网络升级的"类型"。陈菲琼、王丹

霞（2007）分析了全球价值链治理模式的动态性与企业升级的关系。梁文玲、李鹏（2008）认为，中国纺织企业存在流程升级、产品升级和功能升级 3 种升级要求。刘林青、谭力文、马海燕（2010）则认为与单一公司的治理相比，全球价值链背景下的治理显得更加复杂，总体上可以分为 3 类治理问题：企业内治理、产业治理和市场治理问题。

（二）旅游全球价值链

旅游全球价值链理论对不同国家旅游产业如何有效融入全球旅游经济，不断实现旅游产业升级提供了理论支撑。旅游全球价值链理论源于全球价值链理论，Clancy、Judd、Tapper 和 Font、Zhang、Romero 和 Tejada（2011）通过旅游全球商品链、旅游产品供应链、旅游全球价值链的研究中不断完善了旅游全球价值链的内涵。旅游全球价值链在分析旅游实现的分工协作基础上描述了价值在全球范围内旅游产业链中的传递、转移和增值过程。所有参与者都是旅游全球价值的参与节点，只有在所有参与者的共同互动下才能够真正实现旅游产业价值链的实际价值。旅游全球价值链在分析旅游实现的分工协作基础上呈现了价值在全球范围内旅游产业链中的传递、转移和增值过程。所有参与者都是旅游全球价值综合链的参与节点，只有在所有参与者的共同互动下才能真正实现旅游产业价值链的实际价值（见图 2-1）。

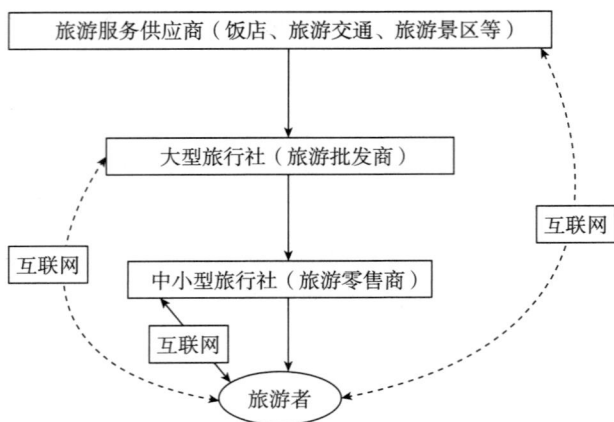

图 2-1　旅游全球价值链

大多数国外旅游学者的研究都表明：在旅游全球价值链中，旅游供应商或者运营商中的大型旅游企业（集团）是非常重要的一个环节或者核心环节。因此国外学者的研究更多地集中于同质旅游企业的竞争和整合关系上。站在旅游全球价值链的构成基于旅游产品供应的视角，一般认为旅游全球价值链包括四个部分：旅游供应商、旅游运营（批发）商、旅行社和游客。旅游运营商在旅游全球价值链中扮演着非常重要的角色（Sigala，2008；Teplus，2005），不管是在旅游客源地还是在旅游目的地，大型旅游运营商占据了旅游全球价值链的高附加值环节而在国际旅游市场中具有极强的竞争力和控制力，如德国 TUI 集团、英国 GTA 集团、美国运通集团等。西班牙安德鲁西亚地区饭店和旅行社中，旅游全球价值链核心环节是大型垂直一体化的旅游批发商（Romero & Tejada，2011）。不过中小旅游企业在旅游全球价值链中也不可忽视（OECD，2005）。

国内学者关于旅游全球价值链的研究多以国内旅游产业为研究对象，集中于对旅游产业价值链的研究，一般从供应链视角出发，认为旅游产业价值链是旅游产品从供应到最终消费的一系列传递过程。劳本信（2005）从旅游企业角度将旅游价值链定义为旅游产品从工业到最终消费的一系列传递过程。旅游产品的生产围绕着满足旅游者需求，建立在旅游产业内部分工和供需关系基础上。旅游产业内部的不同企业承担不同的价值创造职能，旅游产业上下游多个企业共同向最终消费者提供服务（产品）时形成分工合作关系。而张朝枝（2010）从旅游者的体验角度分析认为，应该以旅游体验为核心构建旅游产业价值链，包括旅游体验产品的设计、配套环境的制造、体验产品的营销与中介服务、生产、消费与服务的各个环节和流程。刘亭立（2008）认为，作为旅游产业发展的重要参与主体，旅行社的最大特点是集合了旅游产业发展所需要的六大要素，在整个旅游产品的开发与市场营销方面，旅行社都能够实现各个环节的搭配和资源效益。因此，旅行社理应成为旅游价值链的核心，但目前国内旅行社"小""弱""散""差"的问题导致旅行社的价值增值空间相对较小，在旅游全球价值链的核心作用并不像国外那么突出。结合我国旅游管理的实际运行特点进行分析，李荣树（2015）认为，旅游景区或旅行社在旅游价值链中处于核心位置。

（三）全球价值链/旅游全球价值链与产业升级

Kaplinsky（2004）指出，谁占据了价值链的核心环节，谁就掌控了未来整个价值链的财富流向。产业链各环节附加值的变动，必然引发各国政府政策的调整及企业经营策略的转变。Gereffi（2005）将全球价值链升级定义为"企业、国家或地区通过发展全球价值链上附加值更高的产业活动环节而最终从全球生产中获得利益"。Gereffi（1999）、Kaplinsky 和 Morris（2001）、Humphre 和 Schmitz（2002）提出著名的工艺升级、产品升级、功能升级、价值链升级 4 种升级类型，这 4 种升级类型在目前的研究中得到了较为广泛的认可，国外学者通过不同国家或地区的制造业、信息业、养殖业等升级过程进行了实证研究，证明了 4 种升级类型的合理性和使用的可行性。互联网技术的使用使各个国家有了更多的产业升级机会。对中小旅游企业的升级来说，政府的帮助，尤其是营销创新，设施升级，采用新技术，在提高企业间合作和适应新变化方面必不可少（Barham & Nasim，2007）。

旅游产业升级使旅游不发达国家有机会参与到旅游全球价值链中，同时也可能改变现存的旅游全球价值链，成为价值链的领导者。OECD 认为，旅游产业和企业必须通过参与全球价值链进行优化升级（OECD，2005）。旅游产业升级可以保证旅游不发达国家能参与到旅游全球价值链中，可以改变现存的旅游全球价值链，并有机会成为旅游全球价值链中的领导者。Pilar Tejada（2011）根据 Kaplinsky 和 Morris 产业升级的 4 种类型，并结合旅游产业特点提出了旅游产业升级类型的内在和外在表现（见表 2－2）。

国内学者把全球价值链视角下的旅游产业升级界定为，在全球价值链中实现旅游产业在发展模式和发展形态上的转变与升级，旅游产业结构模式要从传统的粗放型的经济发展模式转向具有新技术条件的集约型发展模式，摆脱过去由于过度追求发展规模扩大而造成的资源浪费和不合理开发，将效益提升作为发展的根本目的（钟玲，2013）。从产业价值链的角度看，旅游产业融合是在旅游产业价值链不断解体与重构中得以实现的（陈显富，2017）。需要借助互联网等信息技术手段精准获取入境游客消费诉求，积极参与高溢出性和高关联性国际旅游产品和服务链的打造和引进，提高入境旅游产品和服务的多元化，增加中国入境旅游产品和服务链的长度，实现中国旅游特征产业 GVC 地位的攀升（王欠欠、夏斐，2018）。

表 2 - 2　　　　　　　　旅游产业升级类型和表现

升级类型	内在表现	外在表现
流程升级	旅游企业业务流程重组或新技术引进，旅游组织过程更有效率	降低旅游产品成本，提高旅游产品质量，缩短旅游产品入市周期，通过旅游企业之间的合作协调改善利润水平
产品升级	改进或开发新的对旅游者具有更强吸引力的旅游产品，增加产品附加值	改进或创新旅游产品形成品牌，坚持全新的资源观和市场观实现不以牺牲市场份额为代价的旅游产品价格的提升目标
功能升级	强化旅游企业核心价值环节	提升旅游企业在全球价值链中的地位，专注于价值量高的环节
价值链升级	移向新的、价值高的价值链	旅游企业通过相关多元化的扩张嵌入全球价值链核心环节以获得更高的利润率

另外，一些学者运用价值链理论，通过对具体案例的实证研究，分析各区域旅游产业价值链的现状及存在的问题，并从宏观或微观角度提出旅游价值链优化及旅游产业升级的对策（许韶立，2005；陈实，2006；刘人怀，2007；盖玉妍，2008；顾文鹄，2008；刘婧，2008；陈雪钧，2009；郑大宾，2009；钟玲，2013；覃小华、方世巧，2018）。

二　旅游产业绿色化研究

（一）旅游产业绿色化内涵

联合国环境规划署（UNEP）提出，绿色经济是一个全球发展的，长期的战略框架，旨在从整体上实现经济转型（UNEP，2011）。绿色经济概念诞生以后，国外学者或者非政府组织对旅游产业的绿色化进行了理论和实践探索（见表 2 - 3）。

表 2 - 3 旅游产业绿色化相关探索

年份	事件及意义
1987	联合国环境与发展委员会发表《布伦特兰报告》，正式定义可持续发展，为绿色旅游理念提供了思路
1990	世界自然基金会发表《生态旅游：潜力与陷阱》的研究报告
1994	世界旅行和旅游理事会（WTTC）成立了"绿色环球认证体系"促进绿色可持续发展理念下的旅游开发
1995	世界旅游理事会、世界旅游组织和地球理事会联合发起的"二十一世纪旅游议程"，分析旅游产业的战略和经济意义，为旅游产业的绿色发展打下坚实基础 联合国教科文组织、环境规划署和世界旅游组织召开了"可持续旅游发展问题世界会议"，以可持续发展理念进一步推进旅游产业绿色发展
1998	亚太环境与发展大会第六届年会讨论了可持续旅游产业的挑战的问题，明确在可持续理念下促进旅游产业绿色发展的对策
2000	联合国环境规划署、世界自然基金会等机构签署国际生态旅游认证文件《莫霍克协议》，推动绿色旅游发展走向新阶段
2002	可持续旅游认证组织"绿色环球21"和澳大利亚旅游协会制定了"国际生态旅游标准"以促进绿色旅游与可持续发展相结合的开发理念的传播
2008	联合国环境规划署提出了"全球绿色新政"和"发展绿色经济"倡议，有助于世界经济走向绿色经济，推动绿色旅游的形成
2009	哥本哈根世界气候大会通过了《京都议定书》，开启了一种新的旅游形式——低碳旅游，促进了基于低碳经济促进绿色旅游理念的发展
2013	全球可持续旅游委员会、可持续旅游国际、世界旅游组织制定了"全球可持续旅游目的地标准"，明确了旅游业绿色发展的重要性
2015	党的十八届五中全会提出了"创新、协调、绿色、开放和共享"发展思路，首次把绿色发展作为可持续发展的重要理念和形式
2016	以"旅游促进和平与发展"为主题的第一届世界旅游发展大会进一步推动了绿色转型与旅游开发

对于旅游产业绿色化的研究，聚焦于可持续旅游、绿色旅游、生态旅游等研究方向，在研究的过程中突出对于关键词的解释和概念界定，深入分析"旅游产业绿色化"所包含的更深层次的理念。这些研究存

在一定的共性，都是在旅游产业发展面临现实问题的大时代背景下应运而生的，是学者对旅游产业发展现实问题的深度思考。

如在可持续旅游的概念界定上，世界旅游组织在《可持续旅游发展宪章》中指出：可持续旅游发展最重要的内涵是旅游产业对于自然、社会、文化和人类生活的重要作用，该理念将旅游与其他的要素看作是一个统一整体，在各个要素互相促进、互相融合的基础上实现一种和谐发展的局面，体现出兼容的理念。可持续旅游不仅需要具有价值的生态资源，同时也依靠社会和政府，以及参与整个旅游活动的行为人的支持和协调（Shafer，2002）。可持续旅游理念在生态旅游开展的过程中，可以作为生态旅游运营商调节各种矛盾的工具，通过可持续旅游的思想规范游客的参与活动，以此形成一个良性的旅游生态系统（Budeanu，2006）。

Ceballos Lascurain 于 1987 年首次正式提出生态旅游的概念，他认为生态旅游主要体现在那些处于原始状态的旅游资源和旅游区域，能够真正体现出大自然的原始性和独特性，是不加任何人为改造的旅游生态区域。生态旅游的根本在于享受自然，并在整个过程中感受当地动植物资源的独特性。生态旅游虽然与可持续旅游等众多旅游形式在概念上有所重叠和交叉，但对社会经济和环境效益都具有突出贡献（Wearing，1999），仍然具有独特的属性。生态旅游的发展应当是一个单向的动态发展过程，所有旅游的参与者在生态旅游的过程中应当有较高的精神享受（Orams，1995）。生态旅游应当以尊重区域的野生环境为宗旨，旅游者的目的是学习、研究、欣赏、享受风景和那里的野生动植物的良好风貌，而非包含人为因素改造过的旅游区域（美国世界自然基金，1999）。生态旅游是可持续旅游发展的一种最佳模式，它重点考虑的是当地野生生态环境对于游客的承载量所要控制的一个限度，环境的承受力是第一位，其次是旅游者的观赏感受与目的（Elizabeth，1992）。

绿色旅游不仅能够创造更多的就业机会、增加旅游区域的经济效益、缩小贫富差距，同时能够通过一些科学合理的技术实现对生态资源环境和生物多样性的保护（UNEP，2011）。绿色旅游是一个用来描述旅游部门最佳环境实践的用词，它包括经营效率、环境管理、社会责任与生物多样性等话题。通过认同绿色旅游企业计划的行为准则以及对他们行为的独立审计，使企业承诺减少其对环境的影响。绿色旅游的内涵包括四部分：一是环境责任，保护自然环境以确保维持生态系统的长期健康；二是当地经济活力，支持地方经济、企业以确保其经济活力和可持续发展；三是文化多样性，尊重和欣赏文化和文化多样性，以确保当地或东道国文化的持续繁荣；四是丰富经历，通过个人积极参与达到自然与人的和谐（Dodds & Joppe，2001）。绿色旅游理念将对旅游企业和旅游业产生巨大的吸引力（Haseena，2016）。Yamazaki、Oyama 和 Ohshim（2011）指出，绿色旅游植根于欧洲，一般情况下经常和乡村旅游交换使用。这也是我们搜索到的有关绿色旅游文章很少，而相关的乡村旅游和可持续旅游的文章很多的原因。

注重生态文明建设，推进绿色发展是 21 世纪不可阻挡的历史潮流，已经成为众多国家和地区的战略选择。与之相呼应，中国关于"生态旅游""绿色旅游""绿色转型""绿色经济"的提法也大量涌现于一系列学术成果中。

生态旅游引入中国 20 余年来，扮演着生态文明思想传播者、可持续发展理念引领者、旅游产品开发创新者、旅游社区利益维护者、旅游环境保护示范者等多重角色（钟林生等，2013）。生态旅游是以可持续发展为理念，以实现人与自然和谐为准则，以保护生态环境为前提，依托良好的自然生态环境和与之共生的人文生态，开展生态体验、生态认知、生态教育活动并获得身心愉悦的旅游方式。

关于"绿色旅游"的定义，学者的见解不一。魏敏（2011）将绿色旅游分为广义的绿色旅游和狭义的绿色旅游，广义的绿色旅游能够在保护环境方面做出突出贡献，所提供的旅游产品和服务都具有一定的环保属性和绿色属性；狭义的绿色旅游也就是所说的乡村旅游，是使人与自然生态共为一体的特殊的旅游形式。"绿色旅游"和"低碳旅游"的提出都是为了应对由于生态环境的破坏造成的气候变化问题，绿色旅游的核心是提倡健康环保的旅游方式，低碳旅游的核心是减少碳排放保护空气质量（王汉祥、赵海东，2015）。瞿华、夏杰长（2011）对传统旅游产业和绿色旅游产业在旅游者观念、旅游者特征、景区管理等方面的不同特征进行了对比（见表 2 - 4）。

表 2 - 4　　　　　　绿色旅游产业和传统旅游产业特征比较

比较的内容	传统旅游产业	绿色旅游产业
目标	最大化满足旅游者需求	使旅游者获得美好的旅游体验
旅游者观念	旅游就是享受，环保与我无关	爱护地球家园，与资源、环境和谐相处
旅游者特征	以自我为中心，极大地追求满足，无强烈的环保意识	在追求满足的同时学会尊重，爱护和保护
景区管理	无生态保护经营管理理念和相应的配套措施与设施，先污染后治理	具有节能、环保、低碳等理念，践行科学发展观、和谐发展观，重视配套设施建设
正面影响	旅游者行为不受限制	资源、环境得到节约和保护
负面影响	生态环境被污染较重，旅游资源破坏较大	旅游者行为受到一定程度限制
可能的后果	环境污染，生态失衡，气候变得异常，不可持续	生态环境得到保护，资源得以合理开发和利用，能源得以节约，气候正常，可持续发展

还有一些学者提出旅游产业生态化的概念，旅游产业生态化旨在通过整个旅游产品生产过程的生态化流程重组，对特定地域空间内旅游产业生态系统、自然系统与社会系统进行耦合优化，实现旅游产业活动与生态系统发展的良性互动（苏洁，2018）。高李鹏、杨桂华（2016）指出，旅游产业以其自身的特点、作为被控单元主动融入生态文明主系统中成为一种生态要素和产业，这个主动融入的过程即旅游产业生态化。

综观国内外旅游产业绿色化概念的有关研究，虽然对旅游产业绿色化的内涵表述不同，但其基本思想是一致的，即旅游产业绿色化就是旅游产业用最少的资源消耗和最低的环境代价获取最大的经济效益。

（二）旅游产业绿色化评价

旅游产业绿色化内涵更多体现的是生态旅游、可持续旅游，所以在旅游产业绿色化评价方面，更多学者尝试了对生态旅游评价和可持续旅游评价，通过定量评价研究旅游产业对环境的影响。研究方法多以构建指标体系并使用不同的数理分析方法计算出生态旅游或者可持续旅游发展水平指数为主，通过判断水平高低提出相应的解决对策。

生态旅游研究涉及变量众多，对生态旅游的各方面做出一个全面的评价几乎是不可能的（Wall，1996；Wall & Ross，1999）。但是不少学者或者政府还是做了这方面的尝试，对生态旅游进行了评估（García - Melón et al.，2012；Baral，2015；Boley et al.，2015；Marzo - Navarro et al.，2015；Bessa et al.，2017）。评估涉及的指标内容涵盖政治、经济、文化、环境等多个方面（见表2-5）。

表2-5 生态旅游目标及参考评价指标

功能	目标	变量
自然区域保护 提升经济利益	1. 当地社会 2. 旅游利润	就业机会的增加 旅游利润在当地的分配 改善当地的基础建设、社会福利和不同文化间的关系
资金积累	3. 提供良好的环境	旅游利润中，用于保护区维护、保护及管理的资金 生态旅游和环境保护中，参与者的环保行为参与
教育	4. 自然区域的保护	在保护区域生态旅游地进行教育服务 通过导游服务提供被动或主要的学习 当地居民的参与在环境教育及学校的作用 游客和当地居民不断提高的自然环境意识
高质量旅游	5. 提供高质量的旅游经历	以1—4目标的实现为基础
当地居民 的参与	6. 增长的外汇	通过接待国际游客发展当地经济
	7. 提高环境主人翁精神	游客及居民都能意识和关注自然资源的保护

可持续旅游发展的评价一直是研究的热点。欧盟重点强调了环境因素与旅游可持续发展的关系，建立了驱动力、压力、覆盖率、影响和治理的DPSIR指标体系（欧盟，2002）。联合国可持续发展委员会根据DPSIR模型，从经济、社会、环境和制度四个方面选取了25个子系统、142项指标构建了可持续发展评价指标体系，考虑到指标体系数量庞大、权重分歧等问题，2001年又重新设计了由58个指标构成的可持续发展指标体系。OECD提出了一个绿色增长衡量框架以揭示不同国家绿色增长水平为目的，框架指标设计较为灵活，允许个别国家选取地方性的发展指标。基于此框架，OECD构建了一套涵盖生产、消费与环境三

大类别的指标体系，共包括 4 类关联的要素指标，15 个一级指标。

Tae Gyou Ko（2005）设计的旅游可持续发展评价包括目的地的人文系统和生态系统两个系统，其中人文系统包括政治、经济、社会、文化、设施和产品质量子系统，生态系统包括环境影响、生态质量、生物多样性、环境政策与管理子系统。Graham Miller（2001）、Ralf Buckley（2001）、Dymond（1997）等运用不同方法从不同角度对旅游可持续发展指标进行了研究。Seung – Jong Bae（2008）的研究是将供给和需求两个维度作为评价标准制定出了一套对绿色旅游潜力度的评价方法。该方法主要定义了两个指标：一是人们对绿色旅游整体的需求程度，通过城市人口和城市化指数分析量化的需求潜力；二是绿色旅游吸引度，用层次分析法计算得到农村的易居性表示供给的潜力，并用这种方法对首尔、仁川的绿色旅游发展潜力进行了评价。Castellani 和 Sala（2014）从社会经济、旅游业、自然与文化遗产三个维度构建旅游业可持续发展指标体系。Park 和 Yoo（2013）等从服务质量、设施、管理系统、效率4 个维度构建可持续旅游指标体系（Park & Yoo，2013）。

虽然对可持续旅游、绿色旅游、生态旅游的评价进行了诸多研究，但是目前评价框架体系还尚未成熟，不管是对可持续旅游，还是生态旅游、绿色旅游都没有统一公认的评价指标体系。

国内对生态旅游的评价主要涉及生态旅游资源评价，包括生态旅游资源质量评价和生态旅游资源外部开发条件评价，方法有模糊综合评价方法、层次分析法、德尔菲法、灰色评价法等（王力峰等，2006；周文丽，2007；吕建树等，2011）。其中，评价指标体系构建是生态旅游资源评价的研究重点。王建军等（2006）构建了将生态旅游景观资源与生态旅游环境资源相结合的定性与定量综合评价基本框架。

在绿色旅游的评价方面，刘喜华（2012）构建了酒店绿色管理评价指标体系、管理理念体系与绿色管理操作和实施。严伟华（2015）基于层次分析法构建了乡村旅游景区指标体系。明翠琴（2017）的研究是在吸收 OECD 绿色增长概念框架的基础上分析出旅游产业活动需要的一些要素，通过分析旅游产业生产活动的过程，制定出一套为旅游产业绿色化服务的评价指标体系。

还有一些学者运用旅游碳足迹和生态足迹法、旅游生态效率法、数据包络法（DEA）等来评价旅游可持续发展程度。Kytzia（2011）对瑞士阿尔卑斯山地区的旅游生态效率战略进行了评价。Gössling（2002）通过对旅游碳足迹模型的评估，对美国洛基山国家山地公园、荷兰阿姆斯特丹、法国、塞舌尔等国家和地区的旅游业生态效率进行了定量化计算。Kelly（2006）等从旅游者的角度，对旅游目的地优化生态效率的旅游规划问题进行了研究。Patterson（2008）等利用旅游卫星账户和投入产出表对新西兰旅游产业生态效率进行了分析。

国内方面，甄翌（2014），姚志国、陈田（2016）用碳足迹模型分别对张家界和海南省旅游生态效率进行评估。刘佳、陆菊（2016），甪小明、黄森（2017），刘佳、张俊飞（2017）等运用 DEA 或者改进的 DEA 等方法，对区域旅游产业生态效率、绿色发展效率、绿色全要素效率等问题进行了实证分析。彭红松、章锦河等（2017）采用 SBM – DEA 模型方法，构建旅游地生态效率测度模型及评价指标体系，测度了黄山风景区的生态效率。刘佳、宋秋月（2018）对中国不同区域的旅游产业绿色创新效率进行有效测度，并提出了促进中国旅游产业绿色创新效率提升和均衡发展的对策建议。

（三）旅游产业绿色化的影响和发展对策

实现旅游产业绿色化发展和旅游产业可持续发展，重点工作是要分析旅游产业绿色化发展背景下的相关社会因素和自然因素对其影响程度，另外，还要着重分析如何实现旅游产业的绿色化发展。对于这两个方面，国内外学者也进行了一系列研究。国外研究相对更加微观化和具体化，如 Gössling（2002）认为，导致不同客源地市场生态效率差异的因素主要包含旅游者的人均花费、逗留时长、客源地到目的地国家距离、旅游交通模式、旅游者行为习惯、度假地类型选择偏好等。Kytzia（2011）认为，影响阿尔卑斯地区旅游生态效率的因素有旅游经济效益、居住密度、酒店和接待设施的单位面积床位数。另外，空间规划、建筑设计、设施管理等措施对提高旅游部门土地利用率、增加经济产出也起到关键作用。Nadia Tzschentke 等（2008）指出苏格兰旅游企业绿色发展面临着旅游环境、财务、社会责任感、运营等因素的阻碍。国外的一些非政府组织对旅游产业绿色发展提出了一系列的指导方针（见表 2 – 6）。

表 2 - 6　　　　　　　　　　旅游业绿色化发展准则

乡村旅游 （英格兰旅游协会）	环境指南（WTTC）	绿色旅游 （世界野生动物基金会）
1. 支持保护措施	1. 减少环境影响	1. 可持续地使用资源
2. 改进道路使之与环境保护相协调	2. 在设计、规划、建设与实施中考虑环境因素	2. 减少过度消费与浪费
3. 通过采购与用工当地化改善地方居民的福利	3. 保护濒危资源	3. 维持生态多样性
4. 旅游开发要考虑承载力与自然景观	4. 节约能源	4. 先规划后开发
5. 开发设计要与景观协调并保持合适的体量	5. 减少废物、循环利用废物	5. 支持地方经济
6. 营销应该增强对乡村的理解	6. 保护淡水	6. 地方社区参与
	7. 控制污水排放	7. 公众参与旅游战略制定
	8. 减少废气与污染物排放	8. 培训员工
	9. 控制与减少有害物质使用	9. 负责任地推销旅游
	10. 保护历史与宗教遗址	10. 重视调研
	11. 尊重当地人的意愿	
	12. 把环境问题看成是目的地开发的关键因素	

早期国内研究大多用定性的方法得出一些宽泛性的旅游产业发展对策和结论，以后很多学者逐渐用定量的方法如承载力、生态足迹理论等分析方法对旅游产业绿色化影响因素及影响力大小进行测算，并得到有针对性的一些结论和对策。

中国旅游产业绿色发展中存在政府规划与监管机制不完善，旅游企业对绿色转型不重视，旅游者环保意识淡薄等问题，需要社会培育旅游业绿色发展理念，政府应加强旅游地环境科学规划，制定低碳旅游的环境标准（王颖，2011），系统性绿色开发旅游资源，优先支持并推进生态旅游产品开发与宣传，倡导旅游全过程低碳消费（陈玲玲等，2016），要通过政府的支持、旅游企业的创新，游客的保护和积极参与等力量共同推动低碳旅游的发展（刘培松，2014）。绿色背景下旅游产业生态效率的提升需要在旅游需求侧方面普及低碳旅游教育，在旅游供给侧方面提升旅游投入产出（马勇，2016）。中国绿色旅游产业发展的行动纲领要从绿色旅游产业地域与行业选择、从绿色保障制度体系建立、赢利机制构造和绿色旅游消费者培育四个方面强化（邹统钎，2005），而有效途径有培植绿色理念，制定绿色标准，实施绿色开发，生产绿色产品和进行绿色经营等方面内容（尹华光、王晓彤，2006）。

刘佳、陆菊（2016）的研究表明，国内生产总值、旅游产业结构、建成区绿化覆盖率、旅游高等院校学生数和旅游产业环境污染治理投资等变量对中国各地区旅游产业生态效率的影响不同，国内生产总值、旅游产业结构其呈正面影响，旅游高校学生数，建成区绿化覆盖率等其呈负面影响。吕小明、黄森（2017）认为，在外部环境因素中，各省城市化水平、绿色交通水平对于旅游业能源利用效率的提高能够起到积极的作用；而各省技术创新水平、对外开放度显示出对旅游业绿色发展效率的负面影响。

三　旅游产业升级研究

在社会消费不断升级的趋势下，促进旅游产业的升级，寻求旅游产业的创新发展和绿色发展已经成为旅游学界对推进旅游产业健康发展较趋一致的看法。国内外学者也从不同方面、不同角度对旅游产业升级问题做了相当细致的研究。

（一）旅游产业结构优化

产业结构优化是指通过产业调整，使社会再生产过程呈良性循环，各产业实现协调发展，各类资源得到充分合理的利用，并满足社会不断增长的需求的过程。在旅游的本质尚未明确及其"产业化"倾向发展所带来的问题尚未解决的背景下，将旅游当中具有产业特性的部分剥离并整合起来，已经成为国外旅游产业统计和研究的基本思路。"优化"的内涵包括产值结构优化、资产结构优化、技术结构优化和劳动力结构优化，实质内容包括：结构规模由小变大、结构水平由低变高、结构联系由松变紧。对旅游产业结构的优化的研究集中于产业组织结构、市场结构及其优化等方面。如 Roger March（1997）研究了韩国、中国台湾地区、印度尼西亚、泰国和日本出境旅游产业的性质及组织结构。Perry Hobson（2013）研究了邮轮旅游航线产业的组织结构面临的问题及美国邮轮业经济增长原因。市场结构和产业结构协调发展是旅游产业繁荣发展的重要条件（Almeida，2013）。Derek（2001）对坦桑尼亚的入境旅游市场结构进行系统的划分和研究。针对旅游产业结构如何优化的问题，学者的建议大多数是要对旅游产品创新、旅游技术提高等。如 Dwyeretal（2009）、Horster（2012）认为，信息技术有利于产业结构的优化。

国内学者针对旅游产业结构优化的问题研究主要集中在优化模型的构建、升级动力机制的分析等。郭胜等（2003）探讨了产业结构优化重要性，结构优化实现途径、结构优化模型等内容。麻学锋（2010）认为，旅游产业结构升级的动力类型主要有生产者驱动型、旅游消费者驱动型和混合驱动型。其中混合驱动型包括消费需求的拉动、科技进步的带动、比较利益的驱动、体制政策的推动。不同的驱动力导致旅游价值链有不同的升级轨迹，遵循升级轨迹对其产业结构进行系统自适应的调整。王云龙（2012）认为，引起旅游产业结构变动的因素、产业结构演进的动因主要有外部拉力（表现为政策体制和需求条件）、要素推动（表现为技术进步、创新）、竞争引发（通过市场机制的作用来体现）、结构分解（表现为产业融合）和内在动力（表现在管理水平）五个方面。杨琴等（2009）认为技术进步有助于刺激需求结构变化，调整旅游产业结构。技术进步刺激供求结构调整，促使旅游产业结构优化升级。技术进步与旅游产业结构升级相互促进，相互优化。王兆峰（2008；2011）指出，旅游产业集群发展已经成为推动区域旅游产业升级优化的重要途径。我国旅游产业集群推动旅游产业结构升级优化主要是通过企业和利益相关者两个主体进行传导，并最终通过优化产品结构、经营模式、部门结构和技术结构等途径推动旅游产业结构的升级优化。黄蔚艳（2009）在对我国区域旅游业现状分析的基础上，提出区域旅游产业结构升级优化路径为：一是从传统旅游服务业向现代旅游服务业升级；二是从单一生活性服务向生活、生产综合性服务升级优化；

三是从产业分界向产业融合延伸升级优化。也有部分学者将旅游产业结构的优化理论应用到一定省域、地区进行实证分析，并因地制宜地就当地情况提出可行的优化政策（吴冬霞，2003；吴铮争，2005；廖涛，2005；宋静，2011；单珍，2012；任建华，2012）。

（二）旅游产业效率提升

旅游产业效率的提升集中反映了一个国家和地区综合经济效益的提升，是一个国家和地区旅游经济增长、质量提升、技术进步和管理水平的重要标志。西方学者早在 20 世纪 90 年代中期就开始对旅游产业效率问题进行研究，Morey 和 Dittman（1995）采用数据包络分析方法（DEA）对美国连锁酒店的产业经营管理效率进行了研究。Huang（2005）研究发现酒店效率可以从内部营销、员工满意度入手来提升。Barros 等（2006）运用随机前沿成本模型对葡萄牙 25 家旅行社经营效率进行研究，结果表明成立时间长的旅行社效率较高。另外，旅行社的经营效率还和资本、劳动力、销售额等因素有关系。

除此之外，对于旅游产业效率的研究还包括对旅游交通效率的研究，如 Fernandes（2008）认为，提升航空公司绩效的关键在于有效的机场经营，Bell（2005）认为，商务旅游成本是旅游交通企业提高经营效率水平的关键要素；旅游目的地效率的研究，如 Preda（2006）认为，运营效率的高低和供给、需求、自然等因素都有关系，并通过对澳大利亚重要的体育节事主办地的运营效率进行了佐证。

国内学者对于该领域的研究起步较晚，最早开始于 21 世纪初，研究的重点主要是对宏观与中观层面的区域旅游产业效率方面的评价，如左冰等（2008）重点对 1992—2005 年中国旅游业全要素生产率变化与旅游增长之间的关系进行了分析；赵雪雁、侯成成、李建豹（2011）认为，通过增加投入和调整产业结构可以减少县域旅游效率的差异，并通过对甘肃县域旅游效率的定量分析佐证了这一观点。何俊阳、贺灵、邓淇中（2016）认为，旅游产业效率在促进区域旅游产业发展大局上的能量不可小觑，他们以泛珠三角区域为例，说明旅游产业效率提升不仅有效促进了该区域旅游资源的共享，提升了旅游经济效益，同时集结社会精英的力量共同规划了精品旅游线路，对于整个区域旅游形象的提升做出了重要贡献。龚艳（2014）提出，提升江苏旅游产业效率的对策包括发展智慧旅游，规模投入合理化，注重业态创新，延长产业链条，完善合作机制，加强区域合作。刘佳、陆菊等（2015）指出推动技术进步、优化产业结构以及提升城市化水平是提高旅游产业效率的重要途径。

（三）旅游产业转型升级

欧美等西方国家经济实力不断提升的同时，资本主义旅游市场也在早期完成了产业的优化升级，旅游市场的发展相对于发展中国家已经拉开了一定的差距。在这种现实的经济背景下，西方学者对于旅游产业的相关研究相对起步较早，并研究了旅游产业发展相关的政府策略、管理策略等各个方面问题。Anne Mette Hjatlaer（2007）将旅游业发展历程划分为四个阶段，并指出旅游业正在经历一个不可改变的全球化进程。跨国所有制结构和投资、跨国界的营销合作、劳动力的自由转移在现代旅游业中不断出现。Brownell Judi（2010）从象征性、文化的角度分析了旅游产业转型，并探讨了转型过程中组织文化的影响力。Emaad Muhanna（2007）探讨了旅游业发展战略在南非旅游升级过程中所充当的角色。Gunn（2002）认为，旅游转型升级必须考虑旅游的供给和需求两个板块才能达到旅游转型升级的动态平衡。

"转型升级、提质增效"发展理念在2000年以后上升为国家旅游发展战略，学者对旅游产业升级的背景、内容、要求、主体、路径、动力、发展思路、发展战略与对策等的框架性研究也随之展开。

2006年开始，《中国旅游报》陆续刊登了较多的相关文章，总体上提出了旅游发展从资源型向效益型转型，从观光型向度假休闲型转型的观点。最初对于旅游业转型存在争论，反对的观点主要认为转型带有原来的优势部分不再存在的意思，或者不再发展，这样表述不科学。然而这只是一种词义理解上的不一致，并不存在趋势上的分歧。在党的十七大召开以后，旅游产业的发展问题又一次成为热点，转型升级问题成为共识。

国内对旅游产业转型升级的研究包括以下几个方面：

一是对旅游产业转型升级相关的理论知识研究。对于旅游产业转型的讨论，马波（1999；2007；2011）率先使用了"转型"一词，从总体发展模式、市场供求关系、产业增长方式、产业空间布局、产业组织结构 5 个方面详细分析了中国旅游产业转型所要解决的问题，并阐述了中国旅游业转型的迫切性。全球化、经济社会转型与旅游产业转型升级密不可分（刘少和，2009）。旅游产业的发展要依靠产业的转型不断提升自身的整体素质，但同时产业的升级是旅游产业提升效益的最终目标和归宿，因此，要将旅游产业的转型和产业的升级看作是一个综合化的内在动力机制，在此基础上不断实现旅游产业结构的优化升级（谢春山、魏巍，2009）。一些学者尝试构建出中国旅游转型的基础理论框架（张辉，2013；谢春山，2010；麻学锋，2010）。唐晓云（2010）研究了信息技术对中国旅游产业转型升级的推动。王兆峰（2011）将技术进步与创新机制看作是旅游产业结构转型和升级的核心动力，它通过对生产要素的影响、改变游客的需求结构和提高劳动者素质来影响旅游产业的结构布局；将旅游者的消费需求、旅游产业的利益相关者（政府、旅游者、社区等）、产业制度和文化融合机制看作是旅游产业结构转型和升级的辅助动力。麻学锋（2010）则认为旅游产业升级的动力主要有生产者驱动型、旅游消费者驱动型和混合驱动型三种。唐建军（2011）认为，国家及西部各省市对旅游产业转型升级的重视、西部旅游资源巨大的开发潜力、客源市场的变化以及信息技术的普及和网络的发展为西部旅游产业转型升级带来机遇。

二是探讨区域旅游产业转型升级的具体实现路径和政策建议。一方面旅游产业升级可以通过创新企业管理经营方式实现，另一方面政府部门对旅游发展方式的引导和对旅游经济运行的监管也可以促进产业升级。刘涛（2010）认为，旅游产业升级应该着重关注整体框架、旅游市场、旅游产品和旅游企业 4 个方面。谢春山（2010）探讨了与旅游产业转型升级的相关因素，比如区域内的资源、市场、旅游产品等，通过对任何一个因素的相关性的研究探讨旅游产业优化升级需要做的各项工作（谢春山，2010）。王兆峰（2008；2011）认为，产业结构的升级应通过优化产品结构、经营模式、部门结构和技术结构等途径来推动。还有一些学者分别对湖南、辽宁、河南旅游产业升级提出具体的对策建议（杨琴等，2009；谢春山，2009；陈淑兰等，2011）。

第二节 现有研究评述

一 全球价值链与旅游全球价值链研究

（1）从研究内容来看，全球价值链理论集中于制造业，对实物产品的生产、制造等方面的价值增值进行研究，较少涉及服务所产生的价值环节内容。对价值链的治理着重强调对生产商和销售商的治理，而忽略了其他治理主体，如消费者、非政府组织等。在研究上以静态研究为主，缺乏动态研究。全球价值链的升级是一个动态的过程，影响价值链动态变化的不仅仅是标准化和创新，显然还有其他的动力机制。目前，全球价值链动态发展的动力机制、路径都还很不清楚，需要进一步的研究予以解释。

旅游全球价值链结构及其核心环节的内在关系研究将是一个值得深入探讨的话题。从空间上和时间上构筑合理的符合全球旅游发展趋势的旅游全球价值链；在旅游全球价值链构成环节方面，不管是旅游产品供应导向还是旅游者需求导向的构成上，重点研究构成环节之间的信任关系，不同类型旅游企业之间如何通过合作保证旅游全球价值链的完整性，实现利益分享。需要及时关注的还有伴随着全球价值链外部环境的变化，在旅游全球价值链核心环节方面，重点需要定量化地证明核心环节合理性的问题，进而在此基础上，对产业升级路径进行实证检验。

（2）从研究目标和方法来看，内容上，未来的研究强调界定与衡量旅游全球价值链的价值，实现旅游企业追求的经济价值和旅游者追求的体验价值的有机融合，旅游全球价值链所创造的价值如何在不同参与国家和企业之间实现利益的合理分配，并通过约束与激励机制保证发展中国家的旅游发展权利和机会。方法上，经济学、管理学、地理学等定量研究方法要积极移植到旅游全球价值链的研究中来，采用实证方法有助于揭示旅游全球价值链治理和产业升级的动态变化有关的一些现实问题。相比国内外的研究现状我们发现，国外学者对于该领域着重研究的是所采用的方法是否规范，并指出采用科学有效的方法在提升研究结果信度和效度方面的重要意义。

二 旅游产业绿色化研究

国内外旅游产业绿色化研究方面取得的成绩和不足表现在以下几个方面：

（1）在研究内容方面，通过国内外学者的努力，初步建立了旅游产业绿色化的理论研究框架，但多数集中于旅游可持续发展、低碳旅游、生态旅游等问题上，对于旅游产业绿色化的研究虽然在不断成熟，但更多的是浅层次的理论研究，针对旅游产业绿色化评价的研究依然没有形成一股强烈的研究热潮。无论是旅游产业绿色化评价的发展演变问题，还是旅游产业绿色化的影响因素问题都没有深度的研究与讨论，研究内容相对单一化。仅有的对于旅游产业绿色化评价的研究文献也只是停留在理论逻辑推演与评估的阶段，离全面揭示旅游产业绿色化进程、综合效益、障碍因素仍然相差一段距离。从研究对象的选择上来讲，目前国内学者在研究个案上只是选择中国某些省份的某个区域进行研究，研究范围狭窄，涉及中国 31 个地区旅游产业绿色化评价的研究几乎没有。另外，从时间节点上来说，学者的研究多是研究某个旅游区域在一年或者是短期几年的旅游产业绿色化发展状况，并没有将研究目标确定为一个长期的、具有预测性的研究过程。

（2）在研究方法方面，国内学者的研究表现出中规中矩的特点，研究方法较多的是采用比较普通的问卷调查方法，以及相应的数据统计法对相关的数据进行实证分析，最终得出科学、可靠的调查结果。这一现象反映出国内学者在该方面所采取的研究方法相对单一，技术性相对较低，在定量分析和定性分析相结合的方法采用方面还存在缺陷，导致无法深入分析和探讨旅游产业绿色化的发展和演变的规律。

（3）在研究视角上，国内学者对于旅游产业绿色化相关问题的研究多是从中国经济市场发展的背景出发，研究视角受到国家制度和政策影响的限制，国外学者的研究则注重的是对生态利益相关性的研究。

三 旅游产业升级研究

国内外旅游产业升级研究的成绩和不足表现在以下几点：

（1）研究内容日益多样，部分领域研究相对不足。我国旅游产业结构研究领域不断拓展，呈现出理论分析、方法研究及应用对策研究等领域成果逐年增多的态势。同时，研究普遍认识到当前我国旅游产业结构存在不合理性，优化产业结构实现旅游产业的升级是旅游业持续发展亟待解决的问题。但对于旅游产业可持续发展、旅游产业绿色化的影响因素、作用机理等方面的研究相对滞后，与我国旅游产业发展有些不吻合。

（2）研究范式较为成熟，研究视角需要拓展。综观国内研究，绝大多数采用"分析发展现状—提出存在问题—给出优化建议"的研究范式。研究侧重旅游产业升级调整过程中政府机制作用、地区发展政策措施的制定，而从旅游产业市场机制自身调节和产业绿色化发展和可持续发展的角度探讨旅游产业结构升级优化的研究明显不足，较少从旅游产业集聚、城市化发展等视角进行综合探讨。

（3）研究热点相对集中，理论体系尚需完善。目前，旅游产业升级理论和方法测度主要集中在合理化和高度化两个方面，大多借鉴产业经济、区域经济等领域较为成熟的公式或基础理论，缺乏结合旅游产业特殊性对这些公式和方法进行的调整和改良，分析手段较单一，比较分析方法的使用较少，缺乏创新实证研究，对于个案最终提升对策的研究主要集中在对于局部性管理方案的实施方面。某些研究成果中虽然提出了定性研究的重要性，也相应地做了一定的研究工作，但是大多数研究仍然是使用升级、增长或者效率的单一思维进行有关研究，旅游产业结构量化分析方法与理论体系有待进一步的深入探讨。

未来的研究重点：

首先，重视旅游产业升级理论体系的构建。深入探讨旅游产业结构的概念、构成要素、划分等基础理论，在借鉴相关学科理论与方法的基础上，结合旅游产业特性，完善旅游产业评价体系、评价模型与测度方法研究，还应加深对旅游产业升级的动力研究，注重将区域旅游产业结构与旅游产业集聚、产业融合、区域经济、城市化等相结合进行综合分析。

其次，重视旅游产业升级机理的研究。在定量研究中，旅游产业研究往往关注结构要素之间的关联、产业影响和效益分析，旅游产业结构影响机制、旅游产业升级的作用机理方面的研究明显不足，尤其是从绿色化视角，对旅游产业发展的现实指导价值较小，因此，旅游产业结构调整、优化机理将会是今后关注的重要领域。

最后，重视旅游产业升级政策的研究。旅游产业的发展不仅要重视经济效益，同时也需重视产业可持续发展、社会和环境效益，注重与其他产业的经济关联分析，注重旅游产业发展的规划研究等。对旅游产业发展进行科学规划和政府政策正确引导是避免产业结构失衡、实现产业结构合理发展的重要前提和推动力量。区域政府应正确发挥其引导和服务职能，防止盲目干扰旅游产业发展，尽量为旅游产业发展提供有利条件，促使旅游市场机制发挥出调节产业发展、优化产业结构的主导作用。

第三节　理论基础

一　价值链理论

迈克尔·波特在1985年出版的《竞争优势》中首次提出了价值链的概念。每一个企业的设计、生产、销售和辅助其产品的活动过程可以用一个价值链来表明。企业的价值创造是通过一系列活动构成的，这些活动可分为基本活动和辅助活动两类，基本活动包括内部后勤、生产作业、外部后勤、市场和销售、服务等，这些活动与商品实体的加工流转直接有关，是企业的基本增值活动；而辅助活动是指用以支持基本活动，而且内部之间又相互支持的活动，包括采购、技术开发、人力资源管理和企业基础设施等。前三种辅助活动既支持整个价值链的活动，又分别与每项具体的基本活动有密切的联系。这些生产经营活动，构成了一个创造价值的动态过程，即价值链（见图2-2）。

分析价值链的关键是找到价值链业务单元之间的联系，即"连结点"。在价值链上执行某项活动会影响价值链上其他活动的成本或效益时，就出现"连结点"。比如，削减某项产品原料成本，就会影响此产品的销售量；在财务预算上减少对产品的投入，也有这样的结果。对连结点进行优化能为企业带来降低成本和凸显差异性的竞争优势。企业通常在以下三个层面出现"连结点"：第一个是价值链层面，表现为价值链基本活动和辅助活动之间的联系，以及供应商、顾客与企业之间的联系；第二个是价值系统层面，表现为不同产业领域和产品细分市场价值链之间的联系；第三个是业务单元价值链层面，表现为企业集团内部的各业务单元之间的联系。通过对这三个层面价值链的有效管理可以降低生产成本，突出产品的差异化，赢得竞争优势。

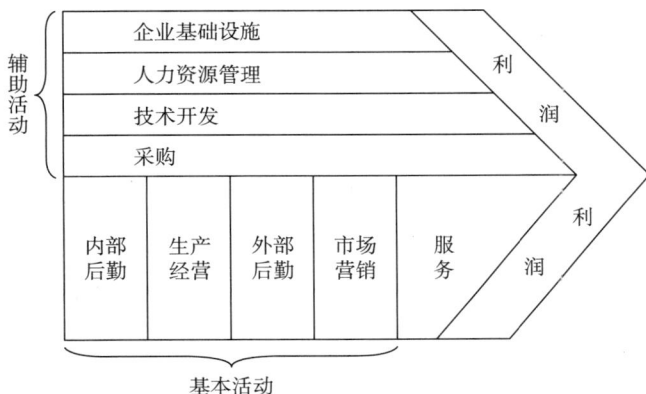

图 2 - 2　波特价值链模型

　　波特价值链理论偏重分析第一个层面上的"连结点"，即考察单个企业的内部价值活动以及企业与供应商、顾客价值之间的关系，进而分析该企业的竞争优势。企业的价值链及其所从事的单个活动的方式反映了其历史、战略、推动战略的途径以及这些活动本身的根本经济效益。从价值链角度看，价值可理解为"买方愿意为企业提供给他们的产品支付的价格"。一方面，企业价值链为顾客创造价值；另一方面，企业价值链在创造价值的过程中必然消耗资源，即成本。显然，企业的竞争优势在于其成本小于价值。企业价值链均为其所在产业价值链的一部分，它们相互之间彼此关联，共同构成一个价值系统。企业价值链在价值系统中所处的位置决定了其战略定位。不同的企业参与的价值活动中，并不是每个环节都创造价值，实际上只有某些特定的价值活动才真正创造价值，这些真正创造价值的经营活动就是价值链上的"战略环节"。企业要保持的竞争优势，实际上就是企业在价值链某些特定的战略环节上的优势。

波特的价值链理论主要贡献在于，它将企业的价值增值过程具体分解为一系列价值活动，并对每一个价值活动进行分析，进而通过对价值活动的分解、确立、整合、协调，使各个价值活动之间通过"连结点"和协同作用产生企业的竞争优势。

价值链理论最初主要被运用于制造业的竞争分析，它被看成是制造业企业一系列连续的价值活动的集合。但随着价值链理论的不断发展和深化，新的价值链观点开始把价值链看成是若干个企业共同工作、协同完成的工艺流程，通过协作和不断创新为顾客创造价值。与传统价值链观点不同的是，新价值链理论并不仅仅把企业竞争优势的获取归结为价值的数量增加，而更看重新价值的创造。

与不断更新的价值链理论相比，波特的价值链理论存在一定的缺陷。首先，他把产品看作价值链的起点，以单个产品的制造过程和单个生产企业为研究中心，忽视了顾客的利益。其次，他将竞争的市场视为互相厮杀的战场，认为企业的生存是以血淋淋的"红海战役"为基础的，企业间的竞争是企业价值链某些环节你死我活的斗争，企业利润的获得完全依靠竞争对手利润的降低，否定了竞争企业之间合作的可能性。

根据价值链理论，结合旅游企业是典型的服务型企业的特点，"对于提供服务的企业而言，外部后勤可能在很大程度上根本不存在"。旅游企业的产品主要是服务，旅游服务具有空间上的不可转移性、生产与消费的不可分割性等特征。旅游企业不能通过将旅游产品异地运输提供给旅游消费者。旅游企业的价值活动基本上没有外部后勤。

对于任何旅游企业而言，所有类型的基本活动和辅助活动在一定程度上都存在，但是各种类型的基本活动和辅助活动的内容存在较大差别。以旅行社为例，旅行社的内部后勤人员主要负责市场调研、信息收集与整理、统计分析、编制计划等工作；生产经营主要是根据市场需求组合设计不同主题特色和价格水平的包价旅游产品，包括旅游线路设计、旅游产品组合、价格制定等。市场营销是通过营销渠道和促销宣传吸引、招徕顾客购买旅游产品。服务包括旅游咨询、个性化服务、导游讲解、旅游投诉服务、客户关系服务等。采购是旅行社预先购买饭店、交通运输部门、旅游景点及包价旅游所涉及的其他部门的产品，科学控制采购成本是采购活动的关键。技术开发指旅行社各项价值活动的技术创新与运用，例如，内部后勤环节的办公自动化、市场营销环节的旅行社信息管理系统建设、服务环节的客户关系管理系统开发等。人力资源管理包括员工的招聘、考核、薪酬、培训、员工激励等，其重点是对导游的管理。基础设施是指旅行社的基建装修、办公设施设备等硬件设施与企业制度等软件的建设。与饭店、景区相比，旅行社的硬件基础设施的总资产量要小很多。

由于不同旅游企业的业务性质不同，产生竞争优势的核心价值活动不同。对于旅行社而言，产品设计和采购最为重要；产品设计要求根据市场需求创新性地组合食、住、行、游、购、娱及包价旅游所涉及的其他产品，而采购则要严格控制采购价格。对于饭店而言，对客服务和硬件设施是核心竞争优势的来源，饭店的环境氛围、客用设施设备等硬件设施满足旅游者的物质需求，而专业化、个性化、特色化、亲情化的服务满足旅游者的精神需求。对于旅游景区企业而言，独一无二的旅游资源是其核心竞争力。

二 可持续发展理论

第二次世界大战以后，由于经济增长对环境压力的增大，人们对增长、发展的模式产生怀疑。1962 年，《寂静的春天》描述了农药污染的可怕景象，在世界范围内引发了关于发展理念的辩论。1972 年，罗马俱乐部发表了《增长的极限》，提出"持续增长"和"合理的持久的均衡发展"的概念。此后《我们共同的未来》《里约环境与发展宣言》《21 世纪议程》《约翰内斯堡政治宣言》等文件，推动可持续发展理论逐步走向成熟。一般认为，可持续发展"既满足当代人发展又不对后代人发展构成威胁"。

可持续发展理论，作为指导人类走向 21 世纪的发展理论，将环境与经济发展问题紧密地结合起来，经过几十年的发展，形成了自己的研究内容、丰富内涵和基本原则。在研究内容方面，可持续发展注重可持续经济、可持续生态和可持续社会三个方面的协调统一，要求人类在发展中讲究经济效益、关注生态和谐与追求社会公平，最终达到人的全面发展。

（1）经济的可持续发展。经济可持续发展不仅重视经济增长的数量，而且更加追求经济发展的质量。可持续发展改变了传统的以"高投入、高消耗、高污染"为特征的生产与消费模式，实行清洁生产与文明消费，提高了经济效益、节约了资源并减少了废物。

（2）生态的可持续发展。生态可持续发展强调保护环境，即通过转变发展模式，从根本上解决环境问题，进而保证经济建设和社会发展与自然资源和环境成本的承载相协调。

（3）社会的可持续发展。在人类可持续发展系统中，经济可持续是基础，生态可持续是条件，社会可持续才是目的。尽管国内外可持续发展的阶段与具体目标不一样，但发展的本质都有相似之处，即改善人类生活质量，提高人类健康水平，共同追求并创造一个以人为本的，能够保障人们平等、自由、教育、人权和免受暴力的持续、稳定、健康发展的社会环境。

从国际社会普遍认可的定义中，我们总结了可持续发展理论五个方面的丰富内涵。

（1）共同发展。每个国家和地区都是相互依存和相互联系的个体，其中一个个体产生问题，都会直接或间接地影响到其他个体的发展，因此，可持续发展注重的是整体发展与协调发展，即共同发展。

（2）协调发展。协调发展是可持续发展的前提，其不仅需要经济、社会与环境之间的相互协调，还需要世界各国与各地区之间的相互协调以及同一国家或地区经济发展与人口、资源、环境和社会之间的相互协调。

（3）公平发展。各国的经济发展水平存在差异，当这种差异因不公平或不平等而加剧时，将影响到整个世界的可持续发展。因此，可持续发展的公平发展包括两个方面：一是时间上的公平，即当代人的发展不能以损害后代人的发展为代价；二是空间上的公平，即每个国家或地区的发展不能以损害其他国家或地区的发展为代价。

（4）高效发展。作为可持续发展前提的高效发展，不仅包含经济意义上的效率，还包含着自然资源和环境受损的成分，人口、经济、社会、资源和环境等协调下的高效率发展才是真正的可持续发展的高效发展。

（5）多维发展。作为一个全球性概念，可持续发展本身就包含了多样性、多模式和多维度的发展内涵，再加上不同国家和地区发展水平、文化、体制以及地理环境的不同，各国与各地区应在可持续发展的总体目标下，依据本国国情或区情，走符合本国或本区实际的、多样的、多模式的可持续发展道路。

可持续发展不仅要应用到以资源利用和环境保护为主的环境领域，而且需要适用于以经济和社会发展为源头的生活领域。为了更好地贯彻可持续发展战略，我们必须遵循以下基本原则。

（1）公平性原则。可持续发展追求两方面的公平。一是本代人之间的公平。当今世界一部分人富足，1/5 的人口处于贫困状态，这种贫富悬殊、两极分化的现象不可能实现可持续发展提出的"要满足全体人民的基本需求和给全体人民机会以满足他们较好生活愿望的要求"的目标，因此，各国需要有公平的分配和公平发展的权利。二是代与代之间的公平。人类赖以生存的自然资源是有限的，我们不能为自己的发展而损害后代人所需求的自然资源和环境，世世代代都有公平利用自然资源的权利和保护资源的义务。

（2）持续性原则。持续性原则认为经济建设和社会发展应控制在自然资源与生态环境的承载范围之内。换言之，即人类在发展时既不要过度生产也不要过度消费，而是在不损害自然资源的基础上，调整自己的活动方式。

（3）共同性原则。尽管各国、各地区在发展水平、文化及政策实施方面有所不同，但是我们应该共同遵循可持续发展的公平性原则和持续性原则。为了实现可持续发展的目标，世界各国应认识到彼此之间的相互依赖性并联合起来，共同促进人类之间以及人类与自然之间的和谐发展，进而真正实现可持续发展。

20 世纪 80 年代之后，随着可持续发展思潮在世界范围内的兴起，旅游业经营者开始认识到：如果旅游与环境不能和谐共存，旅游业必将成为一个短命产业，也意识到旅游业的发展对人类和自然遗产的依赖，对生态系统稳定性和持续性的影响，以及旅游需求对于人类尤其是对于未来人类的重要性。在此背景下，旅游可持续发展的概念被提出来，1990 年在加拿大温哥华召开的全球可持续发展大会首次阐述了旅游可持续发展理论的主要框架和主要目标。1993 年,《可持续旅游》这一学术刊物在英国问世,标志着旅游可持续发展的理论体系已初具规模。1995 年 4 月,联合国教科文组织、联合国环境规划署和世界旅游组织等在西班牙召开了"世界旅游可持续发展会议",通过了《旅游可持续发展宪章》和《旅游可持续发展行动计划》,这两份文件为旅游可持续发展制定了一套行为准则,并为世界各国推广可持续旅游提供了具体操作程序。

目前,关于可持续旅游发展的概念的研究十分活跃,国内外一些专家学者依据可持续发展思想,对可持续旅游发展进行了多方面的研究,有了比较全面而且深刻的理解。但由于可持续发展课题本身尚处于实践性探索阶段,其概念和理论尚无统一结论。因而,可持续旅游发展的概念及其内涵的界定也是因人而异的。下面对中外学术界关于可持续旅游发展的概念研究状况进行简述。

在国外,比较权威的可持续旅游发展的定义如下:(1)全球可持续发展大会通过的《旅游业可持续发展行动战略》草案认为,可持续旅游发展是在保持和增加未来发展机会的同时满足目前游客和旅游地居民的需要。(2)世界旅游组织顾问爱德华·英斯基普认为可持续旅游发展就是要"保护旅游业赖以发展的自然资源、文化资源、其他资源,使其为当今社会谋利的同时也能为将来所用"。(3)世界旅游组织的定义。1993 年,世界旅游组织出版《旅游与环境》丛书,其中《旅游业可持续发展——地方旅游规划指南》一书对可持续旅游发展给出的定义是:"在维持文化完整、保护生态环境的同时,满足人们对经济、社会和审美的要求。它能为今天的主人和客人们提供生计,又能保护和增进后代人的利益并为其提供同样的机会。"这一定义是对可持续旅游发展理念的进一步总结,对可持续旅游发展的国际认定具有重要的指导意义。

国内比较有代表性的可持续旅游发展的概念如下:(1)保证从事旅游开发的同时不损害后代为满足其旅游需求而进行旅游开发的可能性(谢彦君,1994)。(2)在保护和增加未来发展机会的同时,满足旅游者和旅游地居民当前的各种需要(匡林,1997)。(3)在全世界范围实现旅游的环境资源保护目标、社会发展目标和经济目标相结合,在不超出资源与环境承载范围的前提下，促进旅游的持续发展，提高人类的生活质量（汪明剑、鲁理，1997）。

上述关于可持续旅游概念的剖析，尽管不同学者研究的出发点、阐述的着重点和语言表达各有不同，但它们之间却存在一个共同点，就是对可持续旅游发展实质的揭示。可持续旅游发展的实质就是要求旅游与自然、文化和人类生存环境成为一个整体，即旅游、资源、人类生存环境三者的统一，以形成一种旅游业与社会经济、资源、环境良性协调的发展模式。因此，对资源和环境的保护就成为可持续旅游发展的基本出发点。这一出发点要求旅游业的发展必须建立在生态环境的承载范围之内，避免对自然资源、生物多样性和生态环境造成负面影响；要求旅游业的发展能够有效地维护地方特色、文化和旅游胜地的特色，避免对当地文化遗产、传统风俗和社会生活方式造成负面影响。因为丰富多样的自然资源和文化遗产既是旅游业赖以生存和发展的基础，也是旅游产品保持较强吸引力和特色的根本所在。一旦破坏了这些资源和环境，就破坏了旅游业赖以发展的基础条件，破坏了旅游产品特有的魅力，旅游业就不可能持续地发展，甚至还会给后代带来不可弥补的损失。在此基础上，可持续旅游发展的概念可以表述为：旅游业的发展与社会经济、资源环境和谐发展，不仅要满足旅游者和当地居民当前的生活、文化、精神、享受性利益和需要，而且要保证和增加人类社会未来发展的机会，从而使全球的生态体系、各国的民族文化、人们的生活质量保持完整性、多样性和有序性。

三　生态经济学理论

生态经济学产生于 20 世纪 60 年代，肯尼斯·博尔丁在《一门学科——生态经济学》中首次提出"生态经济"和"循环经济"等一系列生态经济观点，代表当代生态经济学的源起。所谓生态经济，就是在经济和环境协调发展思想指导下，按照生态学原理、市场经济理论和系统工程方法，运用现代科学技术，形成生态上和经济上的两个良性循环，以最终形成经济、社会、环境、资源协调发展的现代经济体系。其本质是把经济发展建立在生态系统承载能力范围之内，在保证自然再生产的前提下扩大经济再生产，以形成产业结构优化，经济布局合理，资源和环境承载能力不断提高，经济实力不断增强，集约、高效、持续、健康的社会—经济—自然生态系统，旨在使人类社会在生态平衡的基础上实现可持续发展。

生态经济的主要特征有三个方面：

（1）内在联系互动性。生态经济包含了对于整个生态的研究，也试图用生态的眼光去分析生态危机对经济的反作用。由于生态系统的整体性与复杂性不仅指出生态系统中事物联系的多样，也肯定了人作为系统中的一部分，对自然的依赖也是多样的，同时人类社会的存在依赖生态经济大系统中生物多样性的平衡和自我调节作用。所以，人类要有正确的生态观，把握生态系统内部自我调节方式，利用事物之间存在的联系性、互动共生性和生态结果，达成系统的生态平衡。

（2）区域差异性。经济发展与不同的自然资源和生态条件有紧密的联系，区域资源禀赋和生态环境的异质性，促成了经济发展和生态经济的特异性的形成。这就要求在每一个国家，甚至是每一个区域内，必须依据具体情况研究经济发展和生态保护之间的关系，做到因地制宜。

（3）长远战略性。生态经济学考虑的不仅是短期的经济效益，还强调长远的生态效益以及资源配置和自然环境的代际公平性问题，其研究的生态保护、资源节约、污染治理等都是具有长远战略意义的问题，最终关注的是人类社会可持续发展的目标。

生态经济学研究涵盖自然科学和社会科学，是一门跨经济学和生态学的新的交叉学科。近10余年来，随着可持续发展及生态文明建设成为学术界研究的热点，生态经济学研究进入全面发展的时期。Costanza认为："生态经济学是一门全面研究生态系统与经济系统之间关系的科学，这些关系是当今人类面临的众多紧迫问题（如可持续性、酸雨、全球变暖、物种消失、财富分配等）的根源，而现有的学科均不能对生态系统与经济系统之间的这些关系予以很好的研究。环境经济学与资源经济学正如它们目前的发展和实际应用情况所显示的那样，仅涉及新古典经济学在环境问题与资源问题研究中的应用。生态学正如其目前的应用情况展现的那样，主要研究人类对生态系统的影响，但其主要研究对象是自然系统。生态经济学既包括利用经济学方法研究经济活动对环境的影响，也包括用新的方法研究生态系统与经济系统之间的联系。"

生态经济学理论主要针对在经济效益提升过程中的环境问题和生态问题的分析与方案实施，对应提出包括生态经济系统、生态经济平衡和生态经济效益在内的三个基本理论来解决上述问题（Rutger Hoekstra，2002），是在生态学的基础上衍生出来的理论，围绕人类经济活动与自然生态之间相互发展的关系这一主题，深入探讨复杂的生态经济复合系统的行为规律的学科，是一门由生态学和经济学相互渗透、有机结合形成的综合性的学科。

生态经济学的研究重点是生态系统和经济系统的运作规律和现实条件。具体来说，生态经济学的研究对象大体包括以下几个方面：

（1）生态经济系统。该系统是研究生态经济学本质的基础。20 世纪 70 年代末期，世界性的生态危机出现以后，人们从自然的多次惩罚中，开始探索通过经济、技术和生态的结合，检查已经发展起来的社会。可持续发展的社会必须是由三个子系统复合组成的经济系统联结而成的网络结构。研究生态经济复合系统的目的是将可持续发展的理念作为学科的灵魂，进而对生态系统和经济系统内部所包含的规律进行深层次的研究，针对物质循环和能量转化规律给予一个科学合理的解释，最终建立一个科学合理的高效低耗的最佳生态经济系统，实现生产力的发展，创造更多的经济效益。

（2）生态经济系统的运动规律。生态经济学系统既有其他社会系统规律的一般性特征，同时又有自己规律的独特性，生态经济学系统的规律是由社会生产力的发展水平决定的。生态经济学以生态经济系统作为研究对象，研究目的是揭示生态经济系统的特殊性及其运动规律。生态经济系统规律是在该系统中的生物因素、环境因素、技术因素等因素的共同影响下形成的特殊的规律。对于生态经济学规律的认识是实现人类社会可持续发展的重要保证。

（3）生态经济系统的基本矛盾。生态经济系统是一个复杂的系统，是各种矛盾交错形成的矛盾体，其中最重要的矛盾是社会发展对于生态系统无限性的需求与生态系统资源对社会发展有限性的利用。随着社会水平的不断提升，人们需要更多的生态经济资源来满足社会发展的需要，因此，基本矛盾也随着问题的不断加深日益暴露。第一，人类生活水平的提升需要更多的生态经济资源来满足更高要求的生活需求，进而加大了对于生态资源的开发，使矛盾日益加深。第二，人类社会经济活动的不合理和废弃物的增长与生态系统调节能力有限性的矛盾在扩大，集中表现在人类无节制的开发资源，以及不合理的资源利用方式导致自然环境的承受能力达到顶峰，进而造成生态环境的恶化。

旅游生态经济学以旅游可持续发展为指导思想，以生态系统和旅游经济系统二者交互融合下形成的旅游生态经济系统为主要研究对象，揭示旅游生态经济系统的结构功能及运作规律，促进旅游生态经济效率的最大化和实现旅游生态经济发展路径的最优化，维护旅游生态经济系统的平衡，最终实现旅游生态经济的可持续发展的目标。旅游生态经济系统中的诸多要素，如环境因素、技术因素、市场因素、资源因素等在旅游生态产品的生产、分配、交换和消费过程中都有千丝万缕的联系。这些要素之间既相互依存，又相互制约，它们之间虽然不停发生着物质和能量的交换，但它们同时又都处于一个共同的生态系统中，遵循着生态运动循环的自然规律。旅游生态经济学希望通过研究系统内部元素的运动规律来实现旅游生态经济系统的平衡。

旅游生态经济学的研究主要包括以下几部分：

（1）旅游生态经济系统结构和功能特点。不同旅游区的生态经济系统结构具有不同的功能效率，而功能效率的高低又直接影响旅游生态经济系统生产力的大小。旅游生态经济系统的功能，除景观生态子系统表现出自身的物质流、能量流和信息流外，还交织贯穿着旅游经济子系统的经济物流、经济能流、价值流和经济信息流。旅游生态经济系统是由各个子系统耦合而成的复合系统。旅游经济系统结构、功能和景观生态系统结构、功能之间存在对立统一的关系，两者结构协调，功能则必然协调，反之亦然。一般来说，旅游经济系统功能的加强，容易引起景观生态系统功能降低或失调。任何一个生态旅游区的开发建设，均需输入大量物质与能量（如建筑材料、食物、设备设施等），肯定会对自然生态系统的物质循环、能量流动产生深远影响。

（2）旅游经济系统与景观生态系统之间的关系。贯穿于旅游生态经济系统中的一个主要矛盾，就是旅游经济增长与生态平衡的矛盾。这是因为一方面旅游区景观生态资源数量和资源更新能力是有限的，而旅游经济增长对生态资源的需求又是无限的。另一方面，旅游经济活动有时表现出来的时空无序性（如旺季暴涨的游客流量和因种种原因引起的旅游经济滑坡等）同自然生态系统运动所表现出来的自然有序性也存在矛盾。从旅游需求与旅游供给所构成的旅游经济活动同生态环境的结合方面，研究旅游经济系统与景观生态系统之间的矛盾统一关系，探索旅游区内旅游业及其相关产业与环境保护协调发展的规律性，旨在实现旅游区旅游经济效益、社会效益和环境效益三者的统一，以保障旅游经济可持续发展。

（3）经济合理发展与旅游区环境保护之间的关系。任何风景名胜区环境容量都是有限的。随着我国旅游业蓬勃发展，现在许多风景名胜区生产性废物和生活性废物迅速增加，环境污染日趋严重。旅游地除开发建设中产生的"三废"外，旅游活动中住、食、行、游、娱、购等产生的垃圾，也是重要的污染源。据调查，一般国内外游客平均每人比旅游地居民排放的废气（主要是汽车尾气）多 2—8 倍，生活污水多 2—7 倍，生产垃圾多 3—10 倍。可见，旅游这种高层次消费活动，多半是以牺牲旅游地一定程度的环境质量为代价的。开展该项研究，目的就是要把旅游经济活动对环境的损害降到最低程度，寻求旅游经济与环境保护协调发展。

（4）旅游区与相邻区域的生态经济系统关系。任何旅游生态经济系统都不是孤立存在的，它一方面要在旅游市场上同周围风景名胜区旅游生态经济系统展开激烈的竞争，另一方面由于旅游路线把许多旅游区连接在一起，促使各旅游系统之间发生能流、物流、信息流、游客流、旅游产品流、商品流、价值流的输入和输出。又因任何风景名胜区必然属于某个区域大系统中的一个子系统，因此，其旅游经济发展是受大区（大系统）影响和制约的。例如，风景名胜区内几乎所有物资设备、旅游商品都是靠区外第一、第二产业提供的，它们对旅游价格产生直接的影响。所以，我们要把旅游生态经济系统放在由众多子系统构成的区域大系统内，从结构和功能方面进行考察与研究。

（5）旅游生态经济系统的人工调控机制及其规律。人类既是旅游经济系统的主人，又是景观生态系统中生命系统的主体。因此，人类应该而且有可能通过科学技术这一中间环节，来构建能获得最佳经济效益、社会效益和生态效益的良性循环的旅游生态经济系统。在我国旅游区一般来说都与一个行政区相一致，其行政机构担负着对全区旅游生态资源总体开发实行统一的规划，以及对全区旅游经济结构进行合理的调整的责任。后者是以前者为先决条件的，受到旅游资源和生态规律的制约。可见，我国旅游区在当前经济条件下，如何做到使环境规划同旅游经济结构调整有机地融为一体是至关重要的。

四 循环经济理论

传统经济发展模式给社会带来的困境是人们考虑"先污染后治理"，即排放和污染后再进行治理，但是"先污染后治理"一是被动治理，二是治标不治本，所以无法从根本上解决人与自然环境的矛盾。这种情况下，人们选择符合资源环境循环发展规律的经济发展模式，即循环经济发展模式。循环经济产生的社会背景主要是人们无节制地开发社会资源造成的生态环境破坏后对于行为进行反思，是在新的经济发展背景下对于传统经济发展模式弊端因素的思考与改正。起源最初可以追溯到美国经济学家肯尼斯·鲍尔丁在1966年提出的宇宙飞船经济学。英国环境经济学家大卫·皮尔斯和图奈（Pearce. D. W. & Turner. R. K.）1990年第一次使用循环经济（Circular Economy）一词。这两位作者在《自然和环境经济学》一书中第二章的标题是"循环经济"（The Circular Economy），试图依据可持续发展原则建立资源管理规则，并建立物质流动模型。此后《增长的极限》《人类环境宣言》《我们共同的未来》《里约宣传》《21世纪议程》进一步普及了循环经济的理念，极大地促进了经济发展模式的转变，循环经济成为各国的共识。

1998年，我国引入循环经济概念，确立了"3R"原则的中心地位；1999年，从可持续发展的角度对循环经济发展模式进行了整合；2002年，从新兴工业化的角度认识循环经济的发展意义；2003年，将循环经济纳入科学发展观，确立了物质减量化的发展战略；2004年，从城市、区域和国家层面大力进行循环经济发展实践；2012年，习近平总书记提出美丽"中国梦"，而实现"中国梦"的必经途径之一就是循环经济的大力发展。

"循环经济"一般是从狭义与广义两个角度来定义的，狭义的循环经济特指线性经济下造成的资源的高消耗和废物的高排放，以工业化发展为时间节点，是一种节省资源、降低能耗的经济发展模式。在整个资源利用的过程中可以进行资源的循环利用，以此将经济活动对于生态环境的影响降到最低。广义的循环经济指的是自然资源、人以及科学技术组成的大系统，在进行资源的开发与利用、经济投入和产品消费的过程中使用技术不断地提高资源的利用率，从粗放式的经济发展模式中走出来，采用节约型的经济发展模式。循环经济实质上是一种生态经济，它遵循生态学的规律对人的行为进行约束。

循环经济学的研究范围方面，循环经济的作用范围和活动领域决定了循环经济学的研究范围。循环经济是一种新型经济形态，发展循环经济在经济管理方面，包括循环经济的组织运行、管理和调控等；在循环经济的运行层次方面，包括企业的循环经济、园区的循环经济和区域的循环经济；在循环经济的行为主体方面，包括生产者的循环经济活动、消费者的循环经济活动、政府的循环经济活动和社会中介组织的循环经济活动；在循环经济的运行条件方面，包括循环经济法律法规、政策措施、社会体系、伦理文化、科学技术和组织体制等；在循环经济的产业模式方面，可分为动脉产业的循环经济、静脉产业的循环经济，以及为循环经济提高技术和装备的环保产业、信息产业等。上述这些内容构成了循环经济学的研究内容，概言之，凡是体现出减量化、再利用和资源化原则的经济活动和生态活动都可以纳入循环经济学的研究范畴。

循环经济学研究的具体内容方面，循环经济的核心是提高资源（生态、环境）的利用效率。围绕这一核心思想，可以把循环经济学的研究内容具体化为三个部分。

（1）在生产活动领域，重点研究企业内部循环、企业之间的物质循环以及社会领域的资源回收利用。①企业循环经济主要是贯彻"污染者承担原则"和"生产者责任延伸制度"，把整体预防的环境战略持续应用于产品的整个生命周期中，要求企业减少产品和服务的物料和能源利用量，减少排放污染物，如强物质的循环利用，最大限度地可持续利用可再生资源，提高产品的耐用性，提高产品与服务的服务强度。②企业间循环经济，主要是按照生态经济原理和知识经济规律，进行基于生态系统承载能力、具有高效的经济过程及和谐的生态功能的网络型进化工业活动，它通过两个或两个以上的生产体系或环节之间的系统耦合使物质和能量多级利用、高效产出或持续利用。③社会领域的循环经济，主要是运用系统观念和网络效应，通过建立完整的动脉产业体系大力发展静脉产业，完善公共基础设施建设，把三者对接起来，建立循环型社会生产模式。

（2）在技术范式层面，抛弃传统的线性经济范式，重点研究"资源消费产品—再生资源"闭环型物质流动模式，包括：①减量化技术在各个领域中的运用，通过生产技术与资源节约技术、环境保护技术体系的融合，减少单位产出资源的消耗；通过清洁生产，减少生产过程中污染排放甚至实现"零"排放。②资源化技术：通过废弃物综合回收利用和再生利用，实现物质资源的循环使用。③无害化技术：通过垃圾的无害化处理，实现生态环境的平衡。④循环经济产业链接技术：生产的副产品如何为其他企业所用，以什么形式、多大规模利用。⑤循环经济集成化技术：资源循环利用中的上下游企业关联度、供需信息反馈、多企业共生、物质能量的合理配置等。

（3）在制度和组织层面，研究范围有：政府在循环经济中的职能，培育促进循环经济的市场机制，建立保障循环经济健康发展的法制体系，制定并有效实施促进循环经济发展的政策措施，推行有利于循环经济发展的社会管理机制。

循环经济从产生至今，学者对其作用的原则发展过程是"3R—4R—5R"，但是循环经济最基本的原则是"3R"原则，即资源的减量化（Reduce）、再利用（Reuse）和再循环（Recycle）原则，三者按照先后顺序依次阐释如下：①减量化原则。减量化原则即在生产、流通和消费过程中，通过优化产业结构、开展清洁生产、倡导绿色消费等措施，最大限度地减少对不可再生资源的消耗，控制废物的产生和减少对环境的影响，主要是从生产源头即输入端进行控制，减少生产流程中的物质投入，从而在经济活动中最大可能地节约资源和减少废物排放等。②再利用原则。再利用原则即资源化原则，主要是针对产品的输出阶段，采取生态环保的工业技术，对废弃物进行多次回收利用，实现闭合式良性循环，达到废弃物排放最小化。废弃物资源化能有效减少垃圾的产生，主要包括原级资源化和次级资源化两种。前者是指将消费者使用产品后留下的废弃物资源化后形成与原来相同的新产品；后者是指将废弃物资源化后变成其他不同的新产品。因此，这一过程，不仅减少了废弃物，也增加了资源量，提高了资源利用率。③再循环原则。再循环原则即努力实现废物利用最大化，针对的也是输出阶段，通过对产业结构的调整以及产业体之间的精密分工和高效合作，尽可能以多种方式、多次使用物品，使产品到废弃物的转化周期加长，实现废弃物利用最大化。同时，对自然资源和环境容量的使用采取生态化的友好方式，延长产品和服务的时间，实现生态与经济综合效益最大化。

从本质上看，循环经济的根本目标是在经济活动过程中，不仅避免和减少废物的产生和排放，而且，在生产过程末端采取废物再生利用措施，这不仅仅是一种补救性措施，更是一种积极的废物资源化处理模式。对待废物做到"避免产生—循环利用—最终处置"，使废物的产生和排放达到最少，直至为零。

循环经济被世界广泛认为是可持续发展的最佳模式或重要途径，而旅游经济的可持续发展对资源环境有极强的依赖性，循环经济思想很自然地被迅速引入旅游经济，形成旅游循环经济思想。我国对旅游循环经济的研究和实践始于 20 世纪 90 年代末，对旅游循环经济的概念内涵的表述虽然存在用语上的差异，但人们普遍认为旅游循环经济是循环经济思想与可持续发展思想在旅游业中的具体体现。由于旅游产业在经济系统中的活跃性，使其成为发展循环经济的最佳载体。

旅游产业发展对资源的依赖性和环境的依赖性要求与循环经济理念有高度契合。一方面，旅游资源是旅游产业赖以生存和发展的基本条件，用循环经济的理念指导开发旅游资源，使旅游资源得以再生、循环，可以有效地推动旅游产业的可持续发展。另一方面，旅游产业的发展要以良好的生态环境为背景，循环经济提出融入环境保护理念于资源的开发利用中，旅游资源的开发必须充分协调旅游发展与环境的关系，充分考虑环境容量，做到合理循环地利用旅游资源。发展旅游循环经济必须要树立新系统观、新经济观、新伦理观、新生产观、新消费观等理念，提高认识，转变观念，并在新的理念的指导下实现资源最优化、环境损伤最小化、生态环境最优化、利益主体协调化、三大效益统一化、旅游发展可持续化的目标，实现旅游循环经济的更大发展。

旅游循环经济系统是一个复合的自然—社会—经济的综合系统，具有内在的联动运行机制。动力系统是在政府推动下，通过利益与市场的结合，形成市场驱动、民众参与机制，使旅游企业在低消耗、高利用、少排放、重复使用、注重环境保护等过程中提高核心竞争力和运营力。支撑保障系统包括政策法规体系、监督评估认证体系和技术研发体系、废物回收及交易体系、旅游城镇基础设施支撑系统、生态保障系统等，尤其推行清洁生产、资源再生利用等技术的研发与应用，构建生态旅游企业资质认证、生态旅游产品认证体系，制定旅游循环经济企业的规范化、标准化、科学化的管理系统。目标系统是以旅游资源环境可持续利用为前提，以旅游经济持续增长为手段，以旅游地社会进步为目的，实现旅游和区域可持续发展中经济、社会、环境目标的统一，具体包括旅游资源保护、旅游环境优化、满足旅游者需求、提高经济效益、增加社区总体利益等。

旅游循环经济的运行存在三种基本模式，即旅游企业层面的内部微观循环，区域层面的旅游产业与相关产业之间的中观循环，社会层面的旅游经济子系统与其他社会经济子系统之间的宏观循环。一个独立的旅游企业很难具备全部的物质、资源都能闭环流动的条件，因此企业层面的微观循环主要关注的是实施清洁生产，减少旅游产品生产和服务中旅游资源、物料和能源的使用量，使部分要素得到循环利用，尽量回收使用废弃物，实现污染物排放的最小化。旅游循环经济中观运行表现为在某一区域内，当旅游业和相关产业发生耦合关系后，就可能出现生产者企业、消费者企业、分解者企业，形成代谢和共生关系，通过建立众多的物质循环链和循环网等，基本可以实现整个体系向外系统的零排放。社会层面的宏观循环以基础设施体系的生态化为基础，以政策法规、科学技术、公众参与为保障。应构建包括旅游业在内的生态服务业、生态工业、生态农业的产业循环体系，构建高效率的流转系统，实现整个生产、销售和消费、使用及废弃物回收、资源化、再利用。在企业、产业、区域和社会不同层次上的旅游循环经济体系中，将各层面上的旅游经济运行纳入一个有机的可持续发展框架中。为保障、促进旅游循环经济发展，应建立完善的旅游循环经济法规体系、经济政策体系、技术支撑体系和宣传教育体系。具体主要包括：一是强化旅游可持续发展的意识，构建政府主导型旅游循环经济发展模式；二是建立健全旅游可持续发展的相关法律法规，规范旅游可持续发展的模式；三是大力倡导"绿色旅游"；四是构建资源友好型、环境友好型的旅游循环经济发展模式；五是构建以高新技术为依托的旅游循环经济发展模式。

五　产品生命周期理论

1950 年，经济学专家 Dean 最早提出产品生命周期的概念。1965 年，在 Dean 的产品生命周期概念的研究基础上，Levir 根据产品在市场中的演化过程将产品生命周期划分为推广、成长、成熟和衰亡四个阶段。1966 年，Lemond 在《产品周期中的国际投资与贸易》一书中对产品生命周期的概念进行了完善，将 Levir 提出的"推广"演变成"研发"，认为产品生命周期由研发、成长、成熟和衰落 4 个阶段组成。

产品生命周期，即一种新产品从开始进入市场到被市场淘汰的整个过程，显示了产品或商品在市场运动中的经济寿命，也即在市场流通过程中，由于消费者的需求变化以及影响市场的其他因素所造成的商品由盛转衰的周期。产品生命周期主要是由消费者的消费方式、消费水平、消费结构和消费心理的变化所决定的，一般分为投入期、成长期、成熟期、衰退期 4 个阶段，每个阶段都有各自不同的特点。

（1）投入期，指产品从研发投产直到投入市场进入试销阶段。新产品投入市场便进入了投入期，投入期的特点有以下四点：①销售量低，生产量小。产品刚上市，知名度低，大多数顾客不愿放弃或改变自己以往的消费行为，导致销售量低，生产量小。②成本高，利润低。由于生产量小，单位产品制造费用高，加之开辟营销渠道难度及宣传费用大，使企业成本高，利润低，甚至出现亏损。许多新产品往往在这个阶段夭折，风险较大。③竞争者较少，竞争不激烈。由于利润低，经营风险很大，竞争者大多会处于观望状态。④产品技术、性能还不完善。一些产品还需要更多的顾客在使用过程中进行性能和效果的反馈，并不断完善。

（2）成长期，指产品试销效果良好，购买者逐渐接受该产品，产品在市场上站住脚并且打开了销路。成长期的特点有以下四点：①销量迅速提升，消费者对新产品已经熟悉，销售量迅速增加。②成本下降产品已定型，技术水平已成熟，大批生产的能力形成。产量扩大，分摊到单位产品的成本费用就降低了。③利润上升迅速，生产成本下降，促销费用减少，销量上升，结果使企业利润会快速上升。④大量竞争者加入，市场竞争激烈，竞争者看到产品销量上升，有利可图，就会相继加入，大量生产竞争产品。

（3）成熟期，指产品进入大批量生产阶段并稳定地进入市场销售。成熟期的特点有以下两点：①销量趋于平稳，随着购买产品的人数增多，市场需求趋于饱和。此时产品普及并日趋标准化，成本低而产量大。销售增长速度缓慢直至下降。②竞争白热化，成本增加。由于竞争加剧导致同类产品生产企业之间在产品质量、花色、规格、包装、服务等方面加大投入，在一定程度上增加了成本。

（4）衰退期，指产品进入了淘汰阶段，衰退期的主要特征有以下三点：①销量迅速下降。产品销售量由缓慢下降变成急剧下降。②企业无利可图。由于销售量下降，生产量减少，而成本上升，致使利润下降。③价格已经下降到最低水平。

产品生命周期是现代市场营销学里的一个重要概念，对企业制定营销策略具有指导意义，主要表现在以下几点：

（1）产品生命周期受技术进步、环境、管理和需求的影响。产品生命周期是一个抽象的概念，并不是一个很精确的概念，不同产品的生命周期长短各不相同，而且产品生命周期中的各个阶段的时间长短也不一致，主要受到四个因素的影响。①技术进步因素的影响。如引进更优良的新产品，是原产品的替代品，就会加速缩短原产品的生命周期。②环境因素的影响。例如，中国政府规定，禁止生产和销售容积为9升以上的坐便器，加速了该产品生命周期的缩短。③管理因素的影响。例如，企业是否愿意花钱开展促销活动，以延长产品生命周期。④市场需求因素的影响。例如，消费者对某种产品失去兴趣，就会加速缩短该产品的生命周期。这四个因素中有一个因素发生变化，就会使产品生命周期发生改变。

（2）可以使用不同的营销策略来延长产品生命周期。每一种产品都有形式不同、时间不同的产品生命周期，这就为企业采取适当措施延长产品生命周期提供了依据。不同的企业可以根据市场上的实际情况，选择适合延长自身实际产品生命周期的策略，获取更多的经营利润。一是企业必须持续地开发新产品，以便于企业长期生存，否则，原产品生命周期结束，新产品还没有开发出来，企业就可能面临垮台的危险；二是产品生命周期阶段不同，应采取不同的营销策略，使企业获取尽可能多的利润；三是企业在规划产品组合时，必须考虑产品生命周期长短合理搭配，以免产品组合出现各个产品都在同一个时间达到衰退期的情况，使企业面临巨大的经营风险。

旅游产品生命周期借用了有形产品生命周期的概念。所谓旅游产品生命周期，就是指一个旅游产品从开发出来投放市场到最后被淘汰退出市场的整个过程。一条旅游路线、一个旅游活动项目、一个旅游景点、一个旅游地的开发大多都将遵循一个从无到有、由弱至强，然后衰退、消失的时间过程。旅游产品生命周期的各个阶段通常是以旅游产品的销售额和利润的变化状态来衡量的。旅游产品生命周期可以划分为导入期、成长期、成熟期和衰退期四个阶段，处于不同阶段的旅游产品在市场需求、竞争、成本和利润等方面有明显不同的特点，也决定着供给者的不同营销策略。

旅游产品生命周期各阶段的特点：

①导入期。导入期又称投入期，是指旅游产品刚刚投放市场的阶段，具体表现为：新推出的旅游线路、新开业的酒店、新增加的餐饮产品、新开发的旅游项目等。处于这一时期的旅游产品，由于刚刚进入市场，消费者对产品还缺乏了解，因此消费者对该产品的消费十分谨慎。该阶段旅游产品的性能有待进一步改进，基础设施需要进一步完善。由于旅游产品的知名度不高，因此，销售量较低，而旅游产品开发费用较高，需要投入一定的促销费用，因此旅游产品成本较高，从而导致旅游企业利润较低甚至亏损，进而导致市场前景还不明朗的情况下，竞争者很少或者竞争者还不屑加入。

②成长期。旅游产品平稳经过投入期后便进入成长期。处于成长期的旅游产品已日渐被消费者所接受；旅游产品的性能已基本稳定，基础设施已趋于完善；产品知名度逐渐提高；销售量大幅度上升，利润额飞速增长，成本逐渐下降；由于有利可图，竞争者开始加入。

③成熟期。这一时期是旅游产品的主要销售阶段。该阶段市场企业数量基本达到饱和，旅游企业产品拥有很高的市场占有率，旅游企业产

品的销量最高且相对稳定；增长速度放缓，一般年销售增长速度在1%；旅游企业利润也达到了最高点。在这一时期，竞争最为激烈，甚至会达到白热化程度，一些实力不强的旅游产品在后期开始退出市场。

④衰退期。这是旅游产品逐渐退出市场的阶段。这一时期更为先进的旅游新产品层出不穷，而现有旅游产品六大环节工作不能很好地协调，经常出现某一环节的短缺，员工流失率很大，企业的生产能力受到影响；老产品已经不适应人们不断变化的需求，正逐渐被市场所淘汰；产品销售量锐减，利润明显下降。

（3）影响旅游产品生命周期的因素。对于旅游企业的营销者来说，能够识别出产品目前处于什么生命周期阶段，列举出那些将影响产品生命周期的各种因素，并能够制定出好的营销战略是十分必要的。旅游产品生命周期的变化受到多种因素的影响，主要归结为以下几种：①需求的变化。首先，旅游者所追求的核心利益是"旅游愉悦"，因此旅游者的购买行为受心理因素的影响很大。旅游者的需求可能因消费观念的改变或受时代潮流的影响而产生变化。其次，不同背景下的旅游者的需求不同，这就决定了旅游产品生命周期不同地域的不同；旅游者的收入变化和闲暇时间的增减会直接引起旅游需求的变化。最后，还有可能是旅游产品在开发和设计上存在缺陷，无法满足顾客的需求，导致其生命周期缩短。②环境的影响。这里我们所指的是多种环境因素，包括自然环境、文化环境、社会经济环境、政策法律环境、科学技术环境、旅游企业的竞争环境等各种环境因素的变化，都将会从不同层面影响旅游产品生命周期的变化。③旅游企业管理产品生命周期的能力。旅游产品的生命周期，在一定程度上就是旅游企业对旅游产品的经营管理过程。旅游产品的开发能力、旅游产品定位准确与否、旅游产品组合状况、旅游促销力度的强弱、旅游服务质量的高低等因素均可直接影响旅游产品的生命周期。

六 产业经济学理论

产业经济学是应用经济学领域的重要分支，它是从作为一个有机整体的"产业"出发，探讨在以工业化为中心的经济发展过程中，产业间的关系结构、产业内企业组织结构变化的规律以及研究这些规律的方法。产业经济学的研究对象是产业内部各企业之间相互作用关系的规律、产业本身的发展规律、产业与产业之间互相联系的规律以及产业在空间区域中的分布规律等。它以"产业"为研究对象，主要包括产业结构、产业组织、产业发展、产业布局和产业政策等。产业经济是居于宏观经济与微观经济之间的中观经济，是连接宏微观经济的纽带。通过研究一个国家的产业，为有效制定国民经济发展战略以及产业政策提供经济理论依据。它以"产业"为研究对象，主要包括产业结构、产业组织、产业发展、产业布局和产业政策等。

（一）产业组织理论

产业组织理论是关于市场经济中垄断和竞争的理论，主要是为了解决所谓的"马歇尔冲突"的难题，即产业内企业的规模经济效应与企业之间竞争活力的冲突。产业组织理论强调市场结构的重要性，它深刻影响了厂商行为，也是企业追求各种运行绩效的前提。传统的产业组织理论体系主要是由张伯伦、梅森、贝恩、谢勒等建立的，即著名的市场结构、市场行为和市场绩效理论范式（又称 SCP 模式）。所谓市场结构，是指厂商之间关系的表现形式，包括买方之间、卖方之间、买卖双方之间及市场内已有的买卖双方与正在进入或可能进入市场的买卖双方之间的交易、利益分配等方面存在的竞争关系。产业组织理论中的结构用来描述在某一特定市场或产业中经营的厂商所面临的环境，这种环境可以通过买者与卖者的数量和规模分布、产品差异程度、厂商进入或退出壁垒、纵向一体化或多样化经营的程度等来描述。从根本上说，市场结构是反映市场竞争和垄断关系的概念。市场行为是指厂商在市场上为谋取更多利润和更高的市场份额而采取的战略行为或行动，即厂商指定决策和实施决策的行为。厂商的市场行为主要集中在定价、广告和研究费用支出、产品质量及遏制竞争对手（包括潜在竞争对象）的策略上。通常可将企业的市场行为分为价格行为和非价格行为两大类。市场绩效指在一定的市场结构下，通过一定的厂商行为使某一产业在价格、成本、利润、品种、产量、产品质量及技术进步等方面达到的某种状态。研究市场绩效，需要回答厂商经营是否实现了资源配置效率提高、是否增加了社会总福利、是否避免了生产要素浪费、是否促进了生产效率的提高及能否满足消费者需求等问题。

SCP（Structure – Conduct – Performance）即结构—行为—绩效，是由哈佛学派提出。假定市场的结构—行为—绩效之间存在一种简单、单向、静态的因果关系，即市场结构决定厂商行为，而市场结构也通过厂商行为影响经济运行的绩效。该模式奠定了产业组织理论体系的基础，以后各派产业组织理论的发展都是建立在对 SCP 模式的继承或批判的基础之上的。

（二）产业结构理论

产业结构是指在社会再生产过程中，一个国家或地区的产业组成，即资源在产业间的配置状态。产业结构与经济增长有非常密切的关系，产业结构的演进会促进经济总量的增长，经济总量的增长也会促进产业结构的加速演进，这已经被许多国家经济发展的实践所证明。特别是在现代经济增长中，产业结构演进和经济发展的相互作用越来越明显。因此，对产业结构的分析和研究受到越来越多国家的重视。发达国家和一些新兴工业化国家在产业结构理论研究和实际应用方面已经积累了大量的知识和丰富的经验。产业结构理论发展到今天，其体系也日臻成熟。

产业结构理论主要研究产业结构的演变及其对经济发展的影响。它主要从经济发展的角度研究产业间的资源占有关系、产业结构的层次演化，从而为制定产业结构的规划与优化的政策提供理论依据。影响和决定产业结构变化的主要因素受供给和需求两大方面因素的共同影响。产业结构升级的直接动因是创新：创新促使科技进步，一些产业得以快速扩张成为主导产业，主导产业的状况在很大程度上决定了该产业结构系统未来的发展方向和模式；创新带来了新的市场需求，刺激产业进行有规则的扩张和收缩，进而直接拉动产业结构升级。

产业结构和经济增长变动互为因果的关系，产业结构变动是经济增长必然过程和必然出现的现象，而经济总量的增长也必然会带来产业结构的调整。产业结构变动会引起经济增长，也必然带来国民收入的增加，而收入的增加又会导致需求结构和消费结构的变化，反过来又会影响产业结构的调整。因此，产业结构的不断调整变动是经济增长的推动力，而经济总量的增长是产业结构变动的拉动力。产业结构调整的方向受资源结构和资源分配结构的约束，并受到需求结构和消费结构的影响。

（三）产业关联理论

社会在进行生产创造的过程中，不仅需要对各行业进行一定程度的宏观调控，还需要各产业自主开展合作项目，通过投入人力、物力与财力加强彼此间的合作，从而形成一套完整的产业循环。产业在开展生产活动时可以投入有形资产与无形资产，而其产出的也可以是有形产出与无形产出。

产业关联分析最基本的方法是列昂惕夫创立的投入产出法，该方法可以有效揭示产业间技术经济联系的量化比例关系。因此，产业关联理论也常被称为"投入产出理论"。投入产出法，也称为投入产出分析、投入产出关联分析法、部门联系平衡法等，用于研究社会经济发展与地区经济体系中不同产业的投入与产出之间的数量关系。产业在进行生产过程中需要消耗不同程度的人力、物力、财力，而产出的则是各种各样的商品或其他无形产出。

较为常见的投入产出模型有两种：一是以行、列平衡关系为主要关系的投入产出模型；二是以劳动力、商品流动情况为基础的国民经济流量模型。

（四）产业布局理论

产业布局是指产业在一国（或地区）范围内的空间组合。在实践中，它是一项受多层次、多目标、多部门、多因素影响，具有全局性的经济战略部署（杨公仆，2005）。合理的产业布局有利于发挥地区优势，充分利用资源，进而有利于取得良好的经济、社会和生态效益；不合理的产业布局则有可能阻碍发展，甚至可能付出巨大的代价。因此，产业布局是关乎经济长远发展的重大战略问题。

产业布局理论是生产活动的内容和生产空间拓展到一定程度的必然产物。其影响因素有以下几方面。

1. 自然因素

形成产业布局需要一定的环境和条件，如自然因素。自然因素涵盖两个方面的内容，即自然条件及自然资源。自然因素对产业布局产生的作用主要表现在：在社会进步的不同时期产生作用；对各种不同产业布局产生作用；对产业的布局及其发展产生不同的作用。

2. 社会经济因素

在各类社会经济因素中，如历史文化、市场环境、法规、政府管控及政治环境等都会对产业布局产生或大或小的作用。其中，市场环境涵盖了市场组织形式、市场发展方向、供需平衡及竞争机制等方面的内容；政治环境主要表现在政府相关部门出台一系列法规，对产业布局实施有效管控，从而产生相应的影响。此外，价格和税收也是对产业布局产生较大作用的因素，价格可从政府实施价格调控及不同区域间产品的价格差别等影响产业布局；而税收对产业布局所产生的作用主要表现在税收制度及其相关改革措施等。

3. 科学技术因素

生产力受科学技术发展的影响很大，科学技术无疑是产业布局形成的关键原因之一。科学技术的进步方向基本决定着人类运用资源的具体方法和范围，并且可使资源在生产力发展过程中发挥出无可替代的作用。科学技术的发展对产业布局所产生的作用主要在于不同区域之间产业梯度式的发展、产业技术的不断更新和普及，进而使具有不同寿命的产业的梯度发生变化，并进一步优化区域之间的产业结构。在此过程中，产业布局必然发生相应的改变。

4. 地理位置因素

地理位置无疑也是对产业布局产生作用的因素之一，地理位置因素涵盖较多的内容，譬如经济区域位置及独特的地理条件等。地理环境有所区别，所对应的自然因素、交通网络及其他经济环境都会有较大的差别。

（五）产业发展理论

产业发展理论是产业经济学研究的重要任务和主要目的。在产业组织理论和产业结构理论研究的基础上，产业发展理论更为关注的是不同时期产业的演变过程和规律。

在产业经济学中，产业发展理论是极为重要的研究内容，也是此类研究的主要目的。在研究过程中，深入分析各类产业的组织形式，并研究不同产业之间运作的具体规律，其目的皆在于推动产业的快速发展。产业组织深入产业内部，对企业的行为、市场的结构进行研究，目的是提升产业的生产效率。而对产业组织形式的相关研究主要包括各类产业间的技术沟通、结构变化规则等，从而进一步改善产业生产模式。产业组织和产业结构分别构成产业经济学的微观部分和中观部分，它们是产业发展的基础和前提。产业发展则是人们在此基础上对不同时期产业的动态演变过程和规律进行分析，是产业经济学的宏观部分。

1. 产业发展战略

实施产业发展战略关键在于深入分析产业进步过程中所形成的具有全局特征及一定规则的事物。产业发展战略即从全局的角度，研究其中所包括的组成部分和各影响因素的相互作用，以确定对全局产生一定作用的组成部分，然后在此基础上制定一系列规划。

2. 国际化背景下的产业发展

随着当代科技革命的不断深入，世界各国的经济生活越来越国际化，不同社会制度、不同发展水平的国家都被纳入统一的国际经济体系中。任何国家都不可能做到自给自足，都必须与国际经济保持千丝万缕的联系。各国经济的相互依赖程度不断加深，从贸易、金融到生产的各个领域，无不体现出国际化的特征。经济国际化是一个涵盖面非常广的概念，它包括贸易、金融、生产等经济生活的各个方面。从生产力的角度可以理解为生产要素在国家间的流动和组合，这种流动和组合是以国际水平分工为基础，并且能反映出国际水平分工所带来的比较优势；从生产关系的角度可以理解为产业资本运作过程的国际化。

（六）产业政策理论

目前，国际上对产业政策尚无统一的定义。一般认为，产业政策是一个国家的中央或地区政府为了其全局和长远利益而主动干预产业活动的各种政策的总和。产业政策是产业组织理论、产业结构理论、产业布局理论的应用，也是产业经济学理论价值的最终体现。产业经济学理论和产业政策实践是相互依存、相互促进的。一方面产业经济学理论对产业政策实践有直接指导作用；另一方面，产业政策实践又对产业经济学理论不断提出新的要求、提供新的研究素材，以此推动产业经济实践理论的丰富和发展。

产业政策的内容主要包括产业组织政策、产业结构政策、产业布局政策等，这些政策在实施过程中可能是多种政策并举的形式，也可能在不同国家、在不同的历史时期有不同的侧重，它们相互联系、相互交叉，形成一个有机的政策体系。因此，产业政策应包含以下几个方面主要内容，并在不同情境有不同侧重。

第一，产业组织政策是指为实现产业内部企业之间的有效资源配置而制定的政策总和。其实质是政府通过协调自由竞争与规模经济的矛盾，维持良好的市场秩序，保证资源的有效配置和社会福利的最大化。

第二，产业结构政策是指政府根据产业结构变动规律的客观要求，通过确定产业的构成比例、相互关系和产业发展序列，为实现产业结构合理化和产业安全预警研究高度化而实施的政策总和。

第三，产业布局政策是政府根据产业区位理论及国民经济与区域经济发展的要求，制定和实施的有关产业空间分布的政策总和。其主要内容有制订区域发展规划；对重点地区实施政策倾斜，寻求集聚效应和高效率；通过提供财政援助、税收优惠等，发展基础设施，改善地区的经济发展条件，并促进落后地区的发展。

由于旅游产业涉及诸多经济、社会活动领域，在产业经济学领域也存在旅游是否为产业的争论。美国学者托马斯·大卫认为：旅行和旅游是为了外出经营、娱乐或者私事外出的人的活动；旅游消费只是旅游者的支出导致的一种"支出推动"经济效应，而非"收入推动"经济现象，因而不是传统意义上的产业。在《国际标准产业分类》（ISIC）中也很难找到"旅游业"或"旅游产业"的表述。

然而，根据现实社会中旅游活动及其所带动的经济效应链条，及产业经济学关于"产业"范畴的界定，我们发现，在现实社会中的确存在一个为旅游者提供服务的、存在投入与产出的经济系统。这个系统凭借旅游资源和设施，为人们的旅游、移动行为及消费提供行、住、食、游、购、娱等综合服务，并形成一个相互联系的综合服务体系。由于在旅游活动中存在旅游需求和旅游供给，也存在旅游厂商通过旅游供给来满足旅游者消费需求的经济活动，并由于不同旅游厂商向某一特定旅游市场提供相似的产品和服务活动，进而形成厂商间的竞争或合作、间接与直接的联系，因而也就满足产业经济学关于"产业"内涵的界定。根据交叉需求弹性理论中的可替代性来限定产品的基本理论定义内容，进而可认为：旅游产业（Tourism Industry）是一个以旅游资源为核心，以旅游经济、旅游食宿和旅游交通等为外围产业而向外不断辐射的综合性产业，是为了充分满足旅游者的消费需求，旅游目的地、旅游客源地以及两地之间的旅游企业、组织和个人通过各种形式的结合，组成生产和服务的有机整体。由于旅游产业的外延要比一般产业宽泛，故旅游产业既包括旅馆、旅行社和旅游公司等直接向旅游者提供产品、服务的旅游企业及旅游行业管理部门，也包括间接为旅游消费者提供产品与服务的交通运输业、零售业、餐饮、公共服务业、娱乐服务业、信息咨询服务业，而推动这一结合不断发展的正是旅游产业活动本身。

旅游产业组织主要研究提供旅游产品、服务的企业及其内部关系结构；以及企业之间的市场关系结构、市场活动与绩效，解释旅游产业的竞争与发展之间的平衡。旅游产业结构主要是指旅游产业与其他产业之间、旅游产业内部行业之间、旅游产业地区之间的产业构成、产业环节、产业关系等。

根据旅游产业"结构—行为—绩效"（SCP）分析框架，旅游产业的市场结构可以进一步分类为：旅行社、OTA 等旅行服务企业，酒店、民宿等住宿服务企业，旅游景区、主题公园等旅游吸引物企业，旅游巴士、邮轮、豪华游船等旅游交通企业，旅游购物店、免税店等旅游购物企业，旅游餐饮企业和旅游娱乐企业等。从产业集中度的相关指标看，不同类型企业的产业集中度不同，如旅行社经历了早期的高度集中到目前分散化历程，品牌酒店通过并购产业集中度更为集中等。从市场进入和退出壁垒看，旅行社进入壁垒主要由行政法规许可、网络经济、产品差异化程度等因素决定，住宿业、豪华游船和邮轮业、主题公园进入壁垒和退出壁垒相对较高。旅游市场行为方面，根据市场竞争情况，国内旅游市场不存在完全的垄断，也不存在完全的竞争。旅游住宿、邮轮、旅游演艺等代表的都是有效竞争市场，旅游景区和主题公园代表的是不完全竞争市场。旅游企业在市场上的竞争行为主要表现为价格竞争、非价格竞争和企业的组织调整三种状态，并相应构成了三种类型的企业行为，即企业的定价行为，企业的差异化竞争、新产品研发及技术创新行为，企业兼并重组的扩张行为。从旅游市场绩效的各项指标看，总收入一直保持快速增长，但是各自行业的利润水平不高，总体处于微利水平。

第三章　全球价值链下中国旅游产业发展历程与现状分析

改革开放以来，中国旅游业发生了翻天覆地的变化，中国从原先的旅游资源短缺型国家转变为世界旅游大国，并融入旅游全球价值链体系。本章将从中国旅游产业绿色化发展阶段和全球价值链下中国旅游产业发展现状的特点两方面入手，分析和归纳中国旅游产业在全球价值链下的典型化特征事实，从这些典型化特征事实可以看到中国旅游产业的整体发展情况以及目前所存在的问题。围绕这些典型化特征事实进行深入的理论分析和实证检验，力图揭示这些典型化特征事实和问题后面所蕴含的深层原因，为后续旅游产业绿色化评价和促进中国旅游产业升级提供理论基础。

第一节　中国旅游产业绿色化发展历程

一　经济导向下的旅游产业成长阶段（1978—2000 年）

改革开放之初，旅游业不具备产业特征，主要承担的功能是民间外事接待。"对内搞活，对外开放"的政策给旅游业的发展创造了良好的外部环境；国家以及各省市旅游局的成立标志着相对完整的旅游行政管理体系的逐渐完善。虽然中国旅游基础设施和接待设施落后，人才缺乏，但是仍旧有大批国外游客前来参观游览，形成供不应求的旅游卖方市场。

1986 年，旅游产业首次被列入国民经济和社会发展计划之中，这是旅游产业向经济方向发展的巨大进步，也正式确立其国民经济地位，并且政府按照"国家调控市场，市场引导企业"的原则对旅游管理体制进行了一系列改革，进一步强化了旅游产业的经济导向和市场导向。1978—1989年，中国旅游产业大发展时期，旅游产业采取政府主导，适度超前发展的策略，使旅游产业规模迅速扩大。从1992年开始，旅游产业地位得到进一步认同和巩固，体现在1992年《关于加快发展第三产业的决定》中，明确旅游业是第三产业的重点。随着国内旅游的迅速发展，行业治理的强化，"产权清晰，权责明确，政企分开，管理科学"的现代企业制度的建立，旅游产业的关联带动作用日益得到体现，"大旅游、大市场、大产业"的发展方向也越发明确。旅游产业由政府主导逐渐向市场主导转变，旅游企业形成的现代企业经营理念培育了市场竞争力。中国旅游产业的发展从薄弱到强大，最终形成了以创汇为主的旅游产业经济发展特征，逐步由计划经济单一接待行业转变为市场经济多元服务产业。自1998年起，国家旅游局通过推动创建"中国优秀旅游城市"，进一步提升了中国城市旅游的吸引力。1999年，国家旅游局开始实行旅游区（点）质量等级管理，这些都成为促使中国旅游业高速发展的动力。

国内旅游方面，1985年，中国国内游客数量仅为2.40亿人次，国内旅游收入为80亿元人民币。到2000年，国内旅游游客数量达到7.44亿人次，国内旅游收入达3175亿元人民币，游客数量和旅游收入分别增长了3倍和40倍。入境旅游方面，1978年，中国旅游产业入境游客约71万人次，仅占世界的0.70%，居世界第41位；入境旅游收入2.53亿美元，仅占世界的0.04%，居世界第48位。到2000年，中国旅游产业入境旅游人次数达到约3123万人次，入境旅游收入达到162.24亿美元，位居世界第5位，入境游客数和入境旅游收入分别增长了43倍和64倍（见表3-1）。

1972年，联合国人类环境会议于瑞典斯德哥尔摩举行，会议通过的《联合国人类环境会议宣言》提出人类只有一个地球，人与环境是不可分割的"共同体"的共识。然而当时中国旅游不具备产业特征，规模非常小，几乎不存在旅游产业发展，没有环境保护概念和意识，一度认为环境问题是资本主义国家的事情，与旅游产业关系不大或者压根没有关系（当时多数人认同旅游产业是无烟产业，绿色产业的理念）；又将资源枯竭和环境污染等问题的根源归结为工业社会生产手段的落后，也就是说，这只是局限于环境问题的领域分析问题的根源，并没有将其置于整个人类社会发展的大范围当中，这与可持续发展理念不符。

表 3 - 1　　　　　　1978—2000 年中国在世界入境旅游市场中的
业绩表现及排名变化

年份	入境过夜游客人数 （百万人次）	世界排名	入境旅游收入 （亿美元）	世界排名
1978	0.71	41	2.53	48
1980	3.50	18	6.17	34
1982	3.92	16	8.43	29
1984	5.14	14	11.31	21
1986	9	12	15.31	22
1988	12.36	10	22.47	26
1990	10.48	11	22.18	25
1992	16.51	9	39.47	17
1994	21.07	6	73.23	10
1996	22.77	6	102	9
1998	25.07	6	126.02	7
2000	31.23	5	162.24	7

注：不含港、澳、台地区。

这一时期旅游产业的发展处于初级阶段，发展旅游产业的主要目的在于满足经济诉求。"大行业，小管理"现象的存在，使旅游产业管理中"政出多门"现象频频出现。不同部门对绿色化或可持续发展的理念认识不同，相应的政策体系也没有体现对旅游产业绿色化或可持续发展的支持，政策不够完善导致产业发展过程中出现各类矛盾，对旅游资源进行粗放式的开发追求旅游者数量的增加，由于旅游市场发展不完善，市场运营模式不够合理，产业链不完备，导致旅游产业结构不合理，影响了旅游产业之间的合理竞争和发展。

二　经济—生态导向的旅游产业拓展阶段（2001—2008 年）

这个阶段基本形成了比较完备的旅游产业体系。自 2001 年《国务院关于进一步加快旅游业发展的通知》中进一步发挥旅游业作为国民经济新的增长点的理论的作用，到 2008 年《政府工作报告》中用"现代服务业"来代表旅游业，可以看出这个行业对社会和经济的影响越来越大，位置越来越重要。中国各省区市政府先后出台了 60 余个关于发展旅游业的意见或决定，已有 27 个省区市把旅游业确定为支柱产业、主导产业或重要产业。这一阶段中国旅游产业由经济增长点来源向新兴产业、国民经济重要产业转型阶段，也是中国融入世界经济体系，跨入世界旅游大国行列的重要时期。

2001 年以来，国内旅游人数和收入、入境旅游人数和收入呈现持续增长态势（见图 3 - 1、图 3 - 2），中国旅游产业占 GDP 的综合贡献比重为 5.13%，旅游产业已经成为名副其实的国民经济战略性支柱产业。旅游产业对第三产业的增加值与它在 GDP 中的占比也在逐年提高，对第一、第二、第三产业的增加均有间接带动的作用，旅游业成为第三产业的重中之重。

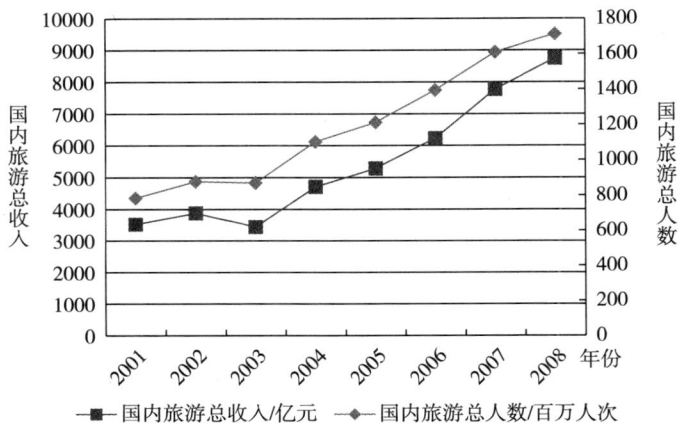

图 3 - 1　2001—2008 年中国国内旅游总收入和总人次

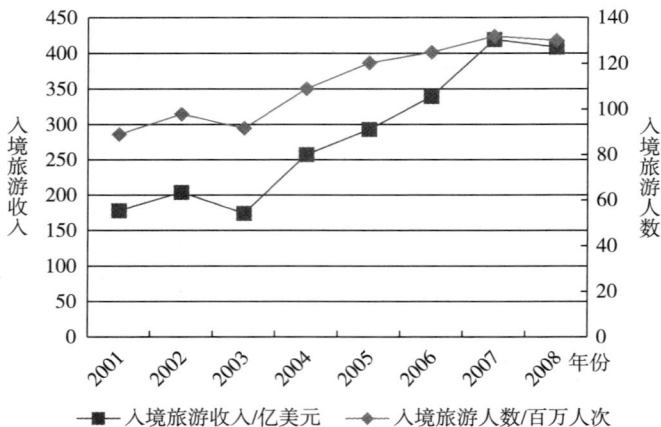

图 3-2 2001—2008 年中国入境旅游总收入和总人次

这个阶段除了维持旅游产业的飞速发展外，它所产生的环境污染和资源破坏等问题也开始被诟病。2002 年、2007 年两届由世界旅游组织召开的旅游产业与全球气候变化国际会议都提到旅游产业和全球的气候是相互影响的关系，节能减排是关键，减少碳排放是重要措施，旅游产业有义务将责任落实到位。中国政府也开始意识到旅游产业的环境问题，在 2005 年《关于进一步加强旅游生态环境保护工作的通知》中，国家旅游局和国家环保总局对旅游开发规划、建设、经营、服务和消费等的环境管理提出更具体的要求，监管旅游活动中的环境管理工作，在这之后又出台了诸多针对旅游产业的环境保护政策，如《关于进一步加强旅游生态环境保护工作的通知》（2005）、《自然保护区生态旅游规划技术规程》（2006）、《全国生态环境保护纲要》（2006）、《全国生态旅游发展纲要（2008—2015）》（2008）。这一系列政府政策进一步保护了旅游生态环境。通过重组自然保护地体系，理顺自然资源资产的管理体制，为开展生态旅游提供了制度保障。中国生态旅游资源丰富，开展生态旅游的潜力巨大，其产业规模和体量已初步显现，并引领生态产业的全面发展。

旅游产业的生态效益虽然不能进行独立核算、统计产业体量，但其特色和规模已经形成。这个阶段国家对旅游景区、旅游产品生态化重视、政策上对旅游产业走生态化道路进行引导，随着中国可持续发展战略的实施，以生态为导向的旅游产业概念被逐步引入中国，无论是政府还是旅游者，对旅游产业产生的环境影响有了深刻认识，对生态旅游、绿色旅游等理解越来越深入。生态为导向的旅游方式也越来越得到社会各界的支持。这一阶段旅游产业虽然仍然是以经济导向为主，但是生态导向已经开始渗入旅游产业发展的各个方面。

三　经济—生态—社会导向的旅游产业综合发展阶段（2009 年至今）

旅游产业进入国家战略层面，作为综合性战略支柱产业得到全方位提升，尊重自然、顺应自然、保护自然的生态文明发展理念确立，旅游产业迈向了经济、生态、社会等多方位、多层面、多维度的大旅游产业发展的崭新时代。在"创新、协调、绿色、开放、共享"的发展理念和坚持节约资源、保护环境的基本国策指导下，旅游产业转变观念，越来越追求绿色发展，促进环境与经济的统一。随着大众旅游时代的到来，旅游业由少部分人才能享受到旅游的乐趣转变为人人可游，旅游成为居民的一项基本权利，我国社会初步具备了旅游社会的特征，旅游的休闲观念深入人心，成为大众追求美好生活、提升幸福指数的关键方式。2009 年《国务院关于加快发展旅游业的意见》中指出，"将旅游业作为国民经济的战略支柱产业和人民群众更为满意的现代服务业进行培育"，导向上坚持以人为本，注重经济效益、生态效益和社会效益的统一，《"十三五"旅游发展规划》通过提倡"大生态"导向的旅游资源观，将生态环境优势转化为旅游发展优势，创造更多的绿色财富和生态福利，进一步诠释了这种导向的内涵。

经济效益层面，中国旅游产业国内游、入境游、出境游三大市场全面繁荣，中国成为世界最大的国内旅游市场、世界第一大国际旅游消费国，世界第四大旅游目的地国家。中国旅游产业对中国和世界经济、社会发展的贡献更加突出，成为世界旅游业的重要一员。旅游产业已经成为推动中国经济发展的新动力，从旅游产业对 GDP 综合贡献的比重指标可以看出，2009—2017 年旅游产业对 GDP 综合贡献的比重呈现总体上升的趋势，至 2017 年，中国 GDP 中旅游产业综合贡献值高达 9.13 亿万元，占据了总量的 11.04%（见图 3-3），成为第三产业中的重要产业。

旅游产业同时还是一个关联性极大的产业，除了产生大量的直接效益，还可以带来巨大的间接效益。统计显示，2017 年，旅游产业对住宿、餐饮、民航、铁路的贡献超过 80%。旅游促进了国际经济合作，通过国际旅游的互相协作，增加了国与国间往来的频次、经济合作及贸易交流次数，带动了旅游业及关联产业的进步，持续不断地带动了各行业经济发展，旅游产业成为中国供给侧改革的重要力量。据世界旅游理事会（WTTC）预测，到 2026 年，中国旅游产业总体增加值将达112250 亿元，GDP 占比达 9.40%，旅游产业对经济的拉动效应愈加显著。中国将超过美国，成为世界上最大的旅游经济体。

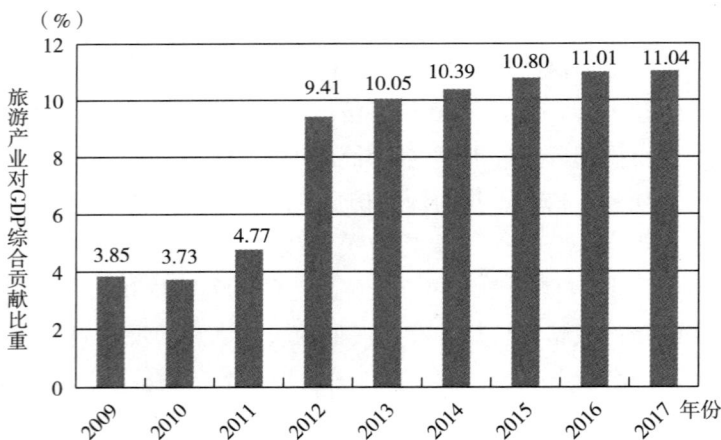

图 3－3　2009—2017 年中国旅游产业对 GDP 综合贡献比重

生态效益层面，中国旅游产业逐步形成了生态文明导向的旅游发展观。随着中国旅游业逐步走向大众化，旅游产业作为综合性战略支柱产业得到全方位提升，尊重自然、顺应自然、保护自然的生态文明发展理念确立，生态旅游模式逐步演变成旅游业主导的区域社会经济中"五位一体"协调发展的绿色实践和绿色经济发展模式。《旅游法》的颁布实施代表国家的旅游产业已经迈进依法振兴、依法整治的新时期；《全国生态旅游发展规划（2016—2025）》体现了生态旅游从过去一种"生态文化"在旅游业中植入，逐步演变成旅游产业主导的区域社会经济中"五位一体"协调发展的绿色实践和绿色经济发展模式。

中国生态旅游资源禀赋丰富，开展生态旅游的潜力巨大，其产业规模和体量已初步显现，并引领生态产业的全面发展。国家公园的建设是世界各国保护生态环境和促进可持续发展的重要方式，中国从 2013 年提出国家公园体制方案，推动生态休闲空间向更广方向扩展。《国家生态旅游示范区建设与运营规范》《国家生态旅游示范区建设与运营规范评分实施细则》及《国家生态旅游示范区管理规程》等政策的出台即是"大生态"旅游资源观的政策体现。

社会效益层面，旅游产业还是一种正能量，可以为社会带来巨大的社会效益。旅游产业是群众享受精神文化、提高素质文明水平的关键行业，也是推动人民生活全面发展的关键事业。旅游已经成为人们社会生活最重要的组成部分之一，也越来越成为衡量人民群众生活质量和获得感、幸福感的重要标志。旅游产业列"五大幸福产业"之首，成为传承中华文化、弘扬社会主义核心价值观、提升国民素质、促进社会进步的重要渠道。作为劳动力密集型服务业，旅游可以通过发展本地资源、推动中小企业发展以及促进旅游可持续发展等来推动旅游就业和消除贫困。中国国务院扶贫办和原中国国家旅游局 2017 年的报告显示，2011年以来，中国通过乡村旅游已带动 1000 万人以上的贫困人口脱贫致富，占贫困人口的比重超过 10%。推进旅游产业也促进了基础设备和接待服务水平的进一步提高，城市的公共建设、交通、科技和现代化信息都有了超水平的飞跃，这些旅游基础设施和接待设施在方便旅游者使用的同时，也给目的地居民带来社会效益。

以往的旅游产业环境治理是在发展模式不改变的情况下进行的末端环境污染治理，而不是基于源头和整个生产周期的物质流和能源流的治理，以往的环境治理仅局限于资源管理和环境保护部门，而不是多部门的协同合作和全社会的共同治理。尤其是旅游企业对旅游产业绿色化意识的贯彻，旅游企业的竞争模式从市场竞争模式向市场竞争与生态竞争的双重竞争模式转变，越来越多的旅游企业坚持以游客满意为导向，通过提供越来越多的优质旅游产品，绿色旅游产品，逐步提升了旅游企业的竞争力，进一步强化了旅游企业绿色发展的信心。同时，随着旅游者教育水平及收入水平的提高，旅游者的环保意识和可持续发展的意识也越来越强，旅游中的不环保行为，对景区生态环境破坏的行为越来越少，绿色消费理念越来越盛行。这些因素共同构筑了中国的旅游产业绿色化进程逐步从"浅绿"走向"深绿"。

第二节　全球价值链下中国旅游产业的特点分析

一　旅游产业发展已纳入全球价值链和世界旅游版图

改革开放以来，中国旅游产业的接待规模和国际竞争力大幅提升，对世界旅游业的影响和贡献日益突出，中国成为国际旅游格局中的重要影响力量。就全球旅游产业经济体系而言，全球范围内有效利用并整合全球旅游资源的分工与协作体系的国际分工模式发生了巨大的变化，欧洲和北美板块无论是旅游人数还是旅游收入呈现下降趋势，亚太、中东等板块呈现上升趋势，而中国又恰恰处于亚太板块的龙头地位，这使中国旅游产业和企业寻求进一步的比较优势和在不同价值链环节寻求更大的经济收益成为可能。随着中国旅游产业的壮大，中国旅游企业和旅游产业已深深地融入了全球价值链体系和世界旅游版图。

作为旅游产业的后发国家中国旅游产业是从入境旅游嵌入全球价值链的。入境旅游是中国旅游产业融入全球价值链和世界旅游版图的一个非常重要的切入点。1978 年，中国共接待入境游客仅为 71 万人次，旅游外汇收入不到 3 亿美元，两项指标在世界的排名分别位居第 41 位和第 48 位；而到 2017 年，中国共接待入境游客约 1.39 亿人次，旅游外汇收入约 1234 亿美元，两项数据分别攀升至世界第 4 位和第 2 位（见表 3 - 2）。入境旅游取得的成绩不仅提升了旅游产业在全球价值链的地位，而且也促进了国内市场和出境市场的崛起。

中国的入境旅游市场份额日益增长，进入 21 世纪以来，就已高居世界前列。至 2017 年，中国旅游市场份额仅次于法国、美国、西班牙，成为世界第四大入境接待国，旅游市场国际收入仅次于美国，居世界第 2 位（见表 3 - 3）。

表 3 - 2 中国在世界入境旅游市场中的业绩表现及排名变化示意

年份	入境过夜游客人数 （百万人次）	世界排名	入境旅游收入 （亿美元）	世界排名
1978	0.71	41	2.53	48
1980	3.50	18	6.17	34
1982	3.92	16	8.43	29
1984	5.14	14	11.31	21
1986	9	12	15.31	22
1988	12.36	10	22.47	26
1990	10.48	11	22.18	25
1992	16.51	9	39.47	17
1994	21.07	6	73.23	10
1996	22.77	6	102	9
1998	25.07	6	126.02	7
2000	31.23	5	162.24	7
2002	36.80	5	203.85	5
2004	41.76	4	257.39	7
2006	49.91	4	339.49	5
2008	53.05	4	408.43	5
2010	55.67	3	458.14	5
2012	57.72	3	500.28	4
2014	55.62	4	1053.80	3
2015	56.89	4	1137	2
2016	59.27	4	1200	2
2017	139.48	4	1234.17	2

表 3 - 3 世界前十五大旅游接待国/地区排名及市场总额

排名	1995 年	2000 年	2005 年	2010 年	2017 年
1	法国	法国	法国	法国	法国
2	美国	美国	西班牙	美国	美国
3	西班牙	西班牙	美国	中国	西班牙
4	意大利	意大利	中国	西班牙	中国

排名	1995 年	2000 年	2005 年	2010 年	2017 年
5	英国	中国	意大利	意大利	意大利
6	中国	英国	英国	英国	墨西哥
7	匈牙利	俄罗斯	墨西哥	土耳其	英国
8	墨西哥	墨西哥	德国	德国	土耳其
9	波兰	加拿大	土耳其	马来西亚	德国
10	奥地利	德国	奥地利	墨西哥	泰国
11	加拿大	奥地利	俄罗斯	奥地利	中国香港
12	捷克	波兰	加拿大	乌克兰	马来西亚
13	德国	匈牙利	马来西亚	俄罗斯	奥地利
14	瑞士	中国香港	波兰	中国香港	希腊
15	中国香港	希腊	中国香港	泰国	俄罗斯
总市场份额	64.90%	61.60%	57.60%	54.80%	52%

2012 年起，中国已经连续数年成为世界第一大出境旅游消费国，对全球旅游收入的贡献年均超过 13%。2017 年，中国出境游人次和支出高达 1.30 亿人次和 1152 亿美元，继续位列世界第一（见图 3-4）。从 2008 年国际金融危机到现在，中国出境旅游和境外投资更是一马当先带动了世界经济的复苏。中国旅游的发展为世界带来正面外溢效应，成为全球经济增长新引擎。

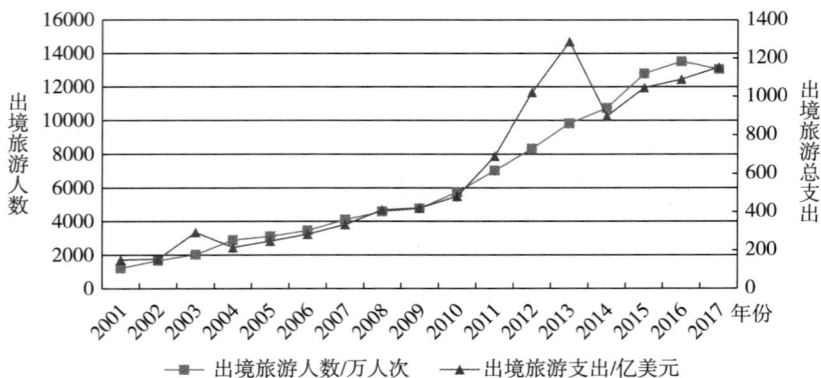

图 3-4 2001—2017 年中国出境旅游人数和支出趋势

随着国民经济的迅速发展和闲暇时间的日益增多，中国居民表现出越来越强劲的出境旅游需求。中国出境旅游者人数从 1993 年的 360 万人次迅速上升到 2017 年的 1.30 亿人次。1998 年，中国公民出境旅游总花费约为 92 亿美元，在全球排名第九位，中国公民出境旅游花费在世界旅游总收入中的占比仅约为 2.10%；至 2015 年，中国出境旅游消费总额已达到 2920 亿美元，在全球出境旅游消费总额占比高达 23.20%，遥居世界第一，成为全球各主要旅游目的地国家和地区的重要客源市场，尤其是亚太地区的泰国、韩国、日本和澳大利亚等地区，对全球旅游业发展的贡献度也日渐提升。

表 3 - 4　1998 年以来中国出境旅游花费及其对全球旅游业的贡献

年份	世界旅游总收入（十亿美元）	出境旅游花费（十亿美元）	世界排名	中国出境旅游支出在全球旅游收入中的比重（%）
1998	439	9.20	9	2.10
2000	475.80	13.10	7	2.75
2002	474	15.40	7	3.25
2004	623	19.10	7	3.07
2006	733	24.30	6	3.32
2008	939	36.20	5	3.86
2010	930	54.90	3	5.90
2012	1075	102	1	9.49
2014	1245	164.90	1	13.24
2015	1258.60	292.20	1	23.20

中国众多的旅游企业通过提高产品和服务的多元化，促进了中国在全球旅游产业价值链中的地位稳步提升，国内游客数量从 1984 年的约 2 亿人次扩大到 2017 年的 50 亿人次，增长了 25 倍。特别是自 2000 年以来，国内游客数量呈现持续高位增长，推动中国步入了大众旅游时代和国民休闲新阶段，成为世界上拥有国内游客数量最多的国家。2017

年，国内旅游人数达到 50 亿人次，旅游收入达 45700 亿元，国内旅游人均花费为 914 元。

《2017 年世界旅游产业竞争力报告》通过对环境、政策条件、基础设施、自然与文化资源四个方面内容进行综合评分，得出 2017 年世界旅游产业竞争力前 20 名的国家和地区，中国位列第 15 名（见图 3 - 5）。

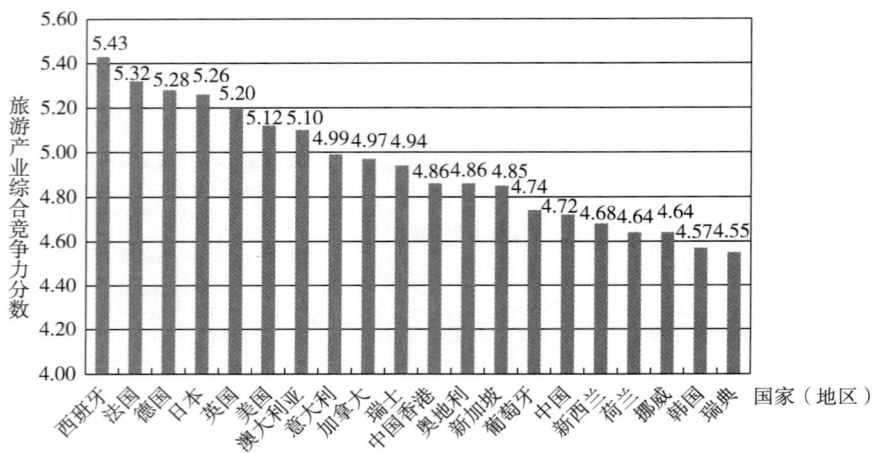

图 3 - 5　《2017 年世界旅游产业竞争力报告》中排名前 20 名的国家和地区

改革开放之初，在世界旅游规划中，中国只是一个被动跟随者的角色。而短短几十年的时间，中国已经成为世界旅游规则的制定者。2017 年 9 月，世界旅游联盟（World Tourism Alliance，WTA）在中国成立，这是首个全球性、综合性、非政府、非营利世界旅游组织。2017 年，中国成都举行第 22 届联合国世界旅游组织全体大会；2018 年，上海举行世界旅游业理事会年会，中国借此让世界看到了我国的旅游产业成就，与世界各个国家的旅游业从业者有了更多合作和交流的机会。中国旅游产业在增进中国和全球其他国家之间的友谊和交往中发挥了积极作用和协同功能，"旅游年"逐渐成为中国外交和旅游领域的一个"热词"，国家领导人出访时宣布与主要大国互办"旅游年"活动，已经成为大国外交的重要内容（见表 3 - 5）。

表 3 - 5　　　　　　　　　　　　旅游年统计

时间	互办"旅游年"国家	重要事件
2010 年 9 月	中国与俄罗斯 2012 年在中国举办"俄罗斯旅游年" 2013 年在俄罗斯举办"中国旅游年"	2010 年 9 月,时任国家主席的胡锦涛与时任俄罗斯总统的梅德韦杰夫在北京签署《中华人民共和国和俄罗斯联邦关于全面深化战略协作伙伴关系的联合声明》。声明指出:"双方商定互办旅游年,责成两国有关部门制定具体活动清单并确定举办日期"
2014 年 5 月	中国与哈萨克斯坦 2017 年为哈萨克斯坦和中国的旅游年	2017 年,在哈萨克斯坦举行专业世博会,宣布这一年为哈萨克斯坦和中国的旅游年。在哈萨克斯坦举行中国文化周,同时在中国举办哈萨克斯坦文化周
2014 年 7 月	中国与韩国 2015 年在韩国举办中国旅游年 2016 年在中国举办韩国旅游年	2014 年 7 月,中国国家主席习近平访问韩国期间,两国共同做出了中韩互办"旅游年"活动的决定,并将 2015 年确定为"中国旅游年",将 2016 年确定为"韩国旅游年"。通过举办"旅游年"活动,不仅方便了两国游客的互游共享,更打开了旅游业促进中韩双边关系不断巩固、发展、提升之门
2014 年 9 月	中国与印度 2015 年在中国举办"印度旅游年" 2016 年在印度举办"中国旅游年"	2014 年 9 月,习近平主席访印期间与印度总理莫迪就中印互办"旅游年"达成重要共识
2014 年 9 月	中国与美国 2016 年举办"中美旅游年"	2014 年 9 月,国家主席习近平访美期间宣布举办"中美旅游年",为两国人民友好交往创造更多便利条件
2014 年 12 月	中国—中东欧 2015 年为中国—中东欧国家旅游合作促进年	2014 年 12 月,国务院总理李克强在塞尔维亚首都贝尔格莱德出席第三次中国—中东欧国家领导人会晤活动时与中东欧国家领导人达成共识,确定 2015 年为中国—中东欧国家旅游合作促进年,搭建起中国与中东欧国家间的旅游之桥,推动双方旅游合作深入发展,增进了双方民众对对方国家和文化的了解

时间	互办"旅游年"国家	重要事件
2017 年 2 月	中国与澳大利亚	"2017 中澳旅游年"开幕式于当地时间 2017 年 2 月 5 日在澳大利亚悉尼举行。澳大利亚贸易、旅游和投资部长史蒂文·乔博议员与中国国家旅游局局长李金早博士主持开幕式，并共同启动"中澳旅游年"一系列丰富多彩的活动和项目
	中澳旅游年	

倡导旅游外交，是对旅游国际功能的更高定位，是旅游业实践合作共赢的外交理念、实施互利共赢的开放战略、构建全球伙伴关系网络的重要方面内容，是中国旅游业纳入世界旅游版图的重要标志，也是旅游国际合作交流的升级版体现。

近年来，中国外交整体布局工作全面展开，成果丰硕。旅游外交与政治外交、经济外交、文化外交和军事外交等一起，已经成为总体外交工作的重要组成部分。旅游也由原来的"民间外交"逐渐成为"国家外交"的重要内容。为配合国家外交工作，国家旅游局推动签署各种双边旅游合作文件，分别与亚美尼亚、波兰、哈萨克斯坦、捷克、俄罗斯等旅游部门签署了多个加强旅游合作的文件，丰富了中国对外合作成果。广西推动设立中国东兴—越南芒街跨境旅游合作区，设立中国东兴—越南芒街跨境旅游合作区；内蒙古以中、俄、蒙三国旅游部长会议暨"万里茶道"国际旅游联盟成立大会的筹备为契机，做好中、俄、蒙地区间的旅游合作；福建省与港澳台地区、东盟合作，共同开发制定海上丝绸之路旅游城市服务标准；依托福建自由贸易区，建设对台、东南亚跨境旅游合作区。吉林省与俄、蒙达成了建立图们江三角洲国际旅游合作区、合作开发陆海联运跨国游产品等多项共识。

中国旅游业界无论是投资并购还是业务拓展均表现出全球化的趋势，近两年中国旅游企业拓展欧美市场活动更为频繁。中国旅游企业随着出境旅游的发展，通过物流、信息流和资金流融入国际分工的大循环中。随着中国 2001 年加入世界贸易组织，中国企业开始"走出去"，一些在国内市场取得了竞争优势的旅行社、酒店、航空公司和国有旅游集团如锦江集团、港中旅、安邦保险、中免集团、复星集团、众信旅游进行国际化和全球化扩张，中国企业的跨国旅游发展步伐强劲，模式多元，合作广泛，中国旅游产业正在融入世界旅游经济体系。

二　创新驱动下的旅游产业提质增效效果显著

随着全球旅游业竞争的加剧、新技术革命的推进、旅游产业模式的迭代、目的地生命周期的演化，创新成为全球旅游业关注的热点话题。产业创新的制度环境不断优化发展，《关于推动创新创业高质量发展打造"双创"升级版的意见》（国发〔2018〕32 号）等一系列国家和产业层面支持创新的发展政策陆续出台，营造了良好的创新氛围。在全球格局下，中国的创新能力快速提升，创新指数（GII）的全球排名从 2017 年的第 22 名跃升至 2018 年的第 17 名。创新旅游业态是我国大众旅游发展新阶段的必然要求，也是旅游业转型升级、提质增效的必然途径。中国旅游产业体系的培育是从数量走向质量，从粗放走向集约的渐进过程。旅游产业规模的迅速扩张，延长了旅游产品链，完善了产业链，扩大了产业面，进而构筑了较为完整的产业集群体系和分工合作体系，带动了旅游相关产业的发展，随着旅游产业的逐步升级，赋予旅游产业的责任也越来越多样，从一开始只担负了经济责任，到如今已经担负起了经济、生态和社会等多方面的功能和责任。这些成就的取得离不开旅游产业的不断突破和创新。

当前旅游产业创新主要表现在四个方面：

一是分享、共享思想引领商业模式创新，旅游攻略社区、共享住宿、共享交通等快速发展。共享思想正在引领旅游商业模式创新。马蜂窝的攻略社区，途家、小猪短租等共享住宿，摩拜、滴滴打车等共享交通，云游天下的共享房车等，便是其中的代表。以共享商业思想为引领，以互联网、移动互联网、大数据、物联网技术等为支撑，构建形成新商业模式，为解决社会存量资源利用、新增资源的高效使用问题发挥了关键作用。

2011 年起，途家网、小猪、蚂蚁短租等通过互联网匹配闲置房源，房东与出行者的共享住宿企业出现。2015 年起，国内共享住宿行业融资加速，众多企业纷纷获得资本支持，资本的持续投入助推共享住宿行业的蓬勃发展。在资本的助力下，共享住宿各企业持续发展，不断扩大市场份额、深化用户习惯、提升行业服务质量，共享住宿行业逐渐成熟。以中国共享住宿起家的途家网为例，途家网早期以 B2C 模式切入国内市场，保证房源质量与服务品质，占据中国共享住宿行业第一。2011 年 12 月，途家网正式上线。在创立之初，途家在中国四星级酒店市场空白以及国内社会信用体系不健全的情况下，将途家网定位为填补四星级酒店空白的中高端市场，采取 B2C 为主要商业模式，即房东将闲置房源交由途家进行管理及运营，途家采用美国斯维登五星级酒店式管理提供入户管家服务，房子则通过途家网进行租赁销售。途家网通过 B2C 模式保证了房源质量和服务质量，有效教育市场，得到了市场的认可。途家网逐渐从 B2C 模式转向 B2C + C2C 模式，进一步扩大房源规模并发展特色。2015 年 8 月，途家网正式进军 C2C 房源分享领域，转变为 B2C + C2C 混合型商业模式。截至 2018 年 8 月，途家网在线房源数量超 120 万套，其中中国国内房源数量超 80 万套，已覆盖国内 345 个目的地和海外 1037 个目的地，房源类型包含民宿、公寓、别墅等住宿产品，可满足各类出行住宿需求。途家网通过不断整合行业资源，正式形成"途家、携程民宿、去哪儿民宿、蚂蚁短租、大鱼自助游"五大平台矩阵，组成新途家集团，持续扩大共享住宿行业的市场份额及影响力，深耕共享住宿领域。

二是信息技术主导新产品和新业态创新，大数据在重构产业格局，数字技术打造沉浸式体验，虚拟技术在冲击游客感官。以大数据技术为基础的产品和业态创新正在重构产业格局，妙计旅行的精准定制，精彩旅途的社交地图，以 VR、AI 技术支撑的主题公园体验游乐产品不断推陈出新，为游客更加便利的出行、享受更加有品质的旅游体验，提供了更多更好的服务。2016 年 5 月，华侨城投资 300 亿元启动 VR 动漫剧场和 VR 实验室等项目。以华强方特为代表的主题公园，在 VR 项目内容方面，深耕中国传统文化，包装了一系列的经典中国传奇故事，比如《孟姜女》《牛郎织女》《梁祝》《白蛇传》等，还有自创的熊出没 IP，这些内容的独创性是重要元素之一；另外一个是体验，拥有先进的技术，拥有好的 IP，相互带动，把好的创意内容落地实现，传输给受众，让受众得到身临其境的体验；再有就是渠道，多元化的营销渠道，合作制作了《奔跑吧兄弟》《极限挑战》《最好的我们》等热门的综艺、网剧，借势娱乐营销，通过跨界合作，打造了诸多品牌热点。

VR 技术在酒店领域的应用也早已有先例。2010 年 10 月，香格里拉酒店发布 VR 项目，展示了香格里拉酒店集团旗下 94 家酒店和度假村的 360 度全景视频。2015 年 12 月，旅游网站赞那度推出国内第一个旅行 VR 移动应用产品，用户通过 VR 产品可以对旅游目的地有更真实的感受。2016 年 3 月，在线旅游服务提供商艺龙发布酒店 VR 体验视频，在用户体验方面引入 VR 技术，为用户在选择酒店时提供"未住先知，身临其境"的服务。目前，艺龙已经组建了 VR 实验室 X Lab，负责 VR 制作。

三是文化、旅游与相关产业及技术的融合引领旅游产品内容生产不断翻新和演进。2018 年，以国家旅游局和文化部合并，组建文化和旅游部为标志，文化和旅游融合发展工作翻开了新的一页，从观念上达成广泛共识到促进融合的政策举措谋划、制定和落地，新时代文化和旅游融合发展正向纵深推进。"以文促旅、以旅彰文"让"文化＋旅游"实现了"1＋1＞2"。文旅融合提升了旅游产业盈利能力，旅游产业链得到延长，如影视、IP、知识产权等做成旅游产业链前端，既能提高附加价值，又能增加旅游项目衍生品开发的可能性，提高消费水平。随着观光游向体验游的转变，文化的融入增强了旅游产品的体验性，让游客不再局限于单纯的景观游览。从旅游到"文化＋旅游"，再到"文化＋旅游＋科技"，既能延长体验和消费时间，又能解决旅游产品供给不足的问题。

春暖花开的三月，江西婺源又到了赏油菜花的最佳时节。从四面八方慕名而来的游客们徜徉在金黄色的花海间，感受着古老徽文化的魅力。随着婺源文旅融合发展，游客们已经有了更多样化的选择，徽剧传习所、婺源博物馆、婺源艺术馆、婺源非物质文化遗产展示馆，以及徽剧、傩舞、非遗演出等，让人们的婺源之旅更加丰富多彩。四川省宜宾市屏山县中都古镇，积淀着厚重而灿烂的古蜀文化。这个古称"夷都"的地方，近两年通过加强文化旅游发展、开展文化主题交流活动走进了更多人的视野，这个有三千年历史文化的古镇因此成了一张受人瞩目的古蜀夷都文化品牌名片。文化与旅游融合衍生出多种产品业态，《宋城千古情》、《长恨歌》、"印象系列"实景演出……各地精彩的旅游演艺项目，为游客讲述了生动的故事。文化旅游园区近年来也在不断涌现，西藏文化旅游创意园区将西藏特色建筑、音乐、生活风俗、民间故事进行全面展示，成为藏民族优秀传统文化鲜活的博物馆。

四是物联网、互联网综合技术推动旅游产品服务界面和管理流程再造。2018 年 12 月 18 日，阿里巴巴未来酒店"菲住布渴"正式开业，这是全球第一家支持全场景身份识别、大面积使用 AI 智能的酒店。在这里，没有传统服务台，入住客人可以在 6 台机器上自助刷身份证或是护照入住，也可以事先通过手机 APP 验证。服务员也由具有人脸识别功能的服务机器人取代，不仅如此，无论住客身在酒店的何处，只需要刷脸就可以享受酒店的所有服务。

我国旅游业正迈入创新发展新阶段，从创新动能来看，美好生活正在成为旅游创新发展的动能。人民对美好生活的向往，引领旅游发展从注重速度与规模，转向注重品质与质量，这为旅游创新提供了机遇。世界银行发布的报告显示，2016 年中国人均 GDP 达到 8123 美元，中国旅游产业已经进入并且正在经历消费升级阶段，人们的旅游意愿显著增强，旅游业步入大众化发展阶段，国民经济持续增长和收入水平的不断提高也为旅游产业升级提供了核心驱动力。从世界旅游强国的发展经验来看，旅游产业发展一般要经历"观光旅游—休闲游—度假游"三个发展阶段，当人均 GDP 达到 2000 美元时，休闲游将获得快速发展。从旅游消费发展阶段来看，2008 年，中国人均 GDP 达到 3267 美元，这意味着中国旅游业从 2008 年开始进入度假游发展阶段。

旅游者的消费升级意味着旅游需求的逐渐加强，旅游企业也不得不利用知识、技术优化、创新、升级产品，从而带动产业附加值的持续上升。旅游消费升级不仅注重身体层面的体验，更重视精神层面体验，中国游客的旅游方式从走马观花的踩点逐渐转化为深度游，整体呈现以"体验、绿色"为核心的旅游消费特征，对于接触自然、家庭情感、文化体验、可持续发展等方面有了更多的诉求。而旅游产业在供给端的不合理不平衡特点迫切需要作出改变以适应旅游者的需求。同时，随着旅游产业国际化竞争的加剧，旅游产业亟须改变粗放式发展模式，实现产业的提质增效。2017 年，全国旅游工作会议提出集约型"三步走"发展战略，使旅游业服务于供给侧改革，以机制统合、资源整合和产业融合为抓手，从资源依赖型、粗放式发展模式，转向以集约型为特征的创新发展模式。政府根据中国旅游产业发展的实际情况，创造性地提出了四大战略（"515战略"、"旅游+"战略、全域旅游战略、"一带一路"旅游发展倡议）（见表3－6），推动旅游产业的提质增效，实现高质量发展，打造国民经济战略性支柱产业和综合性幸福产业。

表3－6　　　　　　　　四大战略内容、战略意义及效果

战略名称	具体内容	战略意义及效果
"515战略"	中国旅游业发展"515战略"，即2015—2017年中国旅游业发展的"五大目标，十大行动，52项举措"	"515战略"是中国发展进入新常态形势下，按照中国"两个一百年"目标发展的总体要求，在全面分析判断过去35年旅游发展和未来35年旅游业发展趋势的背景下，对中国旅游业发展的系统创新谋划。实施一年来，"515战略"取得了巨大成就，取得很多新突破，形成前所未有的大格局
"旅游+"战略	"旅游+"是指充分发挥旅游业的拉动力、融合能力，及催化、集成作用，为相关产业和领域事业发展提供旅游平台，插上"旅游"的翅膀，形成新业态，提升其发展水平和综合价值	"旅游+"具有天然的开放性、动态性，"+"的对象、内容、方式都不断拓展丰富、多种多样，"旅游+"成为中国旅游业发展的重要战略，也是中国社会全面发展的重要成果和标志
全域旅游战略	在一定区域内，以旅游业为优势产业，通过对区域内经济社会资源尤其是旅游资源、相关产业、生态环境、公共服务、体制机制、政策法规、文明素质等进行全方位、系统化的优化提升，实现区域资源有机整合、产业融合发展、社会共建共享，以旅游业带动和促进当地经济社会协调发展的一种新的区域协调发展理念	推进全域旅游是贯彻落实五大发展理念的重要途径，是经济社会协调发展的客观要求，是旅游业提质增效可持续发展的必然选择，是旅游业改善民生、提升幸福指数、服务人民群众的有效方式，符合世界旅游发展的共同规律和整体趋势，代表着现代旅游发展的方向

战略名称	具体内容	战略意义及效果
"一带一路"倡议	国家主席习近平于2013年9月和10月先后提出共建丝绸之路经济带和21世纪海上丝绸之路（简称"一带一路"）的理念和倡议，"一带一路"是沿途国家共同繁荣之有益路径，是中国梦与世界梦的有机结合	有利于打造具有丝绸之路特色的国际精品旅游线路和旅游产品，有利于推动"一带"旅游向特色旅游转型，有利于推动"一路"旅游向休闲度假升级。数据显示，3年多来，"一带一路"沿途国家旅游热度最高增加了3倍多。预计"十三五"期间，中国将吸引"一带一路"沿线国家8500万人次的国际游客来华旅游，拉动旅游消费约1100亿美元

旅游产业的提质增效，实现集约式发展模式，必然需要资本的支持。中国旅游产业投资持续火热，全年完成投资额从2011年的2064亿元增长到2015年的12997亿元（见图3-6），首次突破万亿大关，从世界旅游组织的统计来看，中国旅游产业投资额在全球范围内也名列前茅，2015年仅次于美国排在第二。

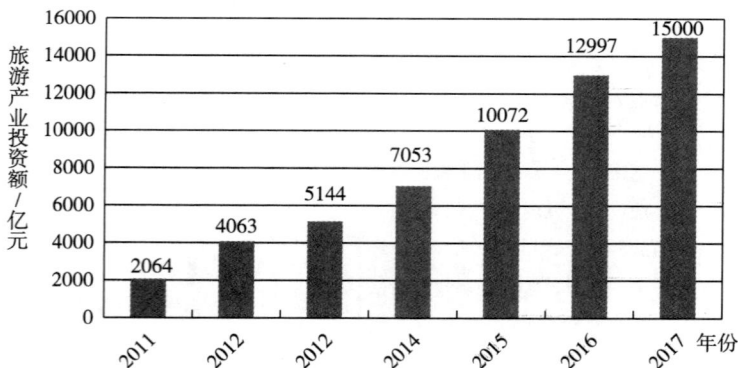

图3-6　2011—2017年旅游投资额变动情况

旅游公共服务体系也在不断地持续服务创新和进行系统升级，从国家的"厕所革命"，12301国家旅游服务热线的开通、旅游服务中心工程等系统工程的实施，到2017年各地对公共服务体系规划的创新实践，都带动了旅游公共服务系统化工程的品质升级。在旅游交通网络上，2017 年《关于促进交通运输与旅游融合发展的若干意见》的提出进一步深化了旅游交通网络的升级，构建"快进慢游"的旅游交通网络，强化安全保障体系。

三　旅游产业绿色化发展取得长足进展

从 20 世纪 70 年代开始，朴素的生态保护思想和可持续旅游的理念贯穿于旅游产业发展过程之中。中国旅游产业绿色化经历了从概念引进到被接受理解和从多种实践到典型示范两个大的阶段。旅游产业绿色化在政府主导下制定了一系列政策，并进行了实践探索（见表 3 - 7）。

表 3 - 7　　　　　　　旅游产业绿色化相关政策和实践探索

年份	旅游产业绿色化相关政策、实践探索
1999	中国生态旅游年
2001	首次提出建立一批国家生态旅游示范区； 《2001 年国家旅游局工作要点》与《中国旅游业"十五"发展规划》中提出了建设国家生态旅游示范区的思路，并将其列为中国"十五"期间旅游业发展的重点之一； 中国生态学学会旅游生态专业委员会在北京成立
2007	"2007 中国国际生态旅游博览会"成为将理论与实际相结合、国内与国外相结合、景区与线路相结合、普及生态旅游与发展会展奖励旅游相结合的新型展会
2008	全国生态旅游发展工作会议在北京召开
2009	国家旅游局和国家环境保护部联合发布《全国生态旅游发展纲要（2008—2015）》；"中国生态旅游年"； 《关于加快旅游业发展的意见》中关于新能源、新材料、节能节水减排、低碳旅游、绿色旅游等举措都体现了与生态旅游和旅游产业绿色化发展的关联性
2010	《国家生态旅游示范区建设与运营规范（GB/T26362—2010）》
2011	国家"十二五"规划中提出"全面推动生态旅游"；第一本生态旅游杂志——《中国生态旅游》创刊
2012	《国家生态旅游示范区管理规程》和《国家生态旅游示范区建设与运营规范（GB/T26362—2020）评分实施细则》颁布实施
2016	国家"十三五"规划中明确提出要"支持发展生态旅游"； 《全国生态旅游发展规划》颁布

20世纪90年代初期，国内正式引入"生态旅游"一词。中国旅游产业绿色化的探索是从1999年国家提出的"中国生态旅游年"旅游发展主题口号开始，例如代表性的2006年"乡村旅游年"、2013年"美丽中国之旅"、2016年"绿色旅游发展行动"：通过构建绿色旅游发展框架和管理制度，树立绿色旅游发展理念和绿色产业形象，促进旅游开发与生态环境保护良性互动；通过开展旅游资源的生态化开发活动，构建绿色产品产业体系，打造绿色旅游目的地开发样板地，引导旅游生态文明建设；通过启动绿色旅游标准化建设，启动绿色旅游认证体系，推动绿色旅游技术研发和基地建设；通过绿色旅游公益宣传，引导绿色旅游消费，引领全社会的低碳生活方式。这些口号和主题的推出树立了旅游环保、生态、绿色的发展理念和绿色产业形象，促进了旅游开发与生态环境保护良性互动。

国家还相继制定了一系列行业绿色法律法规（见表3-8），例如旅游饭店，在旅行社和旅游景区分别进行了一些具体行业的实践和探索，并取得了一定的成效。

20世纪90年代中期，国外"绿色饭店"的理念传入我国，在北京、上海、广州等一些大城市的外资、合资饭店和一些由国外管理集团管理的饭店中开始实施"绿色行动"。1999年，浙江省在国内首次开展创建"绿色饭店"活动，并于2000年6月5日，推出第一批浙江省"绿色饭店"。2002年4月，中国饭店协会提出了绿色饭店的定义、核心和指导思想。2003年，由中国饭店协会制定的我国第一个绿色饭店国家行业标准（SB/T10356—2002），由原国家经贸委于3月1日起正式实施，这是迄今为止中国住宿与餐饮行业最权威的绿色饭店标准，由单纯的"环保型饭店"概念扩展为"创新、协调、绿色、开放、共享"，为其注入了新的内涵。2005年《绿色饭店》（GB/T21084—2007）要求从2008年到2012年在全国创建10000家绿色饭店和绿色餐饮企业。2007年9月，国家绿色饭店标准再次完善，在规划、建设和经营过程中，以节约资源、保护环境、安全健康为理念，以资源环境最大化利用、环境影响最小化为目标，为消费者提供安全、健康服务的酒店。中国绿色饭店共分为5个等级，用银杏叶为标志，从一叶到五叶，五叶级为最高级。五叶级中国绿色饭店的授牌标志着旅游饭店在节约资源、保护环境和提供安全、健康产品及服务等方面均有较好表现。绿色饭店企业整体向好的发展趋势，表明消费者对绿色健康消费的偏向性是有所提升的。同时，绿色饭店企业低碳运营取得了显著成效。

表 3 - 8　　　　　　　国家相关绿色旅游行业法律制度

相关制度划分标准	具体法律制度	主要作用
直接规范旅游行业绿色化发展的行业法律制度	《绿色旅游景区标准》	这些法律制度、条例、标准直接规范了旅游行业绿色化发展行为，不仅为旅游产业绿色化发展提供了保障，而且为后期升级提供了引导和方向
	《绿色旅游饭店评标标准》	
	《绿道旅游设施和服务规范》	
	《美丽乡村建设指南》	
	《绿色饭店等级评定规定》	
	《国家生态旅游示范区管理暂行办法》	
	《生态旅游区暂行办法》	
	《中华人民共和国旅游法》	
间接规范旅游行业绿色化发展的行业法律制度	《中华人民共和国环境保护法》	这些法律制度一定程度上影响了旅游产业的绿色化发展，它们不仅健全了法律体系，而且也为旅游产业绿色化发展和升级创造了有利环境
	《中华人民共和国城乡规划法》	
	《历史文化名城保护规划规范》	
	《中华人民共和国大气污染防治法》	
	《中华人民共和国土地管理法》	
	《中华人民共和国循环经济促进法》	
	《绿色交通标准体系》	

在中国，旅行社企业众多，没有形成层次分明的批发零售体系。在同质化竞争较为激烈的背景下，中国的旅行社业进行了一系列在绿色化经营理念、绿色化旅游服务流程等各方面的改造，以绿色化为指导思想进行经营管理，积极推出了多条低碳旅游线路和绿色旅游线路。国家发改委和国家旅游局联合发布《全国生态旅游发展规划（2016—2025）》，将中国生态旅游发展划分为 8 个片区，在此基础上培育 20 个生态旅游协作区，建设 200 个重点生态旅游目的地，形成 50 条跨省和省域精品生态旅游线路，打造 25 条国家生态风景道（见表 3 - 9）。

表 3 - 9   生态旅游区域

生态旅游区域、线路	具体区域
20 个生态旅游协作区	——燕山太行山生态旅游协作区：重点发展山水休闲游、康体健身游、自然探险游、生态科普游等产品。结合考虑京津等周边城市消费趋势，重点推出适合自驾、生态休闲游的短期旅游线路，构建自驾车房车营地体系。加强冀、晋、蒙三省区旅游合作和资源共享。 ——环渤海生态旅游协作区：重点发展滨海度假旅游、海洋休闲旅游和海岛生态旅游，培育邮轮、游船、游艇及相关海洋休闲产业。开发环渤海滨海生态休闲度假旅游带，在旅游线路组织、旅游集散体系建设等方面强化合作，逐步建立互送客源、互为旅游目的地的合作机制。 ——陕蒙晋豫黄河大峡谷生态旅游协作区：大力发展黄河水域观光、黄河峡谷探险、民族风情体验、沙漠观光探险等产品，深入挖掘天下黄河的文化内涵，塑造黄河风情旅游品牌和总体形象。加强沿黄河旅游基础设施和公共服务体系的衔接，建立客源共享机制，联手整治旅游市场秩序，合力打造体现华夏文明、凸显黄河生态的旅游精品线路。 ——大小兴安岭生态旅游协作区：重点发 1 展森林避暑、草原旅游、养生度假、冰雪旅游、边境旅游、民俗体验等产品，组建大小兴安岭旅游联盟，加强区域旅游通道建设，共同开发精品旅游线路，联合打造森林生态旅游特色品牌。 ——长白山图们江生态旅游协作区：重点发展边境生态观光、山地度假、森林生态旅游、冰雪旅游、温泉养生和朝鲜族民俗体验等产品，形成鸭绿江—长白山—图们江边境生态旅游带，推进与周边国家旅游合作，实现东北亚地区生态旅游联动发展。 ——浙皖闽赣生态旅游协作区：重点发展遗产观光、山地休闲、湖泊度假、科普教育等产品，加强黄山、庐山、九华山、三清山、江郎山、武夷山、龙虎山、泰宁等世界遗产地的深度协作，加快皖南国际文化旅游示范区建设，推进公共服务设施区域一体化建设，搭建区域联合营销与市场共享平台。 ——罗霄山生态旅游协作区：重点发展自然生态观光、山地养生度假、乡村休闲等产品，支持基础设施和生态保护工程建设，加强历史遗址保护和生态旅游品牌宣传推广，推动生态旅游与红色旅游、文化旅游融合发展，促进跨省协作。 ——大巴山生态旅游协作区：重点发展山岳生态观光、避暑度假、乡村休闲等产品。创新旅游资源开发模式和旅游产业扶贫机制。加强省际旅游线路连接和区域合作，增强旅游产业整体活力和综合实力。 ——大别山生态旅游协作区：重点打造森林休闲度假、科考探险、康体健身、研学旅行等产品，有序推进大别山区旅游精准扶贫，建立区域旅游扶贫成果共享机制，有效带动农户就业增收。建设大别山旅游环线公路，探索建立大别山旅游公共服务平台。 ——武陵山生态旅游协作区：重点发展休闲度假养生、康体健身旅游、科普旅游、乡村休闲等产品，加强宜昌市、恩施土家族苗族自治州、张家界市、湘西土家族苗族自治州、铜仁市、渝东南等地区的合作

生态旅游区域、线路	具体区域
20 个生态旅游协作区	——长江中游生态旅游协作区：重点发展水上旅游、自驾车、低空旅游等产品，推动生态旅游与文化旅游、红色旅游融合发展。发挥长江黄金水道和高铁优势，共同打造长江旅游线路和国内外知名旅游品牌。推动区域一体、水陆联动发展，探索生态旅游联合发展模式。 ——乌蒙山生态旅游协作区：重点发展自然遗产欣赏、山水观光、乡村生态休闲、人文生态体验等产品，促进生态旅游与民族文化旅游融合发展，加强乌蒙山区域省州市之间互联互通，提升城市、景区和口岸的交通条件，形成以高等级公路为主体的快速旅游通道。 ——滇桂黔喀斯特山水生态旅游协作区：重点发展喀斯特山水观光、森林旅游、养生休闲、边关览胜、民族文化体验等产品。探索特色文化与生态旅游融合发展新路径，发展地方特色旅游商品，加大旅游脱贫攻坚力度，加强区域内交通基础设施衔接，形成优势互补的协作发展格局。 ——北部湾生态旅游协作区：重点发展滨海度假、滨水旅游、海洋科普、民俗文化体验等产品，完善北海、钦州、防城港城市旅游配套服务设施，建设邮轮游艇码头，加强北部湾与国内其他滨海旅游城市、东南亚滨海国家的旅游合作。 ——西江生态旅游协作区：重点发展喀斯特地貌与亚热带动植物观光旅游、湖泊生态休闲、生态养生等产品，打造一批具有区域影响力的特色景点和精品生态旅游线路。推进桂林国际旅游胜地建设，规范巴马长寿养生旅游发展，推动设立崇左中越国际旅游合作区。 ——青甘川三江源区生态旅游协作区：重点发展江河源头生态观光、户外特种旅游、民族文化体验、高原休闲等产品，在严格保护的基础上，改善内外部交通，完善旅游配套设施，挖掘生态保护价值、自然景观展示价值、历史文化原真价值，共同推广"三江之源，中华水塔"品牌形象。 ——祁连山生态旅游协作区：重点发展高山地冰川观光、休闲度假、探险运动和民族风情体验等产品，突出特色旅游城镇建设，破解交通"瓶颈"，完善沿线旅游服务功能，加强甘肃、青海两省祁连山旅游资源整体开发，建立利益共享、风险共担的联合开发机制。 ——昆仑山生态旅游协作区：重点发展自然风貌观光、户外特种旅游、民俗与宗教文化体验、科普教育等产品，体现"万山之祖"的文化内涵，实现昆仑山旅游设施共享、线路联动、协同发展。 ——大香格里拉生态旅游协作区：重点发展高原生态观光、科考探险、康体健身、文化体验等产品，建立行动务实高效的区域旅游合作机制，加强旅游通道对接，完善安全应急救援，完善旅游公共服务设施，不断扩大和提升"大香格里拉"品牌形象。 ——贺兰山生态旅游协作区：重点发展生态休闲、避暑度假、岩画欣赏、葡萄酒文化体验等产品，打造环贺兰山黄金旅游圈和葡萄酒文化长廊，推进贺兰山区域旅游公共服务设施标准化建设，打造统一的服务标准、服务标识和票务系统平台

续表

生态旅游区域、线路	具体区域
200个重点生态旅游目的地	1. 东北平原漫岗生态旅游片区：呼伦贝尔草原、兴安盟阿尔山、额尔古纳湿地、克什克腾草原、阿鲁科尔沁草原、大青沟、鸭绿江、辽河口、本溪水洞、金石滩—老虎滩、双台河、棋盘山、旅顺口、长白山、松花湖、查干湖、辉南龙湾群、向海、高句丽、防川、五女峰、五大连池、汤旺河、镜泊湖、亚布力、大兴安岭、乌苏里江、绥芬河。 2. 黄河中下游生态旅游片区：灵山—百花山、密云云蒙山、盘山、大黄堡、辽河源、白洋淀、坝上草原、崇礼—赤城、衡水湖、京西百渡（涞易涞）、雾灵山、五台山、太行山大峡谷、绵山、蟒河、庞泉沟、王莽岭、五老峰、恒山、沁河源、沂蒙山、蓬莱、崂山、微山湖、黄河三角洲、南太行山—云台山、桐柏山、黄河小浪底、老君山—鸡冠洞、伏牛山、豫西大峡谷、丹江、黄河故道、金丝峡、黄龙山、丹江源、秦岭太白山、壶口瀑布、瀛湖、南宫山、黄河大峡谷、华山。 3. 北方荒漠与草原生态旅游片区：腾格里沙漠、巴丹吉林沙漠、额济纳胡杨林、锡林郭勒草原、鸣沙山月牙泉、麦积山、敦煌雅丹、张掖丹霞、平凉崆峒山、六盘山、沙坡头、贺兰山、青铜峡、沙湖、苏峪口、哈巴湖、天山、喀纳斯湖、巴音布鲁克、博斯腾湖、塔河源、白沙湖、可可托海、吐鲁番火焰山。 4. 青藏高原生态旅游片区：九寨沟—黄龙、稻城亚丁、二郎山—海螺沟、香格里拉、雅鲁藏布江、纳木错、林芝鲁朗、珠穆朗玛峰、羊八井、巴松错、昆仑山—可可西里、青海湖、祁连山、年保玉则、德令哈、冶力关、玛曲。 5. 长江上中游生态旅游片区：三清山、井冈山、婺源、鄱阳湖湿地、武功山、庐山、神农架、武当—太极湖、恩施大峡谷、丹江口、张家界、洞庭湖、莽山、崀山、大围山、长江三峡、武隆喀斯特、四面山、金佛山、黔江、蜀南竹海、大峨眉山、光雾山—诺水河、泸沽湖、大渡河峡谷、黄果树、荔波、龙宫、百里杜鹃、梵净山、赤水、雷公山、马岭河—万峰林、哈尼梯田、西双版纳、石林、玉龙雪山、腾冲、怒江大峡谷、苍山洱海。 6. 东部平原丘陵生态旅游片区：崇明岛、淀山湖、姜堰溱湖、太湖、洪泽湖、天目湖、虞山尚湖、千岛湖、天目山、钱江源、神仙居、江郎山、雁荡山、黄山、天堂寨、天柱山、九华山、巢湖、花亭湖、大金湖、湄洲岛、武夷山、泰宁、清源山、屏南白水洋、鼓岭、东山岛。 7. 珠江流域生态旅游片区：南澳岛、南岭、丹霞山、鼎湖山、珠江口、桂林漓江、巴马、北部湾、大德天、姑婆山、乐业—凤山、龙脊梯田。 8. 海洋海岛生态旅游片区：长山群岛、舟山群岛、庙岛群岛、芝罘岛群、海陵岛、平潭岛、三沙、大洲岛、五指山、东寨港红树林

生态旅游区域、线路	具体区域
50条跨省和省域精品生态旅游线路	1. 跨省生态旅游线路：燕山长城生态旅游线路、太行山山水生态旅游线路、京杭大运河生态旅游线路、环渤海滨海生态旅游线路、黄河中下游华夏文明生态旅游线路、东北边境生态旅游线路、大别山生态旅游线路、武陵山山水民俗旅游线路、长江三峡生态旅游线路、秦巴山地生态旅游线路、滇黔桂喀斯特山水民俗生态旅游线路、大香格里拉生态旅游线路、西北丝路文化生态旅游线路、黄河上游草原风情生态旅游线路、祁连雪山冰川观光探险生态旅游线路、南水北调中线文化生态旅游线路、海上丝路生态旅游线路、南中国海生态旅游线路、长征沿线生态旅游线路、北纬30度世界遗产生态旅游线路。 2. 省域生态旅游线路：河北坝上草原生态旅游线路、中国冷极主题生态旅游线路、内蒙古大草原生态旅游线路、浙东沿海海洋海岛生态旅游线路、黄山山脉生态旅游线路、清新福建山水生态旅游线路、山东仙境海岸海岛生态旅游线路、山东黄河入海生态旅游线路、环鄱阳湖生态旅游线路、神农架生态旅游线路、神秘湘西生态旅游线路、桂东北山水生态旅游线路、世界长寿之乡休闲养生生态旅游线路、中越边关探秘生态旅游线路、海南热带风情岛生态旅游线路、三沙海洋海岛生态旅游线路、渝东南山水生态旅游线路、川东自然山水生态旅游线路、川西大九寨生态旅游线路、贵州避暑度假生态旅游线路、云南怒江大峡谷地质生态旅游线路、云南茶马古道生态旅游线路、西藏318西线生态旅游线路、珠峰生态旅游线路、大漠雅丹探奇生态旅游线路、青海可可西里科考生态旅游线路、青海昆仑溯源生态旅游线路、三江源源头科考生态旅游线路、新疆天山丝路北道生态旅游线路、帕米尔高原生态旅游线路
25条国家生态风景道	1. 太行山风景道（河北石家庄、邢台、邯郸—河南安阳、新乡、焦作—山西晋城、长治） 2. 大兴安岭风景道（内蒙古阿尔山、呼伦贝尔—黑龙江加格达奇、漠河） 3. 黄土高原风景道（内蒙古鄂尔多斯—陕西榆林、延安、铜川、西安） 4. 贺兰山六盘山风景道（内蒙古和宁夏贺兰山、月亮湖、沙坡头、六盘山） 5. 东北边境风景道（辽宁丹东—吉林集安、长白山、延吉、珲春—黑龙江绥芬河） 6. 东北林海雪原风景道（吉林省吉林市、敦化—黑龙江牡丹江、鸡西） 7. 东南沿海风景道（上海—浙江杭州、宁波、台州、温州—福建福州、厦门—广东汕头、深圳） 8. 大运河风景道（浙江宁波、绍兴、杭州、湖州、嘉兴—江苏苏州、无锡、常州、镇江、扬州、淮安、宿迁） 9. 华东世界遗产风景道（安徽九华山、黄山—浙江开化钱江源、江郎山—江西上饶—福建武夷山、屏南白水洋） 10. 大别山风景道（湖北大悟、红安、麻城、罗田、英山—安徽岳西、霍山、六安） 11. 沿武陵山风景道（湖北神农架、恩施—湖南湘西—贵州铜仁、遵义、黔东南）

生态旅游区域、线路	具体区域
25 条国家生态风景道	12. 罗霄山南岭风景道（湖南株洲—江西井冈山、赣州—广东韶关） 13. 海南环岛风景道（海南省海口、东方、三亚、琼海、海口） 14. 乌江风景道（重庆武隆、彭水、酉阳—贵州遵义、贵阳、铜仁） 15. 长江三峡风景道（重庆长寿—湖北神农架、宜昌） 16. 川藏公路风景道（四川成都、雅安、康定、巴塘—西藏林芝、拉萨） 17. 西江风景道（贵州兴义—广西百色、柳州、荔浦、梧州—广东封开、德庆、肇庆） 18. 滇桂粤边海风景道（云南富宁—广西靖西、崇左、钦州、北海—广东湛江） 19. 香格里拉风景道（云南丽江、迪庆—四川稻城—西藏昌都） 20. 滇川风景道（云南楚雄—四川攀枝花、凉山、雅安、乐山） 21. 大巴山风景道（陕西西安、安康—四川达州、广安—重庆） 22. 祁连山风景道（青海门源、祁连—甘肃民乐、张掖） 23. 青海三江源风景道（青海西宁市、海北州、海南州、果洛州玛多县、玉树市） 24. 天山世界遗产风景道（新疆霍城县、巩留县、新源县、特克斯县、和静县） 25. 中巴公路风景道（新疆喀什—塔什库尔干—红其拉甫口岸）

2011 年，国家旅游局发布《绿色旅游景区标准》将旅游景区建设引入绿色管理理念，为旅游景区实施生态化管理，保护旅游景区的生态环境和旅游资源提供规范和依据。2016 年，国家旅游局发布《国家绿色旅游示范基地标准》（以下简称《标准》）。《标准》要求，应由国家 5A 级旅游景区、国家级旅游度假区或国家生态旅游示范区中的一种类型区作为绿色旅游基地核心区。2016 年 9 月，国家旅游示范工作评定委员会根据《旅游休闲示范城市》（LB/T047—2015）、《国家绿色旅游示范基地》（LB/T048—2016）等行业标准，评出首批国家旅游示范基地，包括 10 个中国旅游休闲示范城市（杭州、成都、大连、厦门、武汉、银川、宁波、苏州、无锡、珠海），10 个中国绿色旅游示范基地（吉林长白山、安徽黄山、福建白水洋鸳鸯溪、江西三清山、湖北神农架、湖南张家界、广西漓江、重庆武隆、四川九寨沟、新疆喀纳斯），10 个中国人文旅游示范基地（北京故宫、河北承德避暑山庄、山西平遥古城、上海黄浦新天地、山东曲阜、河南龙门石窟、湖北武当山、陕

西曲江新区、甘肃敦煌、青海塔尔寺），5 个中国康养旅游示范基地（江苏泰州中国医药城、河北以岭健康城、黑龙江五大连池、湖南灰汤温泉、贵州赤水）及 5 个中国蓝色旅游示范基地（浙江舟山群岛、山东青岛崂山、山东蓬莱、广东海陵岛大角湾、海南亚龙湾）。

四　旅游企业良性发展成为旅游产业持续发展的有力支撑

企业是市场的主体、产业的根基。随着中国旅游企业规模的增加和实力的加强，全球价值链中欧美国家跨国旅游公司占据主导的局面逐步被打破取代。世界各大饭店公司、各大旅游集团都进入中国，国际竞争在中国本土上展开，中国的国内市场在国际化后已经成为跨国公司的一个战略要点地区。国内市场国际化要求中国的旅游经营单位，不仅要和本土的运营商竞争，还要与已经进入中国的跨国公司共同争夺中国市场。在这个过程中，中国旅游企业通过"多元组合"打造"多业态资源整合平台"等新兴经营模式，逐步培养企业对各旅游要素和其他旅游相关资源的整合能力，并开始以服务品质、企业品牌等非价格因素设计高端旅游产品，吸引高端客户，加强和提升自身的市场竞争力，涌现出一批有竞争潜力的大型旅游企业，包括以中青旅、中国旅行社等为代表的旅行社集团，以华侨城、宋城等为代表的景区连锁经营商，以锦江、首旅、万达等为代表的综合性旅游商，以携程、去哪儿、同程、途牛等为代表的线上旅游服务运营商，业绩增长迅速，已成为中国旅游企业的领跑者。中国旅游企业从消费市场转向要素市场，跨国发展形式日趋多元，不但在国内市场开疆拓土，而且开始在全球旅游市场中开展竞争，嵌入全球价值链，成为领袖企业。

得益于中国旅游产业持续发展，中国酒店业自改革开放以后，无论是数量还是质量，发展都非常迅速，形成了以星级酒店、普通旅馆、经济性酒店三种业态为主的相对成熟的产业体系。当前，在世界范围内展开的新一轮的集团化主要表现在酒店集团之间的兼并收购与优胜劣汰和酒店集团与其他相关企业之间的强强联合、优势互补，这种酒店集团不断壮大而全方位发展的趋势也是世界经济一体化发展的必然趋势。面对来自世界各地著名酒店集团的竞争，中国酒店国际集团化已经成为一种必然的趋势。通过集团化的运营及管理，使自身的竞争力增强，从而可以面对外国酒店的竞争。

此前国际酒店品牌叱咤中国数十年，如今本土品牌则加快了发展，尤其是曾经的业主纷纷发力自营品牌。虽说中国的酒店管理公司在高端市场领域与国际品牌相比存在差距，但中国有庞大的市场需求，本土品牌迅猛发展，互联网技术的革新和年青一代思维的转变，成为本土品牌逐渐崛起的有利因素（见表3-10）。

表 3-10　　　　　　　　2018 年中国酒店集团 10 强排行榜

排名	酒店名称	总部所在地	客房数量（间）	酒店数量（家）
1	锦江国际酒店集团	上海	68011	6974
2	首旅如家酒店集团	北京	384743	3712
3	华住酒店集团	上海	379675	3746
4	海航酒店集团	北京	218660	1349
5	格林酒店集团	上海	190807	2289
6	尚美酒店集团	青岛	97518	1870
7	东呈酒店集团	广州	82378	906
8	都市酒店集团	青岛	78504	1368
9	港中旅酒店集团	香港	34977	139
10	住友酒店集团	杭州	33069	499

在品牌建设、质量管理、市场细分、产品多元化等领域取得了不菲的成就，尤其是部分品牌，通过多年的深耕细作，展示出强劲的国际竞争力。全球酒店行业权威媒体美国 *HOTELS* 杂志公布 2017 年度"全球酒店325"排行榜中，中国酒店占三席，其中上海锦江国际酒店集团以680111 间客房、6794 家开业门店的实力排名第 5 名，北京首旅如家酒店集团和华住酒店集团分别以 384743 间客房、3712 家开业门店和379675 间客房、3746 家开业门店的实力排名第 8 位和第 9 位（见表3-11），另外格林、东呈、尚美、开元、香格里拉、住友等12 家酒店集团进入百强行列。

表 3 – 11　　　　　　　　2017 年度全球 300 强榜单前 10 强

排名	酒店名称	客房数量（间）	酒店数量（家）
1	万豪国际	1195141	6333
2	希尔顿全球	856115	5284
3	洲际酒店集团	798075	5348
4	温德姆酒店集团	753161	8643
5	锦江酒店集团	680111	6794
6	雅高酒店集团	616181	4283
7	精选国际酒店集团	521335	6815
8	首旅酒店集团	384743	3712
9	华住酒店集团	379675	3746
10	最佳西方酒店集团	260015	3324

中国的旅行社在入境旅游发展初期，国旅、中旅以及中青旅三家国营旅行社系统垄断经营，后来逐步开放，旅行社发展经过了由高度计划到充分竞争，随后又允许民营资本进入的阶段。加入世界贸易组织后，中国的旅行社业全面开放。截至 2017 年，纳入统计范围的中国旅行社共27409 家。同时，旅行社经过多年发展，形成了旅游产品结构多样化，品种细分化等特点，接纳了国内外旅游者几十亿人次（见图 3 – 7）。

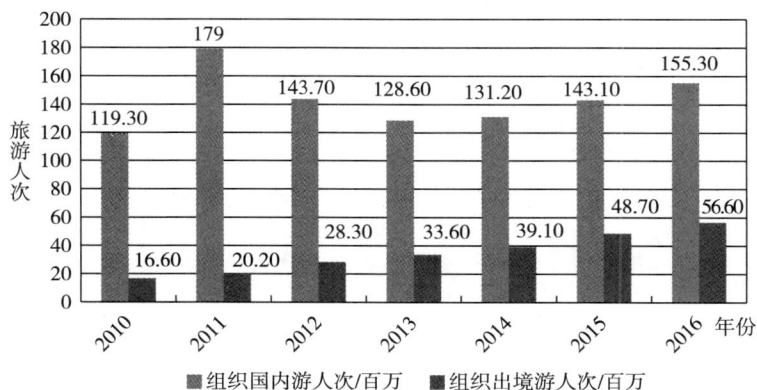

图 3 – 7　2010—2016 年旅行社组织国内外旅游人次

随着产业的扩大，中国旅行社业加快了专业化、网络化、品牌化和国际化发展步伐，进入了转型、升级的聚变阶段，为了应对国际旅行社运营集团的竞争，中国传统旅行社也通过兼并、收购等方式，不断扩大企业规模和增强实力，中国旅行社集团化渐成趋势。从最初的国旅、中旅和中青旅集团，到后来的上海锦江旅游集团、上海春秋旅游集团、广之旅旅游集团。旅行社集团化趋势出现得益于产业融合，旅游业爆发式增长潜力、有效集聚客源的能力以及资金流的良好表现引发金融业、IT业、商业、交通业、航空业、地产业等行业积极与旅行社业走向融合，这种融合是一种旅游业态创新。百事通旅游在全国的迅速崛起，实际上是旅行社业与地产业融合的典型范例，它是基于整合旅游供应商和代理商资源，抢占旅游分销渠道，以达到打造运营网络平台的目的。

规模的不断增加使旅行社成为旅游活动中链接旅游服务供应商和旅游者的桥梁，其中介作用日益显现。在经过旅行社的初期垄断、自我发展、内部竞争等初级阶段之后，旅行社的品牌化成为发展迫切需要解决的关键问题。实施品牌化战略也成为中国旅行社成长的重要标志，一批拥有知名品牌的旅行社企业或旅行社企业集团崭露头角（见表3-12）。

表3-12 **2018年中国十大线下旅行社品牌**

排名	品牌名称	成长历史
1	中国国旅 CTCS	中国国际旅行社总社隶属于中国旅游集团公司，现为国内规模大、实力强的旅行社企业集团。中国国旅系中国较早获得特许经营出境旅游项目的旅行社，在全球12个国家和地区拥有8家全资、控股的海外公司和8家签证中心，在全国拥有36家全资、控股子公司和2家参股公司，近700家门市网点，以及百余家国旅集团理事会成员旅行社，与100多个国家的1400多家旅行商建立了长期稳定的合作关系，形成立足国内、放眼全球的现代化经营网络
2	中旅总社 CTS	中国旅行社总社有限公司是中国旅游集团公司旗下负责旅行社业务的全资子公司。2007年，中国港中旅集团公司和中国中旅（集团）公司完成了中国旅游业"航母型"合并重组。双方旗下的核心产业：中国旅行社总社（CTS）、港中旅国际（CTI）、招商国旅（CMIT）、香港中旅社和海外分社经过整合重组，共同组成了中旅总社。中国旅行社作为中国第一家旅行社，经过半个多世纪的发展，由一家以接待华侨、外籍华人、港澳同胞、中国台湾同胞为主的旅行社，发展成为入境游、出境游、国内游、商务旅游、会议和奖励旅游、签证认证代办、航空票务多业并举，每年接待数百万中外游客的综合性大型国际旅行社。目前，中旅总社旗下拥有遍及全国、延伸海外的100多家旅行社，在品牌实力、业务规模、服务品质等各方面均居于国内旅行社领先地位

续表

排名	品牌名称	成长历史
3	中青旅 CYTS	中青旅整合旗下专业旅游服务团队、优质旅游产品、旅游门店、签证、机票酒店等资源，以遨游网作为线上统一入口和整合平台，在"互联网＋"和旅游消费升级的新时代，致力于带给用户更加便捷、有活力、富有创意和个性化的旅行生活方式。中青旅遨游网在出境旅游度假、国内旅游度假、海岛旅游度假、签证服务、机票服务、酒店度假服务及境外当地玩乐等领域具有丰富线路及领先水平，尤其是欧美澳非等长线出境游、海岛自由行度假、目的地深度文化旅行、个性化定制旅行、签证及机票透明、一价全包式度假村及精品酒店、邮轮业务等领域具有领先优势。近年来，中青旅遨游网以旅游消费升级为发力点，进一步发展国际游学、户外旅行、康养旅行、摄影旅行、蜜月旅行等旅游领域业务，成为中国在线旅游标杆性品牌之一
4	春秋旅游	上海春秋国际旅行社（集团）有限公司是春秋航空的母公司，成立于1981年。目前已拥有四千余名员工和导游，年营业收入60亿元，业务涉及旅游、航空、酒店预定、机票、会议、展览、商务、因私出入境、体育赛事等行业内容。春秋旅游是国内连锁经营、最多全资公司、最具规模的旅游批发商和包机批发商。拥有"贵族之旅"纯玩团、春之旅（中外宾客同车游）、自游人、爸妈之旅等多种特色旅游产品。在北京、广州、西安、沈阳和三亚等34个国内大中城市设有全资公司，境外有美国、加拿大、泰国、中国香港等7个境外全资公司。100余个全资门店业绩全国第一。每个全资公司大都有二至十个连锁店，在上海有50个连锁店。四千余家旅游代理全国第一
5	广之旅	广州广之旅国际旅行社股份有限公司成立于1980年12月5日，是深交所上市集团、华南旅游航母岭南控股公司的成员企业，获得全国旅游业质量管理最高荣誉"中国用户满意鼎"的综合性强社；是全国首批、广东首家获得国家质检总局、国家旅游局认定的年度"全国旅游服务质量标杆单位"称号的旅行社企业，首家获得广东省政府设立的最高质量奖项——"广东省政府质量奖"的服务业企业。广之旅主要经营出境游、国内游、入境游等业务，同时兼营国际国内航空票务代理、景区开发与管理、会展服务、旅游汽车出租、海外留学咨询、物业管理、信息技术咨询服务、计算机技术开发、技术服务等业务。广之旅直营门店达到185个，构建起华南地区最为完善的销售网络。此外，在中国香港、中国澳门、马来西亚、北京、云南、四川、喀什等地设有分支机构，业务遍及全球100多个国家和地区

续表

排名	品牌名称	成长历史
6	康辉旅行社	康辉旅行社，国内知名旅游及旅行综合服务商，全国大型旅行社集团企业，极具国际竞争力的大型旅游运营及服务商，创建于1984年，历经20余年的发展，已成为全国大型旅行社集团企业之一，是北京"首旅集团"旗下专业化旅行社集团公司，总部设在北京。目前，其在北京设有33家门市，已在全国设有200余家以资本为纽带的子公司。其日臻完善的网络化营销、接待体系和垂直管理模式在旅行社行业已形成独特的综合优势。遍及海内外的业务协作体系以及由近万名员工组成的优秀团队具备为国内外旅游者提供全方位综合服务的实力。康辉已经具备的市场规模、"康辉旅游"品牌的巨大影响力，以及全国性分支机构的网络优势，中国康辉旅行社集团正将整个集团纳入全球旅游业的庞大系统，借此提升集团的技术水平和服务质量，把集团发展成为具有国际竞争能力的大型旅游运营及服务商
7	众信旅游	众信旅游是一家集出境游批发、零售和商务会奖、移民置业、游学及留学海外教育、出境金融业务为一体的综合型企业。众信旅游集团股份有限公司成立于2005年，2016年开始集团化运作。在不断发展过程中，众信旅游集团坚持从旅游服务向旅行服务发展的战略路径，业务范围由出境游拓展至"旅游+"出境服务，实现了各类业务间"用户+渠道+资源"的有效转化，初步构建了众信出境服务的大生态体系。集团业务涵盖出境游批发、零售和商务会奖以及"旅游+"的移民置业、游学及留学海外教育、出境金融等出境服务业务，从国内各主要出发地至全球各主要目的地，均能为消费者提供满意的全方位出境游和出境服务。自2005年以来，众信旅游一直在中国出境游市场特别是长线出境游市场上占有领先地位，目前是欧洲、北欧、俄罗斯、澳新、非洲、中东、美洲、邮轮、普吉岛、巴厘岛等旅游线路的全国十大批发商之一，多次荣获产品创新奖和营销创新奖等奖项
8	锦江旅游	上海锦江国际旅游股份有限公司是锦江国际（集团）有限公司旗下主营旅行社业务的上市公司，整合了原上海中国国际旅行社股份有限公司、上海锦江旅游有限公司、上海华亭海外旅游公司、上海旅行社等上海最大、最知名的国际、国内旅行社，并依托锦江国际集团的综合资源和优势，成为中国旅行社行业的龙头企业。新组建的上海锦江国际旅游股份有限公司，注册资本1.33亿元人民币，总资产达8亿元，现有员工1100人，发展成一个拥有全国性网络和全球性品牌的"中国著名，世界知名"的旅游企业。公司同时连续8年名列全国国际旅行社百强公司行列，自1994年起蝉联"上海文明单位"至今

续表

排名	品牌名称	成长历史
9	广东中旅	广东省中国旅行社股份有限公司是广东省旅游控股集团核心企业，广东省国资委系统龙头综合旅游服务企业，成立于1949年，广东中旅股份已发展成拥有在职员工1000余人，以旅游为主业，涵盖旅行社业务及相关业务、商旅汽车客运、移民留学签证、旅游投资管理四大板块的行业龙头旅游企业，年接待人数过百万人次，近20年稳居国家百强旅行社全国前十和广东省前三甲的地位。广东中旅先后获得过"中国旅游业悠久品牌""中国旅游行业十大批发商""中国百强旅行社排名广东领先""社会公众满意单位"等荣誉。连续15年荣获全国中旅系统优质服务先进单位称号；连续6年名列全国国际旅行社百强排名前十名，连续4年位居全国国际旅行社百强排名广东第一、全国第六，2010年全国百强旅行社排名第一位
10	凯撒旅游	凯撒旅游始创于1993年的德国，作为一个以境外游为核心业务的国内旅行社，在全球的伦敦、巴黎、汉堡、洛杉矶等全球核心城市都设有分支机构，迄今为止在中国30余座城市都有子公司。凯撒旅游也连续多次获评"中国出境游十大批发商"称号。2015年10月，凯撒旅游成功登陆A股市场，成为资本市场的一员。值得一提的是凯撒旅游涵盖全球100多个国家和地区、超过6000种服务于不同人群的高端旅游产品，庞大的用户群体和丰富的产品种类证明了它的市场地位，背靠世界五百强海航集团这个大巨头也让其获得了无与伦比的资源优势

互联网和移动互联网与旅游产业的融合发展，推动传统旅游企业的转型发展。在线旅游已成为旅游发展的重要新生力量，2014年，在线旅游交易额已达3077亿元，根据市值高低评出的2014年世界十大在线旅游服务公司，中国携程和去哪儿分别占据第4位和第5位（见表3－13）。

表3－13　　　　　　　2014年世界十大在线旅游公司

排名	公司名称/商业模式	市值（亿美元）
1	Priceline：客户反向定价，在线旅游C2B模式开创者	670.60
2	TripAdvisor：全球最受欢迎的旅游社区和旅游评论网站，以打造社区为中心目标	151
3	Expedia：代理＋批发商模式为主，业务庞杂，品牌多元	103.70

排名	公司名称/商业模式	市值（亿美元）
4	携程旅行网：OTA（在线旅游）+ 传统旅游，转型"手指" + "水泥"	63.78
5	HomeAway：全球最大的假日房屋租赁在线服务提供商，"民宿一哥"	38.50
6	去哪儿：从旅游垂直搜索、平台到 TTS	35.84
7	Kayak：旅游产品精专搜索技术服务商	15.70
8	Orbitz：携程对标，旅游 OTA 大数据试水者	9.69
9	MakeMyTrip：印度最大的在线旅游公司，印度的"携程"	9.50
10	TravelZoo：美国在线旅游信息服务 + top20 精选特惠	3.53

携程、途牛、去哪儿在各细分市场均表现突出，市场份额较高，其中，携程在跟团游、自助游、出境游、国内中长线游几个细分市场份额均为第一。三者通过创新有力推动中国度假旅游市场互联网化进程，属于领先厂商。在线旅游移动端市场集中度较高，据易观国际报告数据，携程、去哪儿、阿里去啊、活力天汇（航班管家、高铁管家）4 家厂商包揽了中国在线旅游移动端市场总份额的 77.10%。

中国是世界上旅游资源最丰富的国家之一，资源种类繁多，类型多样。旅游景区是中国旅游产业发展重要的生产要素，是旅游吸引力的根本原因，是中国旅游产业要素的主体部分和突出代表。从旅游景区开发情况来看，截至 2015 年年底，我国已开发的可供观赏游憩、文化娱乐的各类旅游景区情况如表 3 - 14 所示：

为了迎合市场需求，景区的类型也不断被创新，景区突破单一的门票收入模式，以市场为导向，以满足游客消费需求为目标，开展多元化发展的盈利模式，多业态发展。尤其是对风景名胜区、历史文化名城、历史街区、名人故居等文化特色突出的景区，深入挖掘其文化底蕴，通过提出精准的文化创意和开发具有巨大市场价值的旅游商品，为景区经营增加了收入。如宋城集团利用旅游演艺提升景区文化底蕴，完善景区旅游产业链条、打造景区特色文化品牌。2015 年，宋城集团千古情系列演出收入达 12.60 亿元，占全国旅游演出票房收入的 1/3。中国旅游景区中有一批景区已经进入世界一流的行列。比如，人文方面的景区故宫、兵马俑、丽江古城、平遥古城，自然方面的景区黄山、九寨沟、张家界、武夷山，主题公园方面的景区华侨城、方特乐园等，这些景区景点在国际上具有相当的品牌影响力和市场竞争力。

表 3-14　　　　　　　　中国各类景区情况

风景类型	数量（处）	面积（万平方千米）
国家级风景名胜区	225	10.36
省级风景名胜保护区	737	9.01
国家级自然保护区	429	93
国家级森林公园	792	—
国家级湿地公园	706	—
国家水利风景区	658	—
重点文物保护单位	4295	—

旅游集团通过资本运作加速完善产业链，构建新旅游生态圈。国旅、港中旅、中青旅、华侨城、携程等大型旅游集团近 6 年投资累计已超过 1500 亿元。同时，中国的旅游企业也多途径寻找融资机会，通过大规模融资，扩张企业实力。国家旅游局发布的《2016 中国旅游上市企业发展报告》显示，登陆国内资本市场的旅游企业共有 60 家，市值合计 3572.30 亿元。其中主板企业 25 家，市值合计 2356.70 亿元；中小板 5 家，市值合计 355.30 亿元；创业板企业 2 家，市值合计 371.80 亿元；新三板已挂牌的企业 28 家，市值合计为 189.10 亿元。登陆港交所企业 5 家，市值合计 490.90 亿元。非旅企业如万达、恒大、百度、京东等企业也加速了向旅游产业方面投资的力度。

第三节　全球价值链下中国旅游产业存在的问题

一　旅游产业发展供需失衡，绿色化与转型升级艰难

由于我国旅游发展的不平衡不充分，逐渐暴露出我国国内旅游产

业自身发展的一系列矛盾与问题。如何突破国内旅游不平衡和不充分的现状，满足人民日益增长的美好生活需要，是旅游产业亟须破解的难题。供需矛盾仍然是今后一段时间我国旅游产业面临的主要矛盾：在特定时间和局部区域内必须面对量的供给不足状况；在服务能力、服务水平方面总体存在质的不足。比如一些地方旅游市场秩序混乱，当地旅游业发展与"人民群众更加满意的现代服务业"目标的宗旨不相适应，旅游公共服务及交通等基础设施供给与旅游市场需求不相适应，企业对门票经济的过度依赖与普通游客的承受能力和期待不相适应，高质量的旅游产品与人们的实际需求不相适应等问题，这些都将持续影响我国旅游产业的声誉和效益。

从不同的维度考量，未来 10—20 年我国旅游消费的增量将令人惊叹。从全球发展的维度看，国际经济政治格局多极化发展的一个重大趋势是世界经济政治重心东移，这将引导国际旅游游客的流向。美国国家情报委员会编写的《全球趋势 2030》提出未来 15—20 年的趋势是：世界贫困人口减少、中产阶级膨胀、信息和制造技术进步、个体能力大幅提升、老龄化、人口流动全球化和全球范围城市化发展。2030 年，随着全球经济增长翻番，60% 的全球人口生活在城市（每年新增 6500 万人），达 49 亿。大多数发达国家和目前的中等发达国家进入老龄化社会，一半以上国家的人口主体是中产阶级，这意味着会有更多人加入旅游行列，也必然会影响文化旅游消费。

从中国发展的维度看，党的十八大提出了"两个一百年"奋斗目标和中国梦，据测算，我国经济未来 10—15 年将保持平稳增长，城市人口增加、退休人口增加、可支配收入增多是必然趋势。到 2020 年，城市人口有望增加 2.70 亿，人均购买力平价跨过 1.50 万美元的门槛，到 2030 年将有超过 75% 的国人迈入中产行列（人均 GDP 6000—30000 美元）。《中共中央关于深化文化体制改革、推动社会主义文化大发展大繁荣若干重大问题的决定》指出：要积极发展文化旅游，发挥旅游对文化消费的促进作用，要推动文化产业与旅游、体育、信息、物流、建筑等产业融合发展。国务院也出台相关政策支持加大旅游业发展力度。这都意味着旅游产业将持续收获改革红利，旅游消费将源源不断地发生。

从旅游业发展的维度看，全球旅游经济活动保持较高增长不变，国际国内旅游业竞争都呈加剧之势。美国、法国、西班牙、日本、韩国等世界主要国家都把发展旅游业放在重要战略地位。美国制订了面向21世纪的旅游发展战略；日本提出观光立国，制定了《推进观光立国基本计划》；法国采取旅游战略管理模式，成立"旅游战略委员会"，巩固旅游业发展优势；西班牙提出旅游业全面质量管理战略。

从游客维度考虑，旅游产业供给侧结构性改革应该包括基础设施建设、环境绿化、好客气氛营造、市场推广与市场治理体系等供给短板问题的解决。这些都属于公共产品与服务，应由政府解决，但政府管理和服务水平跟不上快速发展的速度。目前，政府层面旅游供给侧改革的问题主要表现在，政府政策规划与配套措施不到位，基础设施建设不够科学，旅游人才保障机制不足，旅游人才教育培训和开发机制相对滞后，旅游标准化规范化水平较低，监管机制不健全。由于旅游消费环节多，合同极易造成条款不明晰、服务标准和责任界限模糊的问题，目前旅游业市场秩序混乱，买卖双方市场存在信息不对称。

旅游领域发展中的不平衡包括几个方面：

一是旅游区域空间发展的不平衡。由于旅游资源、经济发展水平和区位因素的差异，目前各区域的旅游业发展水平依然有不小差异，非均衡发展特征依然明显，"东强西弱、南强北弱"的整体格局尚未有实质性改变。

从旅游目的地角度来分析，东部旅游目的地的接待能力、服务水平等明显优于中西部。西部区域具备生态环境好等优势，但未能成为旅游的重点发展区域。中西部地区内核动力不足，受困于人才、资金和市场等影响，其旅游企业多"弱、小、散"。东部地区现已进入旅游产业国际化发展阶段；中西部地区尚处于旅游产业标准化或发展阶段，在旅游交通配套、接待基础设施、旅游标识系统，以及旅游互联网化等方面多有不足，不少区域的旅游经营还比较粗放，市场化水平不高，难以形成较好的市场效益和规模。这种状况与优质旅游的整体发展要求不相符。

从客源地方面来看，东、中、西三大区域之间客源地潜在出游力呈现出了7：2：1的三级递减的分布状态。东西之间、南北之间的旅游发展表现出不平衡的状态。

二是居民出游二元分化上的不均衡。根据《中华人民共和国2016年国民经济和社会发展统计公报》数据，全国人口13.38亿，"按全国居民五等份收入分组"，占人口1/5的高收入人群人均可支配收入59259元（月均4938元），1/5的中等偏上收入人群人均可支配收入31990元（月均2666元），占人口1/5的中等收入人群人均可支配收入20924元（月均1744元），占人口1/5的中等偏下收入人群人均可支配收入12899元（月均1075元），占人口1/5的低收入人群人均可支配收入5529元（月均461元），贫困地区农村居民人均可支配收入8452元（月均702元）。在人均可支配收入方面，高收入人群与低收入人群人均可支配收入相差10倍以上。

经济基础决定上层建筑，城乡居民之间收入水平的不平衡决定了两者出游率和消费水平状况的不平衡。城镇居民出游31.95亿人次（城镇户籍人口5.60亿），人均出游5.70次；农村居民出游12.40亿人次（农村户籍人口8.20亿），人均出游1.50次。国内旅游收入3.94万亿元，其中城镇居民花费3.22万亿元，人均花费1007.80元；农村居民花费0.71万亿元，人均花费572.60元。城乡居民之间的人均旅游次数相差近3倍，人均消费数额相差1倍。城乡居民收入结构不平衡决定了出游率和消费水平的"不平衡不发展"。

三是旅游市场发展不均衡。入境旅游"不平衡不充分"。1980年入境旅游570.30万人次，其中港澳台同胞517.30万人次、占九成，外国游客52.90万人次、占一成。2010年入境旅游游客达13376.20万人次，其中港澳台同胞10763.50万人次、占八成，外国游客2612.70万人次、占二成，自此以后一直是这种结构。2016年入境旅游13844.38万人次，其中港澳台同胞1.10亿人次、占八成，外国游客2815.12人次、占二成。入境游客来自区域分析同属一个中国，但属于4个不同关税区的港澳台游客为主体、外国游客为次要部分，而且外国游客人数自2007年以来一直在2600万人次上下徘徊。2016年接待外国游客2815.12万人次，排在法国、美国、西班牙、意大利、土耳其、德国、英国、墨西哥和俄罗斯之后，居世界第十位，与我国国土辽阔、历史悠久、资源丰富、国际大国的地位很不匹配，足以证明入境旅游市场的游客结构不平衡、国际化程度发展不足。

出境旅游不平衡不充分。2016 年出境旅游 1.22 亿人次，其中去外国旅游人次为 3812.67 万、占 31%，赴港澳台旅游人次 8390.13 万、占 68.76%（《中国出境旅游发展年度报告（2017）》）。全国目前有 1 亿人有出境旅游证件、占总人口的 7%—8%；有 6000 万人有护照、占总人口的 4.30%。2016 年出境旅游人次 1.22 亿，占总人口的 8.80%；出国旅游人次 3812.67 万，占总人口的 2.70%。出游目的以观光与购物为主，休闲度假、文化体验和娱乐花费低；以全体人口数量为基准来看，国民出游率低、人均花费低；能出境、出国旅游的基本上是占人口 1/5 的高收入人群，占人口九成的民众尚未参与其中，出境旅游，尤其是出国旅游仍是少数人的专利。大陆居民出境旅游的主要目的地是中国的港澳台地区，出境旅游的国际化程度低，说明出境旅游发展相当"不平衡"，出国旅游发展更加"不足"。

入境旅游发展不平衡。我国旅游业发展从入境旅游起步，1979—2000 年入境旅游一直以两位数的年增率高速增长，出境旅游业 1997 年以前发展缓慢，20 年间入境与出境旅游发展不平衡。从 1998 年后出境旅游一直以两位数的年增率快速增长，但 2004 年以后入境旅游停滞不前、发展状况时起时伏，出现了入出境旅游发展新的不平衡。其主要原因是国内经济发展、富裕阶层增长、购物需求旺盛，同时国内旅游供给的状况既不能满足高收入群体的需求又不能满足外国游客的需求，一定程度上折射出国内旅游供给"发展不充分"，导致出入境旅游新的不平衡。

四是旅游业发展数量与质量、规模与效益的不平衡。旅游接待总体规模迅速扩大与旅游企业经济效益普遍低下的状况并存。旅游业三大支柱行业经济增速快、数量多，但旅行社业和酒店业总体只有微利、景区多数不景气的局面持续多年。以星级饭店为例，2016 年，全国 10550 家饭店的利润总额仅 4.70 亿元，实现税金 134.40 亿元，人均实现利税仅 1.10 万元，人均利润仅 390 元，客房出租率 54.70%（多年如此），足以说明旅游企业经营的窘迫状态。正是由于"宏观形势大好"与"微观日子难熬"并存，才出现了时下旅游高层管理部门与旅游官方媒体讲的与多数基层旅游部门、旅游企业经营者的感受大不相同的现象。

旅游的综合转化率不高，游客在实际出游过程中的真正消费支出还很有限。这是因为游客结构中低等收入人群还仍然占大多数，抑制了旅游消费；目的地消费链延伸不充分，阻碍了旅游消费支出；旅游对地方经济社会的综合贡献还不高，有些地方优质旅游资源集中度高，但景点内外两重天，景区对周边的辐射力度不足，对地方居民就业带动与收入拉动等效益释放得还不够充分。

旅游产业、产品、服务体系存在缺乏综合性、多样化、多层次化、无缝衔接性等发展不平衡与不充分问题。不同类型与不同层次游客从客源地到目的地的旅游需求具有综合性、多样化、多层次化的特点，旅游产业供给侧结构性改革应该包括对与旅游综合性供给相关的产业、产品、服务体系发展不平衡不充分问题的认识与解决。"产品主体"的理念主导旅游产品的开发，导致传统供给大于求，新型产品供不应求；观光产品供应过剩，休闲度假产品供应不足；共性化的产品简单沿袭，个性化的产品严重缺乏。需求侧的变化日新月异，不仅呈现"刚需"趋势，而且呈现多样化、个性化需求渐成主流的特征，而供给结构对于需求变化又缺乏适应和灵活。

五是旅游综合竞争力发展的不均衡。世界经济论坛（WEF）发布的《旅行和旅游竞争力报告（2017）》，对中国（大陆地区）的全球旅游竞争力指标因子的排序分别如下（括号内为序位数）：第一板块"有利环境"：商业环境（92）、安全防范安全保障（95）、健康与卫生（67）、人力资源与劳动力市场（25）、信息技术与通信技术的准备（64）、行业的价格竞争力（38）。第二板块"旅行与旅游政策和有利条件"：旅游业的优先程度（50）、国际开放度（72）、行业的价格竞争力（38）、环境的可持续发展（132）。第三板块"基础设施"：航空运输基础设施（24）、地面和港口基础设施（44）、旅游服务基础设施（92）。第四板块"自然与文化资源"：自然资源（5）、文化资源与商务旅游文化资源（1）。

近几年来，中国大陆的竞争力排名从四十多位、三十多位提升到2016年的第15位，可以认为世界经济论坛的这个排名分析结果总体上是客观的。在分项评估中，文化资源（1）、自然景观（5）、航空运输基础设施（24）、人力资源与劳动力市场（25），说明我国旅游竞争力的强项主要在自然与文化资源方面，其次是人口众多的人力市场及航空业；我国旅游竞争力的弱项主要在健康与卫生（67）、国际开放度（72）、旅游商业环境（92）、安全防范安全保障（95）、旅游服务基础设施（92）、旅游安全与保障（95）、环境可持续性（132）等方面。

2014 年，中国旅游舆情智库曾发布十多个国家《来华旅游舆情报告》表明，外国人不愿来中国旅游的主要因素是在"空气污染""食品安全问题""治安不好""签证不便""语言不通""价格偏高""服务不好"方面，与《世界旅行旅游竞争力》的评估结果大体吻合，表明中国旅游的国际综合竞争力在资源与环境、硬件与软件、安全与开放度等方面突出存在"发展不平衡不充分"的问题。

随着旅游产业一系列供需矛盾日趋复杂化，旅游产业升级不是一朝一夕就能实现的，在这个过程中存在诸多难点。随着绿色发展理念的提出，在粗放型旅游产业经济发展局势下，利用和保护间零和博弈的状态阻碍了旅游产业可持续发展，加大了旅游产业升级难度。

首先，旅游产业发展模式特点决定转型艰难。旅游产业发展模式是指一个特定时期内，一个国家或地区旅游产业发展的总体方式，它包括旅游产业发育和旅游产业演进两层内容。顾名思义，旅游产业发育是在一定社会经济环境下，旅游产业的形成发育问题；旅游产业演进是指促进旅游业向现代化发展的方式过程。

1978 年改革开放后，我国旅游业在政府主导型旅游产业发展模式下发展迅速。政府主导型的旅游产业发育阶段已基本度过，这就促使我国旅游业仅仅用了近 40 年的时间就追上了西方发达国家发展旅游 200 年甚至更长时间才能达到的产业规模的水平，从这个层面来看我国旅游业显然取得了巨大成就。但随着市场的不断开放，旅游业外部环境日趋复杂化，更重要的是旅游业内部由于持续高速积累的待解决问题不断增多，我国旅游业出现了旅游市场壮大与企业竞争力不强同时存在的矛盾。这说明政府主导型旅游产业发展模式在发挥积极作用的同时其负面效应无法避免，因此，旅游产业发展模式转变问题亟待解决。

诚然，在旅游产业的发育、成长及特殊扰动时期，政府主导型调节方式起积极作用，而当产业向成熟期转变时，需要一种能够适应新阶段内外部环境的调节方式取代之。随着国家开放程度变大，旅游外汇收入不再是国家外汇储备中的重大贡献力量，而政府主导型旅游业发展模式无法适应这一历史的选择。由此，深入探讨旅游产业发展模式转型艰难问题的落点在于"政府主导型旅游发展模式"转型艰难。

（1）对以资源为主体的旅游业来说，"政府主导"与"政府干预"权限大小程度难以把握。而同样具有跨地域公共性特征的信息产业、高新科技、航空业等产业却在这一环境中发展壮大，许多知名信息产业公司甚至拥有了国际竞争力，在国际市场中都可以分得一杯羹。而旅游产业的龙头企业在改革开放后的近40年中的发展可谓跌宕起伏，这其中的深层次原因值得思考。

（2）政府对于旅游产业引导的力度和对此的定位。公共媒体宣传的旅游目的地形象推广纪录片和旅游市场的规范的制定通常由政府来完成，而配合旅游业发展的涉及食、住、行、游、购、娱六大旅游产业要素大多情况下属于私人产品。政府在基础设施建设和规范市场的同时怎样明确界限，必须政府去做还是市场主体依靠市场优胜劣汰机制去做，是转型中的难题。

其次，旅游产业技术特点决定转型艰难。不同于传统制造业或加工产业，旅游业是生产与消费同时存在而又同时"结算"的特殊行业。旅游产业技术特点主要分为内部与外部两个部分，内部特点为生产与消费同时进行，而外部特点又不可避免地受到相关产业的影响而发展。旅游业这一不同于其他产业的技术特点决定了旅游转型的艰难。

（1）旅游产业技术特点决定了其"牵一发而动全身"的特征，转型必然艰难。旅游产业涉及饭店业、交通企业、景点景区、旅游购物商店、娱乐企业等众多相关产业。并且随着旅游产业链的不断扩展和延伸，旅游业与信息产业、高新技术产业及工业、农业、林牧业、渔业等都有千丝万缕的联系。随着对多样化旅游产品开发以适应人们不断增长的旅游需求，旅游相关企业的整合与创新显得尤为紧迫。

（2）跨地域旅游企业的成长壮大是旅游转型的必然趋势。旅游的本质特征是游客的流动性，而不是旅游企业的流动性。近年来，随着现代交通与通信技术的发展，旅游产业链已向外延伸。但在激烈的市场竞争条件下，尤其在是国外开放市场中，不同地区和国家之间的文化差异、技术特点等因素影响旅游企业"走出去"。

（3）旅游企业"小弱散差"的现状决定了其进出壁垒低，难以成就跨国集团企业的形成。目前我国旅游企业的现状是以中小型企业为主，这些企业的特征是年轻化，企业变革快，新机制引入快。旅游技术特点不鲜明，难以留住人才，稳定客源。

（4）旅游产品要素组合的多样性决定转型艰难。由观光旅游产品要素组合向度假旅游产品要素组合转型面临制度、政策、技术、企业层面的困难。

二　旅游企业嵌入全球价值链过程中缺少领袖企业，竞争力不足

旅游企业攀升至全球价值链中高端是中国参与全球旅游价值链治理的重要微观基础。中国旅游企业以资源的比较优势嵌入全球价值链，但由于缺乏对关键核心技术和品牌的控制以及核心业务，始终缺乏领袖型企业，旅游企业不能围绕中国独特的资源优势组建价值链，只能嵌入全球价值链的下游，辅助价值生产，在全球价值链体系中处于一种从属、被支配的地位，从而竞争力严重不足。旅游强国在嵌入旅游全球价值链过程中，凭借其领袖旅游企业（企业集团）占据高端环节，如美国运通公司、德国途易集团、迪士尼、日本交通公社等全球价值链中的领袖企业（见表3－15）。

表3－15　　　　　　　　旅游全球价值链领袖企业

企业名称	主要业务
美国运通公司	美国运通公司（American Express）创立于1850年，是国际上最大的旅游服务及综合性财务、金融投资及信息处理的环球公司。在信用卡、旅行支票、旅游、财务计划及国际银行业方面占领先地位，是反映美国经济的道琼斯工业指数的三十家公司中唯一的服务性公司。它的分支之一，美国运通旅游有关服务公司（American Express Travel Related Services），是世界最大的旅行社之一，在全球设有1700多个旅游办事处。它向个人客户提供签证卡、信用卡以及旅行支票，同时也向公司客户提供公司卡和开销管理工具，帮助这些公司在管理公干旅行、酬酢以及采购方面的开支，公司同时还向世界各地的个人和公司提供旅游及相关咨询服务

企业名称	主要业务
德国 TUI	国际旅游联盟集团（TUI），世界 500 强企业之一，成立于 1968 年，目前已经发展成为德国最大的旅游经营商，欧洲最大的旅游公司。TUI 集团从工业集团 Preussag AG 发展成为一个富有活力的旅游和航运集团，其经营范围包括航空、酒店、旅游批发、旅游零售乃至旅游目的地接待。此外，集团还经营旅游业之外的行业业务，如运输业、石油及天然气开采等。旗下有旅游批发商 81 家，遍及比利时、丹麦、德国、英国等地，每年向世界各地输送的欧洲游客超过 2000 万人。 目前主要的商业活动是旅游服务。在欧洲以 130 亿欧元的营业额占据市场的主导地位，超过 80% 去欧洲旅游的度假者都会选择 TUI 集团的包价旅游服务。同时 TUI 集团拥有大约 3500 家旅行社，超过 100 架飞机，37 家收入机构以及 285 家旅馆（分布在 28 个国家，拥有 163000 个床位）。它是欧洲最大的旅游集团之一，作为一家综合旅游集团，提供全面的服务。2017 年，TUI 实现收入 21655.40 百万美元，利润 1151.70 百万美元，位于 2017 年世界 500 强第 499 位
迪士尼	由创始人华特·迪士尼于 1923 年创立。主要业务包括娱乐节目制作，主题公园、玩具、图书、电子游戏和传媒网络的经营。是全球最大的娱乐及媒体公司之一，也是全球最受尊敬的娱乐媒体公司。迪士尼公司拥有世界第一的娱乐及影视品牌迪士尼（Disney），拥有影视娱乐（美国最大的电影发行商之一）、主题乐园、度假区（世界最大的主题乐园集团）、媒体网络（拥有美国三大广播公司之一的 ABC、体育品牌 ESPN）、消费品（世界最大的儿童消费品品牌、世界最大的儿童书籍集团）等。截至 2018 年 12 月，它的市值为 1680 亿美元，2017 年的收入为 551.40 亿美元。截至目前，迪士尼大家庭已拥有六个世界顶级的家庭度假目的地：加州迪士尼乐园度假区、奥兰多华特迪士尼世界度假区、东京迪士尼度假区、巴黎迪士尼乐园度假区、中国香港迪士尼乐园度假区和上海迪士尼度假区。2017 年全球主题公园和博物馆调查报告中，迪士尼在全球前 10 位的主题公园集团排行榜中排名第一。全球六家迪士尼乐园及度假区游客总量从 2016 年的 1.40 亿人增加到 2017 年的 1.50 亿人，增长 6.80%。在全球前 25 位的娱乐/主题公园排行榜中，六家迪士尼乐园均榜上有名，且排名霸占前十中的九名
美国万豪集团	万豪国际酒店集团公司，即万豪国际集团（纽约证券交易所代号：MAR）是全球首屈一指的国际酒店管理公司，万豪拥有遍布全球 130 个国家和地区的超过 6500 家酒店和 30 个品牌。万豪国际集团创建于 1927 年，总部位于美国华盛顿，多次被世界著名商界杂志和媒体评为酒店业内最杰出的公司。2018 年世界五百强排名第 127 位，营收 2289 亿美元

续表

企业名称	主要业务
日本 JTB	JTB 公司（JTB Corporation）是日本最大的旅行社，也是世界上最大的旅行社之一。作为全球性的旅游业巨头，公司业务涉及旅游观光、休闲度假、饭店餐饮、会议展览、会议展览、金融保险、房屋地产、建筑装饰、教育卫生、技术情报、广告娱乐、印刷出版、运输物流、网络 IT 等多个领域，也是一家全球旅游目的地管理公司。在世界各个国家和地区的 100 个城市设立了 516 个办事机构，这些机构已经渗透到各类中小城市、景点甚至超市商场中。旗下拥有 Look JTB、i. JTB、Ace JTB、JTB Motivations 等一批日本著名的文化和旅游产业品牌，公司员工逾 26000 名。2016 年 JTB 营收 109 亿美元

　　尽管中国旅游经济的发展中诞生了一批有实力的品牌旅游企业，也参与到了全球旅游竞争中，但是总体而言，中国旅游企业的管理能力、研发能力、海外投资决策能力以及整合各项资源能力，与世界一流旅游企业相比还有很大差距。旅游企业大而不强，缺乏具有世界竞争力的企业，国内旅游市场竞争表现失序，旅游企业缺乏品牌意识。

　　星级饭店产品同质化现象正成为制约其发展的根本原因。近几年中国星级饭店数量和营收均出现负增长，2016 年，中国 9861 家星级酒店的净利润仅为 4.71 亿元。品牌酒店中，有限服务连锁酒店已从初期的高速增长阶段步入缓慢增长阶段，2007 年的增长率曾高达 87.40%，2016 年酒店增速已降至 12.40%；中国的经济型酒店已步入了入住率和房价双下滑的新发展阶段。无论是星级酒店、品牌酒店还是非标住宿，都已经由价格竞争转向产品内容和品质竞争。

　　传统旅行社面对在线旅行社快速发展的冲击难以为继，旅行社企业经济增长率持续下滑，2016 年的增长率仅为 1.15%。旅行社的净利润不断下滑，2015 年，全国 27671 家旅行社的净利润为 21.88 亿元，平均每家旅行社的净利润仅为 79071 元。如今中国不同规模的旅行社高达 2 万余家，而只有不到 5000 家旅行社的年接待量超过千万。其余的数万家旅行社内，有五分之二是接待水平低下甚至没有接待水平的。《旅游法》的实施促使旅行社的发展更加规范，同时加速旅行社的优胜劣汰。

以 OTA 为代表的在线旅游企业发展，从 2009 年到 2106 年，在线旅游市场交易额从 617.60 亿元增至 5903.60 亿元，市场渗透率从 4.80% 增长到 12%。在线旅游服务企业营业额虽保持高速增长，但以资本换市场、以价格补贴等方式换取流量的做法并不可持续。多数 OTA 企业仍处于亏损之中，尚不能实现经营上的盈利。同时，一批在线旅游企业已经在激烈的市场竞争中消失。当前，OTA 企业获客成本不断提高，流量红利不断削减，无论是传统旅行社还是在线旅行服务企业，都面临由价格战到产品竞争的新转变。

旅游景区方面，在旅游业发展之初，资源好的景区只需要待客上门，无须更多的产品和服务创新。在新消费时代，传统旅游景区面临旅游综合体、旅游特色小镇、旅游度假区、城市街区等更加多元的泛旅游景区形式的竞争。但 40 年来旅游景区的快速发展也伴随着过度商业化。特别是一些自然历史文化场所充斥着对传统文化、革命文化的不正当理解和宣传，"三俗文化"甚嚣尘上。过度商业化在旅游景区的开发上，体现为大量模仿和舶来，差评不断，却屡禁不绝。在景区旅游业发展越来越开放的背景下，游客主权时代的来临对旅游景区的品质和内容提出了更多更高的要求。如果继续沿着资源驱动型发展的路子走下去，很可能导致相关机构的牌子越挂越多，景区的市场生命力却越来越弱，特别是一些传统的山岳、湖泊景区依旧躺在过去的荣耀堆上，管理体制和机制的僵化影响了景区市场活力的发挥。

三 低附加值旅游产品对中国旅游经济持续增长的支撑度降低

产品的价值由主体价值和附加值构成，产品主体价值（由产品核心功能带来的价值）之外的价值即为附加值。具体而言，产品附加值能使消费者在消费产品时获得"额外"身心满足的效应。提高产品附加值可以增加产品的整体价值，有助于激发消费者产生购买欲望和做出购买行为，因而它是增强产品市场竞争力的一种十分有效的手段。

旅游产品是指旅游经营者为了满足旅游者在旅游活动中的各种需要，凭借环境条件和旅游设施所提供的全部服务要素之和。旅游产品大多属于服务型产品，每一个旅游目的地的旅游产品价值同样有主体价值和附加值之分。其主体价值是指旅游目的地的核心服务项目（用以满足旅游者来该旅游目的地旅游的主要需求）所带来的，能使旅游者获得主要身心满足的效应。其附加值则是指独立于主体价值之外的，主要由旅游目的地的辅助服务项目所带来的，使旅游者获得额外身心满足的其他效应。例如，九寨沟旅游，风景观光是旅游产品的主体价值，娱乐、休闲等则属于旅游产品的附加值。一个旅游目的地为旅游者提供的旅游产品主体价值只有一种，而提供的旅游产品附加值则可以有多种。在需求多样化、竞争日趋激烈的市场发展条件下，如何通过提高旅游产品附加值来增强市场竞争力，是现代旅游产业所面临的一个重要课题。

中国旅游产业获得了前所未有的快速发展，所取得的成果和带来的红利为世界瞩目。与此同时，旅游产业发展中的一些品质短板逐渐暴露。《全球旅游产业竞争力报告（2017）》指出，中国旅游供给方面存在的主要问题是质量较低，竞争力较弱。过去的旅游产业发展侧重速度、侧重规模，实际上采取的是一种粗放式的旅游发展方式。旅游资源开发粗放，重复建设，不注重当地差异化、特色化和多样性开发，对当地文化挖掘不深。与世界上旅游业发达的国家相比较，中国拥有数量多、品质高的旅游资源，但对旅游者具有持久的吸引力、品牌知名度均高的旅游产品却不多。

国内中产阶级消费群体对旅游服务业形成了从关注"物美价廉"到关注旅游服务质量与体验。与此同时，国内中产阶级这一旅游消费群体消费具有显著的特征：

（1）追求旅游品质。他们具有较高的消费能力，尤其是城市白领一族，追求较高的生活体验，交通距离不再是旅游的阻碍，为了追求旅游体验，他们不吝啬于金钱，冬天可以去三亚享受温暖气候，夏天可以去北戴河避暑。他们厌烦于单调的观光式的粗糙的旅游过程，而是享受每次都不一样的旅游度假体验，爬山、野炊、烧烤、泡温泉、滑雪等周末旅游方式花样繁多。

（2）相信口碑传播。对于"某某欢迎您"之类的洗脑广告，他们不屑一顾，他们更相信来自同一社交群体的口碑传播。一旦对某一旅游品牌认同，他们会成为该品牌的忠实消费者与慷慨的分享者。

（3）愿意为高品质埋单。他们对于好的旅游服务，毫不吝啬金钱消费，消费行为的产生取决于高品质的旅游体验。与老一辈人不同，他们认同"活在当下"的生活理念，赚钱是为了消费，他们愿意为高品质的旅游服务慷慨解囊。

（4）旅游服务的定价取决于消费者的心理认同。旅游消费者消费行为取决于审美性、心理价值认同，而不是取决于景区是 3A 还是 5A。他们甚至为了追求某一部电影中的场景，而不惜跨越千山万水前往，只要旅游服务契合他们的审美、文艺情怀、心理价值取向。

但是，当今国内绝大多数的景区管理者也没有察觉到这一潮流的到来，大部分的景区管理者对于旅游产业的发展及消费模式的转变后知后觉，他们沉浸在自己的经验世界里，看到别人做什么就模仿什么，到处都是千篇一律的广告词、观光景点、旅游纪念品。混乱、低级且单调乏味的旅游市场，让更多的国内游客及国外游客望而却步。据了解，当前国内游客对于出境旅游更为热情，而国外游客对我国旅游市场认同感和印象较差，入境游客人数更是连续多年呈负增长。

各个旅游机构之间因为不良竞争而出现的超低价格，景区自行提高票价，旅游区域内的停车场、马路、厕所等公共服务设备水平低下、各种游乐设备存在危险因素、景区内售卖的纪念品质量参差不齐，不具地区特色等现象，说明公共旅游服务、旅游服务设施、旅游服务配套设施、人性化服务、信息服务、导游服务、管理服务、旅游市场环境等服务类产品的供给不充分、不优质的问题较为普遍和突出。

产品的设计和游客越来越多样化的消费需求互不匹配。在旅游者越来越追求体验的时代，产品附加值在旅游市场上的地位就越来越重要，旅游业从业者应通过对旅游产品的情感附加、形象附加、品质附加、服务附加等方面，增强旅游产品吸引力和旅游企业的竞争力，从而进一步提高旅游产业在国际上的竞争力。

国家旅游局提出发展优质旅游"三步走"战略：到 2020 年，从粗放型旅游大国发展成为比较集约型旅游大国；到 2030 年，从比较集约型旅游大国发展成为较高集约型旅游大国；到 2040 年，从较高集约型旅游大国发展成为高度集约型世界旅游强国。我国旅游业经过近 40 年的发展，无论从供给规模、产业规模还是市场规模上看，都已进入世界旅游大国行列。但也要看到，我国旅游发展方式还较为粗放，资源利用效率不高，市场主体发育不充分，传统的景点旅游发展模式难以为继，主要依靠要素投入、投资拉动、规模扩张的速度增长模式，受到越来越明显的制约。

　　附加值偏低的旅游产品不只对中国的旅游环境造成了损害，也阻碍了中国海外旅游环境的发展。由于国内的旅游观光相关产品娱乐性偏低、享受度不高等原因，一些需求比较多的海外游客并未把中国放在旅游计划目的地首位，体现在入境游客在中国的停留时间和消费水平偏低。国家旅游局2015年入境游客抽样调查结果显示，2015年入境过夜游客在境内停留时间为8天（西班牙入境过夜游客停留时间为15天），人均花费237.75美元/人·天。其中，外国人停留9.10天，花费258.27美元/人·天；香港同胞停留3.80天，花费169.06美元/人·天；澳门同胞停留5天，花费136.31美元/人·天；台湾同胞停留8.30天，花费235.75美元/人·天。2016年接待外国游客2815.12万人次，排在法国、美国、西班牙、意大利、土耳其、德国、英国、墨西哥和俄罗斯之后，仅居世界第10位，客源结构不均衡。

　　《中国入境旅游发展年度报告（2016）》显示，从入境游客人均消费的总体结构来看，消费水平依旧偏低。入境游客人均消费呈现典型的正态分布特征，中间大，两头小。超过60%的入境游客消费集中在1001—5000美元，另有14.82%的入境游客消费5001—10000美元，有14.03%的入境游客消费不足500美元，消费超过5000美元的有9.38%；从消费项目来看，22.88%的游客表示旅游交通是其最大的消费项目，其次是购物消费，占总消费支出的20.94%。从入境游客的消费评价来看，入境游客对各方面的评价都较好。无论目的地总体形象、城市建设、城市管理、公共行业服务还是窗口服务，游客对其评价均值基本皆在8分以上。但各部分也有各自的短板，如城市建设中的空气质量，公共行业服务中的手机信号覆盖、互联网覆盖，窗口服务中的交通、餐饮服务，其得分分别为8.17、8.28、8.36、8.17、8.30，均低于平均水平。旅游基础设施不完善，旅游产品吸引力弱，中国和周边地区在国际客源市场上有很高的同质性，使竞争局势越发严峻。例如，韩国地区早年便在签证上推行了便利政策，提升了旅游产品的多元化措施，因此吸引了许多俄罗斯游客，直接影响中国入境的俄罗斯游客数量急速减少。

2016 年 2 月，新华社发表原国家旅游局局长李金早《全域旅游大有可为》长文，提出："从景点旅游模式走向全域旅游模式"，具体要实现九大转变。2017 年 6 月，这九大转变中的七大转变写进了《国家全域旅游示范区创建导则》：①旅游业从单一景点景区建设管理向综合目的地服务转变；②从门票经济向产业经济转变；③从粗放低效方式向精细高效方式转变；④从封闭的旅游自循环向开放的"旅游 +"转变；⑤从企业单打独享向社会共建共享转变；⑥从围墙内民团式治安管理向全面依法治理转变；⑦从部门行为向党政统筹推进转变。文化和旅游部（原国家旅游局）把 2018 年界定为优质旅游发展元年，"优质旅游"作为一种新的发展观，要求中国旅游产业从过去长期偏重数量的增长转变为更多关注质量的提升，这些措施实际上是对低附加值旅游产品难以支撑旅游产业持续发展的有力应答。质量优秀的旅游服务拥有吸引人的旅游产品、让游客舒心的环境和满足游客需求的各类服务，让旅游者可以享受一段开心、舒适、安心的行程，旅游机构也有发展的动力，有促进可持续发展的正面竞争力。

四 生态环境对中国旅游产业的制约日趋显现

《世界旅游产业竞争报告（2017）》指出，中国旅游产业竞争力提高快且潜力巨大，但仍需要在保护特有自然资源，维护环境和可持续发展等方面多多投入。随着旅游产业高速发展，不恰当地开发、过分地使用导致旅游资源耗费严重、生态自然过分损害，导致旅游自然生态污染、景观受损、生物多样性降低等一系列生态环境问题。

生态环境主要包括自然生态环境和社会生态环境，两类环境都对旅游产业的发展表现出制约作用，主要表现为：

（1）旅游资源粗放发展、盲目开发和不合理利用，造成许多不可再生旅游资源的破坏与浪费。在开发过程中看重的是开发而没有注重保护，导致自然植被、绿色生态遭受了严重损害、旅游景区建设中森林减少，草原因为污染而退化，杀虫剂和农药等大范围使用导致自然环境受到损害，越来越多的游客行为使动植物的生存环境被迫压缩，种群数量逐步减小、消失，也对生物多样性的维持造成了不利影响。农业活动使用的化肥、农药、催熟剂等化学物质造成的土壤保水保肥能力下降，地下水与地表水被污染，影响到旅游者和当地人民的身体健康。良好的自然环境是吸引旅游者前来的主要因素之一，也是旅游业可持续发展的基本条件，环境破坏一方面影响旅游景观的完整性，另一方面影响旅游者的观赏感受和体验度，这样容易形成恶性循环，从而影响旅游产业可持续发展。

（2）旅游风景区水、土、气污染严重。旅游产业的振兴确实带来了经济效益和交通利益，可是随着游客人数越来越多，旅游目的地环境被大量垃圾、废物、废水所污染，从而大大影响了水资源的质量。旅游区域内出现了越来越多的垃圾，不只对自然造成了破坏，也对该地区的水环境造成了污染，景区内出现了水体富营养化现象。如今中国大部分旅游景区的水体都有各种各样的污染，甚至有不少景区水体的色度和透明度都已经不符合中国的旅游水质指标，降低了游客的旅游体验度。

旅游产业对空气污染的重要表现就是碳排放，整个旅游行业产生的温室气体量占全球总量的4%—6%（世界旅游组织，2018）。其中，交通、购物和食物都是重要的因素，这一特点在高收入国家中尤其明显。由于目前旅游产业经济的不断增长，2025年旅游产业的温室气体排放量占全球排放量的比例将从现在的3.90%—6%增长到10%左右，二氧化碳的排放量将突破65亿吨。2013年，美国的旅游排碳量居首位，中国、德国、印度、墨西哥及巴西位居其后。排放增速最快的是中国与印度等发展中国家。旅游业碳排放不仅包括旅游业直接碳排放，即旅游活动中直接能源消费所引致的碳排放，还包括旅游业诱发的其他经济产业所产生的间接碳排放，即旅游活动中消费其他行业产品所产生的碳排放。钟永德等（2018）研究发现，2012年所有旅游部门的完全碳排放总量达到2527216276吨碳当量。

（3）社会生态环境恶化是指由于社会经济不正常发展、政治动乱所造成的社会秩序及文化发展的恶化。一些自然旅游资源等级较高的区域，往往人迹稀少且经济比较落后，原始落后的生产及生活方式使区域环境保留了自然生态之美，过分强调经济发展带来的不正常的结果就是外来文化对当地传统文化冲击、乡土文化被庸俗化、商品化，形成"伪民俗"，民族传统节日庆典被随时搬上舞台，传统工艺品从手工做变成机器流水线生产，粗制滥造，缺乏独创，过度的商业气息导致旅游者对目的地的印象变差，影响了旅游者的旅游满意度，也必然影响旅游目的地的可持续发展。

（4）不管是自然生态系统还是社会生态系统失调均会导致旅游发展重数量、规模，轻质量和效率的结果，导致旅游产业能级低下、旅游企业同质化竞争严重；该区域原住民的利益不受重视，甚至需要承受旅游外部负影响；损害了生物的多样性，人文环境和自然生态严重受到破坏；过去旅游产业的发展方式让处于新环境下的旅游产业遭受了发展的困顿。

五 小结

本章主要从经济、社会、生态三个维度分析了中国旅游产业绿色化的发展阶段，把旅游产业绿色化发展分为三个阶段，分别是以经济为导向的旅游产业发展阶段（1978—2000 年），以经济—生态为导向的旅游产业拓展阶段（2001—2008 年），以经济—生态—社会为导向的旅游产业综合发展阶段（2009 年至今）。从三个阶段发展状况中可以归纳出全球价值链下中国旅游产业发展现状特点：我国旅游产业已经纳入全球价值链和世界旅游版图；驱动创新下中国旅游产业提质增效效果显著；旅游产业绿色化发展取得长足进展；旅游企业良性发展成为产业可持续发展的有力支撑。当然从这些典型化特征事实中可以看到中国旅游产业目前所存在的问题，旅游产业供需失衡，绿色化和升级艰难；低附加值的旅游产品对中国旅游经济的支撑度降低；旅游企业嵌入全球价值链环节中缺少领袖企业，竞争力低；生态环境质量对中国旅游产业制约日趋显现。

第四章　全球价值链下中国旅游产业绿色化评价

中国旅游产业绿色化的测度和评价关系到其旅游产品在全球价值链中是否具有竞争力，是否能迈入全球价值链的高端环节，旅游产业竞争力的提升以及旅游产业可持续发展。旅游产业绿色化效率能有效表现旅游产业绿色化水平，本章通过引入旅游产业绿色化效率方法内容，构建中国旅游产业绿色化效率评价指标体系，通过 DEA 模型、Malmquist 指数模型等技术方法对中国旅游产业绿色化效率进行综合评价，并分析了中国旅游产业绿色化效率水平的区域差异。

第一节　旅游产业绿色化评价方法

一　DEA 模型

Farrell 给出了具有多种输入、单一产出公司的综合效率、技术效率和价格效率定义，首次提出了基于所观察样本公司加权平均情况而构造假想公司的"有效前沿"（Farrell，1957）。在美国运筹学家 Charnes 等的努力下，这一基于包络思想的非参数方法得到了理论和应用上的大拓展（Charnes et al.，1978），他们将单输入单输出的工程效率概念引入非参数方法中，在规模与收益不变的假设条件下，将 Farrell 的设想推广到适应多输入多输出同类决策单元（Decision Making Unit，DMU）情形，并以数据包络形式构造出有效前沿图景，进而形成了规范的数据包络分析理论与方法。

DEA 模型的好处有以下几点：一是能够对投入多、产出多的决策机构经营的相关绩效进行评价。这一种方式不用对投入产出的生产函数形态进行确定，所以即便是对生产关系相对复杂的 DMU 的效率也可以进行评价。二是这种模型具有不变形单位（unit invariant），不会对效率有关结果造成影响。可以把比例和非比例两类数据一起进行处理，只要这个数据可以指示出决策机构的产出面或投入面的重点标准便行。三是这个模型是数学规划按照数据生成的权重，所以产出和投入的权重不用提前设置，所以人为因素不会对其造成影响。四是这个模型能分析实际和目标数值的对比、效率和敏感程度。因此能够对决策机构消耗资源的真实数据有所了解，也能够给管理人员经营决策带来有效建议。

（一）CCR 模型

在 DEA 的基本理论模型中，CCR 模型是一种基于规模与报酬不变假设的基本 DEA 模型，这个模型利用了输入或决策单元输入不变，利用了数学规划及统计数据来对有效的生产前沿面进行设定，把决策单元投影至 DEA 的生产前沿面上，且利用决策单元偏离 DEA 前沿面的程度进行对比来对它们的相对有效性进行评价。

CCR 模型假设有多个 DMU，每一个 DMU 中有 m 项投入 $X_j = (x_{1j}, x_{2j}, x_{3j}, \cdots, x_{mj})^T$ 和 s 项产出 $Y_j = (y_{1j}, y_{2j}, y_{3j}, \cdots, y_{sj})^T$，如表 4-1 所示。

表 4-1　　　　　　　　　决策单元、投入、产出

DMU	0	1	2	⋯	n
投入	X_0	X_1	X_2	⋯	X_n
产出	Y_0	Y_1	Y_2	⋯	Y_n

决策单元 DMU_0 的最大相对效率值为：

$$\max \quad h_0 = U^T Y_0 / V^T X_0 \tag{4.1}$$

$$\text{s. t.} \quad U^T Y_0 / V^T X_0 \leqslant 1 (1 \leqslant j \leqslant n)$$

其中，$U^T = (u_1, u_2, \cdots, u_n)^T$ 为产出的权重系数，$V^T = (v_1,$

v_2，$\cdots$，$v_n)^T$ 为投入的权重系数。

从式（4.1）中可以看出，CCR 模型实际上是在其他的投入产出要素（效率值）不大于 1 的前提下，求解决策单元 DMU_0 的效率值 h_0 最大的投入产出权重数 U^T 和 V^T。该模型是一个分式规划，运用 Charnes – Cooper 变换转化成线性规划问题。

$$T = 1/V^T X_0，\ \omega = TV，\ \mu = TU$$

将上述变换代入式（4.1）进行转换为新的线性规划：

$$\max \quad V_P = \mu^T Y \tag{4.2}$$

$$\text{s. t.} \quad \omega^T X_j - \mu^T Y \geqslant 0$$

$$\omega^T X_0 = 1$$

$$\omega = \geqslant 0，\ \mu \geqslant 0$$

其对偶形式为：

$$\min \quad V_d = 0$$

$$\text{s. t.} \quad \sum_{j=1}^{n} X_j \lambda_j \leqslant \theta X_0$$

$$\sum_{j=1}^{n} Y_j \lambda_j \geqslant Y_0$$

$$\lambda_j \geqslant 0，\ j=1，2，\cdots，n，\ 0 \leqslant \theta \leqslant 1$$

在上述线性规划中，θ 反映了资源配置的效率，它代表决策单元 DMU_0 的效率值。θ 越大，说明资源配置越合理。

（二）BCC 模型

1984 年 Banker、Charnes 和 Cooper 根据规模收益变动的假定提出了 BCC 模型，该模型相对效率是说 DEA 模型中的 DEA 有效是相对有效，即相对其他同类的 DMU 单元而言有效，并不是真正的技术有效和规模有效。投入和产出要靠自己收集数据，确定投入是哪些，产出是哪些。CCR 模型假定规模报酬不变，而 BCC 模型假定规模报酬可变，这是这两个模型最关键的不同点。BCC 模型在 CCR 模型基础上对权重进行了修改，进行增加率凸性条件的约束即 $\sum \lambda_i = 1$，改变了规模报酬不变的假设，形成了规模报酬可变的包络数据分析模型，被命名为 BCC 模型，也称规模报酬可变模型。

$$\min \quad V_d = \theta$$

s. t. $\displaystyle\sum_{j=1}^{n} X_j \lambda_j \leqslant \theta X_0$

$\displaystyle\sum_{j=1}^{n} Y_j \lambda_j \geqslant Y_0$

$\displaystyle\sum_{j=1}^{n} \lambda_j = 1$

$\lambda_j \geqslant 0$, $j = 1, 2, \cdots, n$, $0 \leqslant \theta \leqslant 1$

这样同样用 θ 来判断是否存在效率，θ 越大说明资源配置越合理。

实际应用中，关于 DEA 模型中的设定应该使用 CCR 模型还是 BCC 模型，并没有一致的看法。但是结合旅游产业在不同环境下规模收益可变的特点，本章运用 BCC 模型进行计算。

二 Malmquist 指数模型

Malmquist 首先构建了基于距离函数的指数测量方法（Malmquist，1953）。基于他的研究，Caves 进一步构建了生产率数并将它命名为 Malmquist 生产率指数（Caves，1982），TFP 的变化则是各 Malmquist 指数的几何平均数。这里，距离函数是一种代表多投入、多产出的生产技术，这种函数在操作时仅仅需要投入及产出的数量。Fare 分别定义了基于投入角度和产出角度的 Malmquist 指数（Fare，1992）。

Malmquist 指数模型具有不需要投入与产出变量的价格信息；不必事先对研究主体的生产函数模型进行假设；并且具有能够被分解为生产效率变化和技术进步变化两个部分的优点。

根据 Fare（1994）对全要素生产率的定义和方法，假定第 k 个省份时期 t 使用 n 种投入 $x_{k,n}^t$ 得到 m 种产出 $Y_{k,n}^t$，那么生产技术前沿则是每一个评价单元给定产出的最小投入集。以固定规模报酬（c）、要素为可处置条件，依据 Fare 等（1994）最小技术效率可以分解为：

$F_i^t(y^t, x^t \mid c, s) = S_i^t(y^t, x^t \mid s) \cdot CN_i^t(y^t, x^t \mid v) \cdot F_i^t(y^t, x^t \mid v, w)$

其中 $F_i^t(y^t, x^t \mid c, s)$ 表示技术效率，$S_i^t(y^t, x^t \mid s)$ 表示规模效率，$CN_i^t(y^t, x^t \mid v)$ 表示测度要素可处置度，$F_i^t(y^t, x^t \mid v, w)$ 表示纯技术效率。距离函数是 Fare，即使效率的倒数可以给参考技术 $L^t(y^t \mid c, s)$ 下

的投入距离函数定义：

$$D_i^t(y^t,\ x^t) = 1/F_i^t(y^t,\ x^t\mid c,\ s)$$

上式中可以把投入距离函数看成是某一个生产点$(y^t,\ x^t)$向理想状态投入点压缩的比例。$D_i^t(y^t,\ x^t)\geqslant 1$ 当且仅当 $D_i^t(y^t,\ x^t) = 1$ 时，$(y^t,\ x^t)$在技术上完全有效率；如果 $D_i^t(y^t,\ x^t) > 1(y^t,\ x^t)$，则技术无效率。把 t 时间代替为 t + 1 时间便得到了 t + 1 时间的距离函数 $D_i^{t+1}(y^{t+1},\ x^{t+1})$。

在产出距离函数框架下，在时间 t 的参考技术下，产出角度的 TFP 变化可以用 Malmquist 生产率指数表示为：

$$M_i^t = D_i^t(x^t,\ y^t)/D_i^t(x^{t+1},\ y^{t+1})$$

同样，也可以用 t + 1 期的生产前沿面作为基准来衡量从 t 到 t + 1 期的 TFP 变化。即在 t + 1 时期的参考技术下，Malmquist 指数表示为：

$$M_i^{t+1} = D_i^{t+1}(x^t,\ y^t)/D_i^{t+1}(x^{t+1},\ y^{t+1})$$

这样，基于前期的研究，Fare 等（1994）给出了基于产出的 Malmquist 生产率指数，也就是上述两个时期生产率指数的几何平均数：

$$M_i(x^t,\ y^t,\ x^{t+1},\ y^{t+1}) = \left[\frac{D_i^{t+1}(x^{t+1},\ y^{t+1})}{D_i^{t+1}(x^t,\ y^t)}\times\frac{D_i^t(x^{t+1},\ y^{t+1})}{D_i^t(x^t,\ y^t)}\right]^{\frac{1}{2}}$$

进一步讲，可以将 Malmquist 生产率指数分解为"效率变化"或"追赶"、"技术变化"或"创新"。生产可能性边界的移动代表了技术进步有作用，具体表现为既定要素投入下外生技术进步对生产可能性边界的外推或内移。

把全要素旅游产业效率变化指数相应地分解成纯技术效率变化和规模效率变化即：

$$M_i(x^t,\ y^t,\ x^{t+1},\ y^{t+1}) = EFFCH \times TECHCH$$

即

$$M_i = (x^t,\ y^t,\ x^{t+1},\ y^{t+1}) = \frac{S_i^t(x^t,\ y^t)}{S_i^t(x^{t+1},\ y^{t+1})}\times\frac{D_i^t(x^{t+1},\ y^{t+1}/VRS)}{D_i^t(x^t,\ y^t/VRS)}\times$$

$$\left[\frac{D_i^{t+1}(x^{t+1},\ y^{t+1})}{D_i^{t+1}(x^t,\ y^t)}\times\frac{D_i^t(x^{t+1},\ y^{t+1})}{D_i^t(x^t,\ y^t)}\right]^{\frac{1}{2}}$$

第二节 旅游产业绿色化评价指标体系

一 指标体系的构建

旅游产业绿色化效率指标的确定涉及经济价值和资源环境影响两个方面。经济价值是产出类指标；资源消耗是投入类指标；环境影响虽然是经济活动产生的污染物对环境的影响，是"产出指标"，但环境影响是经济活动产出所需要付出的代价，实际上也是一种投入，是"环境恶化代价"的"投入"，环境影响也应看作投入类指标。

本书在评价指标选取上把握了科学性、目标性、动态性和可操作性的原则。

（一）科学性原则

旅游产业绿色化评价指标体系的构建要以科学性为基本原则，要求指标体系能充分反映旅游产业绿色化所蕴含的特征与内在机制。由于区域旅游产业涉及的行业多，要素复杂，在投入、产出指标确定过程中要对此综合考量，在系统分析的基础上考虑指标的代表性和全面性，使之形成体系，依据科学性原则建立的指标体系必须能较为客观和真实地反映出各区域旅游产业绿色化发展演化的状态特点，客观衡量各区域旅游产业绿色化水平的高低。

（二）目标性原则

目标性原则是旅游产业绿色化评价指标体系构建的根本目的之所在。根据旅游产业绿色化评价目标，构建起的指标体系应能客观正确地衡量全国及各区域旅游产业绿色度化水平的高低，从而为旅游产业绿色化发展程度的判定提供科学依据。绿色化的发展具有阶段性特征，从"浅绿"到"深绿"发展的过程中，要能全面实现区域经济、社会、生态环境等系统的绿色化，同时也要实现经济增长与生态环境、社会福利与生态环境以及社会福利与经济增长的平衡，实现区域各子系统的协调统一发展，所以构建的绿色度评价指标体系应能反映此目标。

（三）动态性原则

由于旅游产业绿色化是一个不断演化的动态过程，不同时期区域产业、资源、环境、政策等因素的改变都有可能造成区域旅游产业绿色化向好的方向或不好的方向发展。因此，旅游产业绿色化评价指标体系也应该根据绿色化发展的不同阶段特点相应地进行调整和变化。

（四）可操作性原则

旅游产业绿色化评价指标体系的构建是为了对旅游产业绿色化发展程度进行评价，为国家或区域旅游产业绿色化战略稳步推进，旅游产业的升级和可持续发展提供指导借鉴。因此，可操作性是绿色度评价指标体系构建的基础。构建的旅游产业绿色化评价指标体系结构简明、关系清晰、有较强的理论支撑且可操作性强。此外，指标体系对应的数据要具有可获得性，评价结果要客观真实。

借鉴国内现有研究分析发现，针对不同的研究内容，指标选取有所不同。表 4 – 2 表示了较有代表性的相关研究中指标选取的情况。

表 4 – 2　　　旅游产业生态效率、绿色效率指标选取汇总

已有研究	投入指标	产出指标	研究尺度
沈月（2015）	第三产业从业人数、海岸线长度、全社会固定资产投资、绿色饭店数量、城市绿化面积（建成区绿化覆盖面积与园林绿地面积加总之和）	旅游总收入、旅游总人次	城市
吴芳梅、曾冰（2016）	旅游业从业人员数、旅游业固定资产总额、废水排放达标率、二氧化硫去除率、工业烟尘去除率、固体废物处置率及污染治理投资总额	旅游收入	城市
刘佳、陆菊（2016）	星级饭店、旅行社、旅游企业从业人员数、旅游产业废水排放量、旅游产业化学需氧量及排放量、旅游产业工业固体废弃物、旅游产业二氧化硫、旅游产业烟尘排放量、旅游产业工业粉尘排放量	旅游总收入	省域
彭红松、章锦河等（2017）	平均工资水平、资本投入新增固定资产投资额、能源消耗、水资源消耗量、餐饮生物资源消耗量	旅游收入、垃圾排放量、污水排放量、废气排放量	黄山风景区
夙小明、黄森（2017）	旅游产业煤、油、天然气消费量加总，旅游产业的城镇单位就业人员、旅游产业的固定资产/全社会固定资产总投入	旅游产业的总收入/地区总产值，旅游产业煤、油、天然气排放量加总	省域

已有研究	投入指标	产出指标	研究尺度
王汉祥（2017）	地区各级自然保护区总面积、地区各级文化文保单位数量、地区旅游间接就业总人口、地区旅游业能源消耗总量	地区旅游业总收入、地区旅游接待总人次、地区二氧化硫、污水等排放总量	城市

旅游产业绿色化效率的基本思想是以最少的资源投入和最少的环境代价（损失）获得最大的经济价值，数据投入从传统的资本、劳动力考量，选取旅游企业固定资产数和旅游业从业人员数作为资源投入指标，环境污染指标选取废水排放量、固体废弃物排放量及废气排放量。目前，统计数据中没有单独核算旅游产业废水排放总量、旅游产业固体废弃物排放量和旅游产业废气排放总量的指标，因此，本书借鉴刘佳、陆菊（2016）采用旅游总收入占国民生产总值的比值进行换算，计算公式如下：

旅游产业废水排放总量＝废水排放总量×（旅游总收入/国民生产总值）

旅游产业固体废弃物排放总量＝固体废弃物排放总量×（旅游总收入/国民生产总值）

旅游废气排放总量＝废气排放总量×（旅游总收入/国民生产总值）

选择产出变量的时候，要把旅游总效益当作衡量旅游产业绿色产出变量的标准，旅游收益总量是衡量旅游产业在相关因素下投入产出的经济收益的关键指标，整体上可以表现出旅游产业绿色发展的效率高低，本书对旅游总收益的计算公式如下：

旅游总收益＝国内旅游收入＋入境旅游收入

在兼顾样本数据的可得性、可比性及科学性的基础上，本书构建了旅游产业生态效率评价的指标体系（见表 4 - 3）。

二　数据来源

本书的研究目标包含了中国除台湾省、香港和澳门特别行政区以外的全部区域，共有 31 个省、直辖市、自治区（以下全部称为 31 个地区）。选取了 2001—2015 年 15 年的年度面板数据。指标资料都源于政府统计机构面向社会发表的数据，具有权威性，来自 2002—2016 年《中国统计年鉴》、《中国旅游统计年鉴》、《中国城市统计年鉴》、《中国环境统计年鉴》、《中国环境统计公报》、《中国能源统计年鉴》、中华人民共和国国民经济和社会发展统计公报以及研究所需的 31 个省市相关年份的统计年鉴、国民经济和社会发展统计公报。因此，研究数据具有较强的客观性和真实性。

表 4 - 3　　　旅游产业绿色化评价投入产出指标设置及说明

		指标类别	指标构成
投入指标	旅游产业消耗	旅游产业从业人员	旅游业从业人员数
		旅游企业固定资产	旅游企业固定资产
	旅游产业环境污染	旅游产业废水排放总量	旅游产业废水排放总量 = 废水排放总量 × （旅游总收入/国民生产总值）
		旅游产业固体废弃物排放总量	旅游产业固体废弃物排放总量 = 固体废弃物总量 × （旅游总收入/国民生产总值）
		旅游产业废气排放总量	旅游产业废气排放总量 = 废气排放总量 × （旅游总收入/国民生产总值）
产出指标	旅游产业经济总量	旅游产业经济总量	旅游总收入 = 国内旅游收入 + 入境旅游收入

第三节　旅游产业绿色化效率测度

一　旅游产业绿色化综合效率

为了保证旅游产业绿色化效率测定的准确性，本书在指标体系设计时遵循投入导向的规模报酬可变 DEA 模型，采用 DEA2.1 软件计算得出，取全国 31 个省域旅游产业绿色化综合效率 2001—2015 年 15 年的平均值（见表 4 -4）。为了对中国各地的旅游产业绿色化水平做出更全面的分析，将全国分为东部、中部和西部三大经济区域，其中东部省份分别是北京、天津、河北、辽宁、上海、江苏、浙江、福建、山东、广东和海南 11 个省（市），中部省份分别是山西、吉林、黑龙江、安徽、江西、河南、湖北和湖南 8 个省份，西部省份分别有内蒙古、广西、重庆、四川、贵州、云南、西藏、陕西、甘肃、青海、宁夏和新疆 12 个省（市）、自治区。

表 4 - 4   2001—2015 年各省（市、区）旅游产业绿色化综合效率平均值

地区	平均值	排序	地区	平均值	排序
天津	1	1	江西	0.70	15
西藏	1	1	山东	0.70	15
北京	0.97	2	云南	0.69	16
浙江	0.97	3	四川	0.68	17
上海	0.96	4	辽宁	0.68	18
广东	0.96	4	湖北	0.67	19
江苏	0.91	5	安徽	0.66	20
海南	0.88	6	吉林	0.64	21
福建	0.87	7	陕西	0.64	22
贵州	0.86	8	山西	0.60	23
河南	0.80	9	青海	0.47	24
湖南	0.78	10	广西	0.46	25
内蒙古	0.74	11	河北	0.42	26
新疆	0.73	12	甘肃	0.40	27
黑龙江	0.71	13	宁夏	0.23	28
重庆	0.71	14			

从表 4 - 4 可以看出，中国各省域旅游产业绿色化综合效率水平地区差异显著，东部、中部、西部三大区域分布极不平衡，呈现出东高西低逐步减弱的格局。中国旅游产业绿色化综合效率平均水平为 0.73，东部各省平均值最高，为 0.85，高于全国平均水平；中部、西部分别为 0.70、0.63，低于全国平均水平。东部大部分省份旅游产业绿色化

综合效率值较高，西部则普遍偏低，省份之间旅游产业绿色化综合效率差距显著，数值最高的天津、西藏旅游产业绿色化综合效率平均值为1，最低的宁夏旅游产业绿色化综合效率值仅为 0.23。

　　中国各地 2001—2015 年旅游产业绿色化综合效率时序趋势情况如图 4 - 1 所示。通过计算得出东、中、西部旅游产业绿色化综合效率如图 4 - 2 所示。

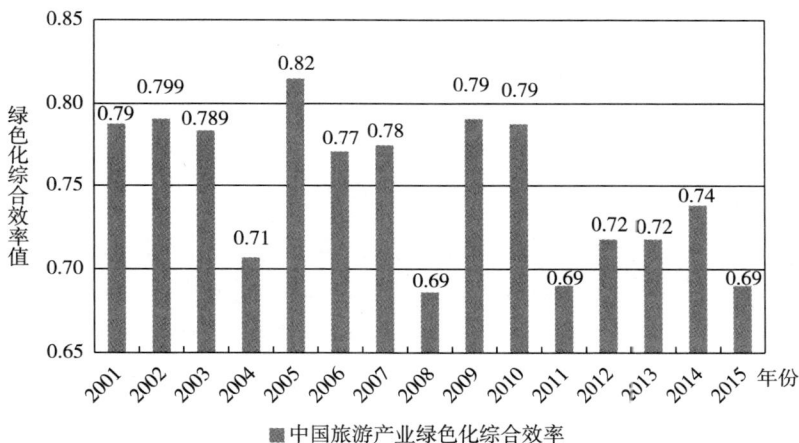

图 4 - 1　2001—2015 年中国旅游产业绿色化综合效率

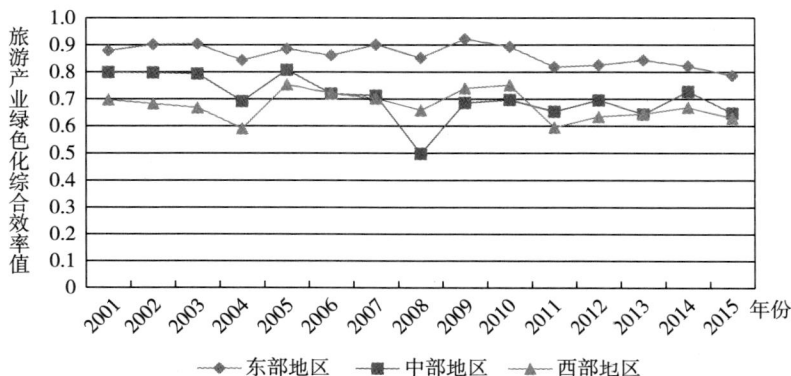

图 4 - 2　2001—2015 年东、中、西部地区旅游产业绿色化综合效率

图 4-1 可以看出，中国旅游产业绿色化综合效率均值从 2001—2015 年在 0.65 和 0.85 的区间波动，高低起伏、总体上有所降低。中国旅游业绿色化综合效率的随时序变化主要呈现波动性。从 2001 年的 0.79 下降到 2015 年的 0.69。说明近年来中国旅游产业绿色化水平综合效率有所下降。但是绿色化水平高低差别不大。绿色化水平最高的是 2005 年，绿色化综合效率值是 0.82。2008 年是中国旅游业绿色化水平最低的一年，绿色化综合效率值为 0.69。其间，中国旅游产业绿色效率呈现起伏波动状态，体现在图表中呈现出"升降升降"的变化。这反映出中国旅游产业规模的扩大仅仅表现在量的变化，对于质的变化，尤其是深层次绿色化发展水平并没有得到相应的提高，从另一个角度讲，中国旅游产业绿色化效率的提升还有很大的提升空间和发展潜力。

另外，每个变化区间拐点年份发生的国内外重大事件、国家旅游业发展战略调整以及国际旅游业发展趋势等都可能影响到中国旅游产业的投入和产出，进而影响旅游产业绿色化程度和水平，如 2003 年的"非典"事件对中国旅游产业造成一定的损失，旅游产业绿色化水平在 2004 年呈现了下降的趋势。2006 年颁布的旅游"十一五"规划纲要提出，要将中国旅游产业发展成国民经济的重要产业，极大地推动了旅游产业的发展；2008 年汶川地震、北京奥运会以及国际金融危机导致的公民出行限制和人民消费水平降低等不利于旅游产业发展的因素出现，对旅游产业绿色化综合效率变化的影响较大。

2001—2015 年 15 年间，东部、中部和西部旅游产业绿色化综合效率总体在波动中下降，从国家整体情况看来，中国各地旅游业的绿色化效率各地区间的差距正在逐渐减少，这也体现了中国旅游产业绿色化发展逐渐打破历来"东强西弱、南强北弱"的整体格局，区域均衡化的局面逐步形成，整体看来是东部＞中部＞西部的局势（见图 4-2）。东部的旅游产业绿色化综合效率值由 2001 年的 0.88 下降到 2015 年的 0.79，中部地区旅游产业绿色化综合效率值由 2001 年的 0.80 下降到 2015 年的 0.65，西部地区旅游产业绿色化综合效率值由 2001 年的 0.70 下降到 2015 年的 0.63。从三大地区的下降趋势看，中部地区表现得最为明显，下降幅度最大。中国中部地区旅游产业发展一度在东部大开放和西部大开发的"夹缝"中，处于"塌陷"境地。旅游产业业论发展程度方面，中部比不上东部，论发展速度，中部比不上西部，在这样的旅游产业发展背景下，中部地区旅游产业绿色化综合效率下降也有了合理解释。

从全国旅游产业绿色化综合效率均值看，只有东部地区高于全国旅游产业绿色效率均值。东部地区旅游产业发展基础扎实，凭借地理位置、经济基础等方面优势，加之改革开放以来，国家始终坚持鼓励东部优先发展并带动中西部地区发展的战略，东部地区依托内外部优势条件在旅游领域聚集了更多的要素资源，所以旅游产业发展居于全国领先地位。在旅游产业收入方面，东部地区收入约占全国旅游收入的八成，入境旅游、国内旅游和出境旅游三大市场持续领先中部和西部地区，在区域合作、管理体制、旅游从业人员素质、技术创新、企业支撑、环境治理投资等方面优于中、西部地区，东部地区长期以来的旅游产业发展优势转化为相对平稳的绿色化发展优势。东部地区通过持续地扩张规模提高旅游产出，但是持续的无序开发、产业定位不合理以及环境污染等问题使旅游环境压力问题也日益突出，所以体现在绿色化效率方面，东部地区整体呈现出略微下降的趋势。

中部地区自然和人文旅游资源比较丰富，在"中部崛起"战略支持下，中部地区旅游产业获得了飞速发展。2005 年之前旅游产业绿色化发展平均水平越来越接近全国平均水平，但是 2005 年以后中部地区旅游产业绿色化综合效率呈现曲折下降的趋势。受旅游交通基础设施的制约，旅游企业"小、弱、散、差"，资源缺乏整合，旅游产业投资力度不够，导致旅游产业绿色化综合效率偏低。

2005 年之前，西部地区旅游产业绿色化综合效率与东中部相比有较大差距，2005 年以后差距逐渐缩小，甚至有些年份数据逐渐超越中部，主要是由于西部大开发给西部的经济带来的发展，一些基础设施得以完善，加之西部丰富的少数民族文化、特色鲜明的民族建筑、与众不同的民族风俗；依靠数量丰富、类型众多、品位高、垄断性强、个性化成分鲜明的生态旅游资源，西部旅游产业绿色化取得了较大进步，但是与东中部相比，西部经济发展相对滞后，西部生态总体而言存在河流流量锐减、土地沙漠化、草原退化、植被覆盖率不断下降的问题，西部地区人口承载能力低，区域生产能力不平衡，环境缓冲能力有限，生态旅游业的高速发展在给西部带来新的经济增长的同时，也给原本脆弱的自然生态环境造成了进一步的损害。目前，旅游产业的发展更多的是资源依赖性的粗放式发展，所以西部旅游产业绿色化综合效率均值最低。另外西部地区在生态资源产权界定、流转、收益方面仍然存在产权归属不明晰、产权保护不严格、生产经营自主权落实不到位等问题，极大地影响了社会资本参与生态旅游开发的积极性。

中西部某些还在发展中的地区旅游经济的提高更多依靠使用"高投入、高排放和低利用"这一种粗放型的模式来满足发展需要。而这种经济提升模式明显对旅游业的绿色化综合效率存在不利影响。在2001—2007年以及2009—2015年西部旅游效率低于中部，在2008—2010年之后变成了中部低于西部。不过近几年来，东中西部三地区旅游效率间的差距正在减少，特别是中西部差异越来越小。

东部地区虽然旅游产业绿色化综合效率数值高于中西部，但是东部地区旅游产业绿色化综合效率发展情况依然存在区域发展不平衡的问题。从2001—2015年的旅游产业绿色化综合效率值来看，各省之间旅游产业绿色化效率差异较大，总体而言，天津、北京、上海、浙江、江苏、广东旅游产业绿色化水平较高，旅游产业绿色化综合效率均值都超过0.90，这几个省份发展已经进入"高投入、高产出"阶段。其中天津旅游产业绿色化综合效率最高，平均值为1。海南、福建、山东、辽宁、河北旅游产业绿色化发展仍比较落后，福建及海南地区旅游业绿色化的综合效率值在0.80左右。山东、辽宁旅游产业绿色化综合效率均值在0.60左右。河北省旅游产业绿色化综合效率最低，仅为0.42，而且在15年间，河北省旅游产业绿色化综合效率下降幅度最大，从2001年的0.76下降到2015年的0.44，下降了43%。辽宁省旅游产业绿色化效率波动幅度最大，从2001年的0.52上升到2014年的最高值0.91，2015年又下降到0.53（见图4-3）。

中部各省份旅游产业绿色化综合效率差距较小，最高的是湖南省，旅游产业绿色化综合效率均值为0.80，最低的是山西省均值为0.60。相

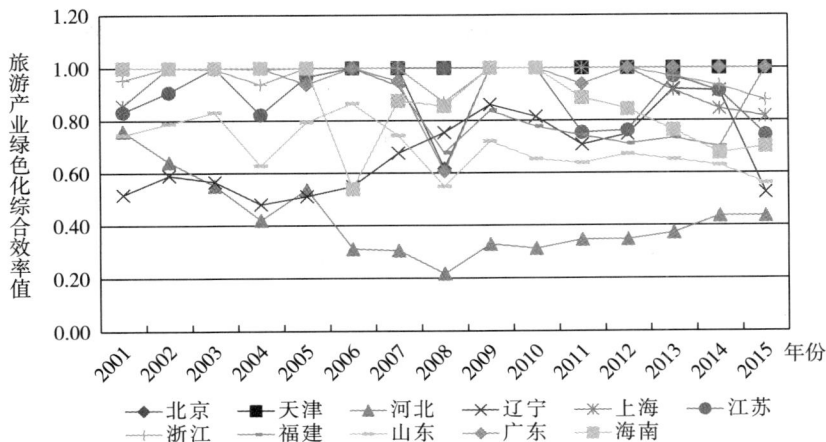

图 4-3 2001—2015 年东部各省份旅游产业绿色化综合效率变化特征

对而言，河南省、湖南省旅游产业绿色化综合效率波动幅度较大，河南省旅游产业绿色化综合效率最高值为 2001 年的 1，下降到 2015 年的 0.63，湖南最高值为 2001 年的 1.00，下降到 2008 年的 0.40，下降幅度为 60%（见图 4-4）。

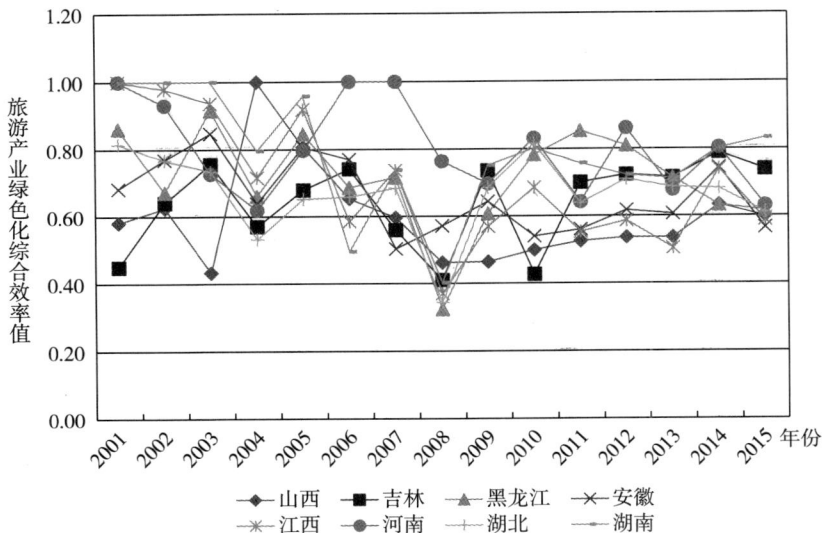

图 4-4 2001—2015 年中部各省份旅游产业绿色化综合效率变化特征

西部省份旅游产业绿色化效率不但总体水平偏低，而且西部各个省域间差异趋势明显高于东部和西部；西藏旅游产业绿色化综合效率最高，均值为1，西藏生态旅游资源丰富，旅游人数相对较少，对生态环境破坏最小。出现这种情况最主要得益于在资源有限开发前提下，资源充分的利用，形成"低投入、高产出"类型的模式。宁夏旅游产业绿色化综合效率最低，均值为0.23。产业意识薄弱，资源开发投入不足，加之产品单一等因素造成了宁夏旅游产业绿色化程度最低。青海、广西、甘肃旅游产业绿色化综合效率也相对较低，均值分别为0.40、0.46和0.47。甘肃省旅游产业绿色化综合效率的波动幅度在所有西部省份中最大，最高在2005年达到1，而2008年最低值是0.16。这些省份由于基础设施的缺乏，需要投入大量资金建设旅游基础设施，导致出现"高投入、低产出"的状态，所以分值表现较低（见图4-5）。

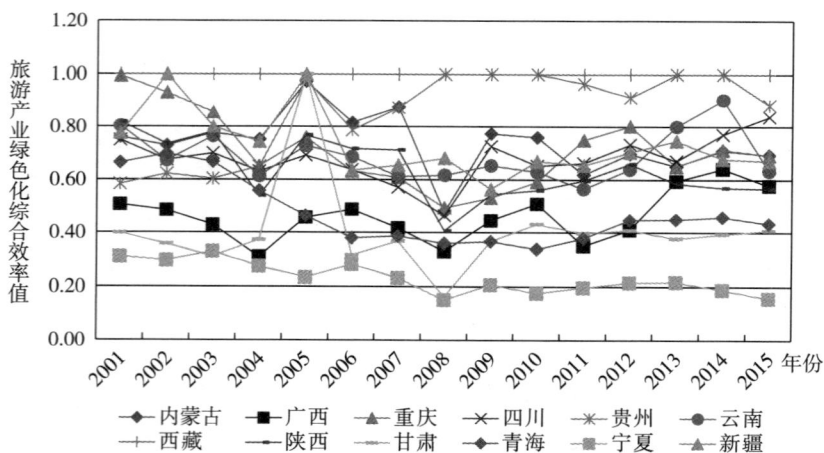

图4-5 2001—2015年西部各省份旅游产业绿色化综合效率变化特征

二 旅游产业绿色化技术效率

对中国2001—2015年31个省份的各旅游产业绿色化技术效率进行分解，得到了31个省份的技术效率。从各省旅游产业绿色化技术效率平均值可以看出（见表4-5），旅游产业绿色化技术效率地区差异相对较小。全国旅游产业绿色化技术效率平均值为0.82，东部、中部、西部旅游产业绿色化技术效率平均值分别为 0.80、0.81、0.76。绿色化技术效率平均值为 1 的省市有北京、天津、广东、海南、西藏、福建、青海，绿色化技术效率最低的省份是甘肃省，仅为 0.49。

表 4 - 5　　2001—2015 年各省（市、区）旅游产业绿色化技术效率平均值

地区	平均值	排序	地区	平均值	排序
北京	1	1	新疆	0.78	11
天津	1	1	内蒙古	0.76	12
广东	1	1	湖北	0.75	13
海南	1	1	山东	0.75	13
福建	1	1	黑龙江	0.74	14
西藏	1	1	云南	0.72	15
青海	1	1	陕西	0.72	15
湖南	0.95	2	安徽	0.64	16
浙江	0.94	3	吉林	0.63	17
上海	0.91	4	河北	0.62	18
江苏	0.89	5	宁夏	0.62	18
重庆	0.86	6	山西	0.61	19
四川	0.84	7	广西	0.56	20
河南	0.82	8	辽宁	0.55	21
江西	0.80	9	甘肃	0.49	22
贵州	0.78	10			

从图 4 - 6 可以看出，旅游产业绿色化技术效率波动起伏中略有下降，从 2001 年的 0.85 下降到 2015 年的 0.77。2005 年中国旅游产业绿色化技术效率值达到最高 0.78，2008 年旅游产业绿色化技术效率显著下降，仅为 0.70，后期出现起伏波动，但变化相对平缓。旅游产业技术效率数值偏低说明现存的旅游产业结构并没有使旅游产业经济效益、社会效益和生态效益发挥最大化。在旅游产业发展的不同阶段单纯注重规模速度的粗放增长，对旅游产业绿色化技术效率产生了不同的影响。

由此可见，中国旅游产业技术能力的运用具有一定的不稳定性，旅游产业虽然不属于技术含量高的行业类型，但以旅游电子商务、智慧旅游、个性化产品创新为代表的新兴技术越来越多地和旅游产业进行耦合，推动旅游产业的变革。

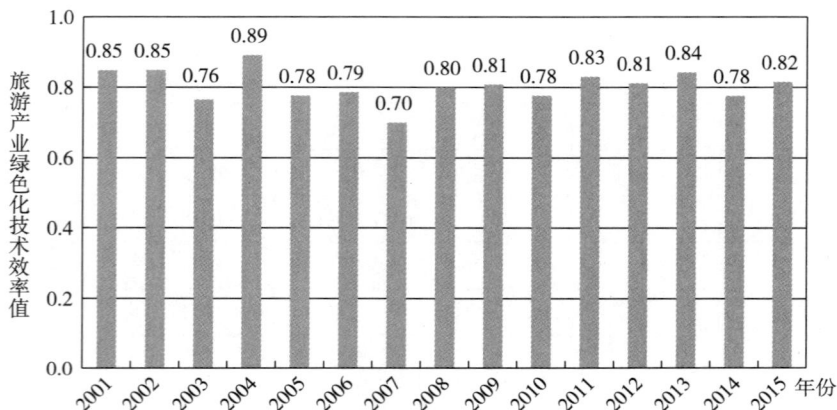

图 4－6　2001—2015 年中国旅游产业绿色化技术效率

2001—2015 年 15 年间东部、中部和西部旅游产业绿色化技术效率和综合效率变化趋势走势类似，总体上表现为东部大于中部，中部大于西部的格局。东部旅游产业绿色化技术效率从 2001 年的 0.91 下降到 2015 年的 0.85，中部从 2001 年的 0.81 下降到 2015 年的 0.68，西部从 2001 年的 0.77 下降到 2015 年的 0.75。东部、中部和西部变化趋势基本相同，说明东中西部技术利用能力差距较小。旅游产业目前的发展得益于技术创新，旅游产业明天的飞跃同样需要技术创新，而随着旅游产业规模的扩大，技术创新也为旅游产业绿色化发展提供了动力。未来将实现旅游业可持续和绿色化发展，积极应用科技，创新推动发展。旅游业是服务性行业，其产品多是无形性产品，所以人们有时候会忽略旅游业在技术上的革新。因此，即便东中西部的旅游业在绿色化综合效率上有所区别，但是对技术创新的态度和应用差距不大（见图 4－7）。

东部的北京、天津旅游产业绿色化技术效率最高，均值都为 1，作为首都经济圈的两个重要战略城市，北京、天津经济发达，有更多的资金投入技术创新，通过推动研究开发、技术转移、创业孵化、科技金融、设计服务、科技文化融合等服务业发展，创造了一系列高科技的精品，大大推动了旅游产业的绿色化发展。

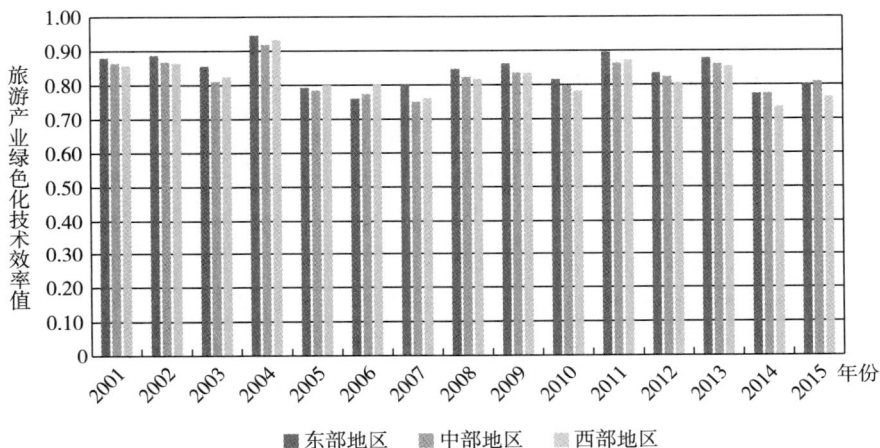

图 4 - 7　2001—2015 年东、中、西部地区旅游产业绿色化技术效率

河北省旅游产业绿色化技术效率均值最低，仅为 0.43。河北省旅游产业发展相对滞后，2015 年在全国旅游总收入中排名 19，位列中下游，对技术方式的改革，创新的投入也就相对较少。辽宁省均值也仅为0.75，旅游绿色技术发展水平偏低，说明现有技术水平的发挥程度尚有很大提升空间。其他省份均值都在 0.80 和 0.90 左右，说明多数省份已经能够较好地运用绿色技术，并把旅游产业绿色化技术效率维持在一个较好的状态（见图 4 - 8）。

中部地区河南省旅游产业绿色技术效率最高，均值为 0.91；最低的是山西省，均值为 0.61；中部省份旅游产业绿色化技术效率差距相对东部较小，大部分省份集中在 0.65—0.79。各个省份 2008 年旅游产业绿色化技术效率出现显著下降，2008 年是中国旅游业发展曲折的一年，从"黄金周"方案的调整，到年初的南方雪灾，随后汶川大地震的"大悲"以及年末的国际金融危机，对旅游产业造成极大冲击，产业规模也在一定程度上缩水，技术研发投入和技术创新也就更少，所以这一年中国旅游产业绿色化技术效率数值出现大幅度波动（见图 4 - 9）。

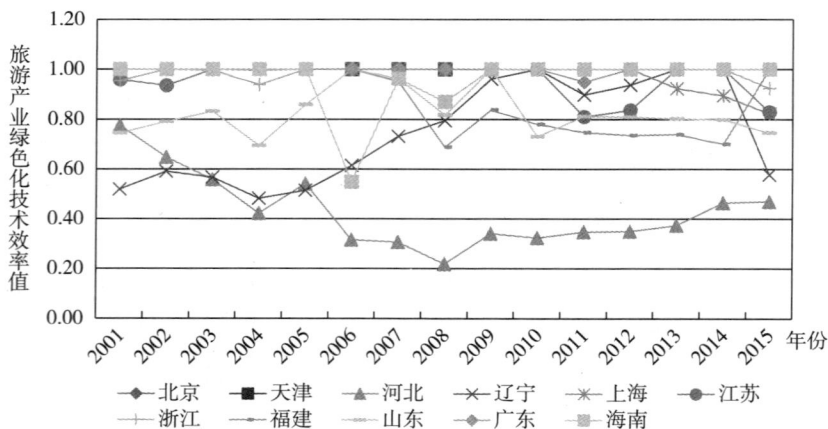

图 4 - 8　2001—2015 年东部各省市旅游产业绿色化技术效率变化特征

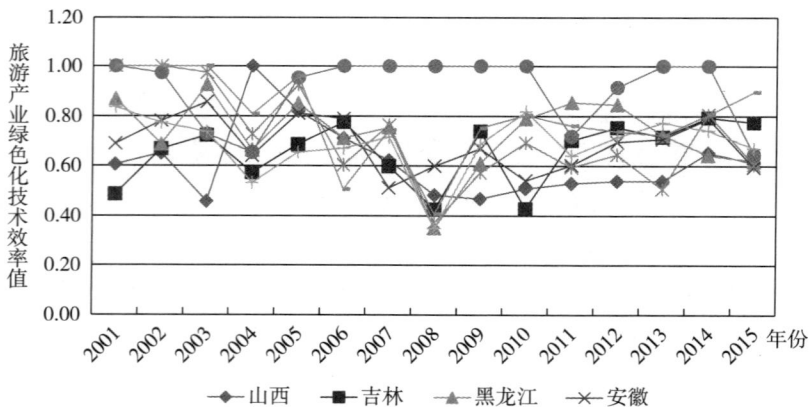

图 4 - 9　2001—2015 年中部各省市旅游产业绿色化技术效率变化特征

西部各省份之间旅游产业绿色化技术效率差距非常大，西藏自治区旅游产业绿色化技术效率最高为 1，广西和甘肃两省旅游产业技术效率值在所有西部省份中较低，分别为 0.48 和 0.50，说明其旅游生产的技术利用能力相对较差，西部大部分省份处于旅游产业发展的初级阶段，无论是旅游产业绿色化技术的使用还是技术应用的意识都还处于初级阶段,所以体现为旅游产业技术效率分值较低(见图4-10)。

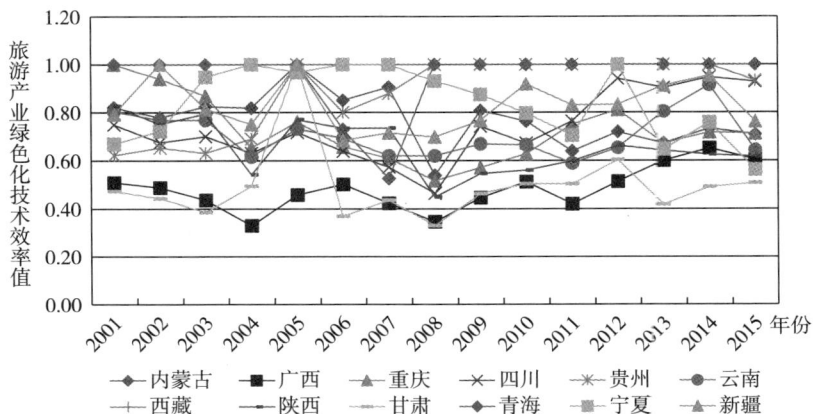

图4-10 2001—2015年西部各省市旅游产业绿色化技术效率变化特征

三 旅游产业绿色化规模效率

从各省旅游产业绿色化规模效率平均值可以看出(见表4-6),旅游产业绿色化规模效率地区差异相对较小。全国旅游产业绿色化规模效率平均值为0.96,东部、中部、西部旅游产业绿色化规模效率平均值分别为0.95、0.97、0.87。绿色化规模效率平均值为1的省市有北京、天津、广东、海南、西藏,绿色化技术效率最低的省份是宁夏回族自治区,仅为0.37。

表4-6 2001—2015年各省(市、区)旅游产业绿色化规模效率平均值

地区	平均值	排序	地区	平均值	排序
北京	1	1	山西	0.96	12
天津	1	1	河北	0.96	12
广东	1	1	内蒙古	0.95	13
福建	1	1	辽宁	0.95	14
海南	1	1	四川	0 95	15
西藏	1	1	湖北	0.95	16

地区	平均值	排序	地区	平均值	排序
黑龙江	0.99	2	贵州	0.94	17
云南	0.99	2	吉林	0.94	18
河南	0.99	3	新疆	0.93	19
江西	0.98	4	上海	0.92	20
重庆	0.98	5	江苏	0.88	21
浙江	0.98	6	山东	0.88	22
广西	0.98	6	甘肃	0.82	24
安徽	0.97	7	青海	0.55	25
山西	0.97	8	宁夏	0.37	26
湖南	0.96	9			

从图 4 – 11 中可以看出，旅游产业绿色化规模效率出现小幅度的下降，均值从 0.99 下降到 0.94，说明中国在资源利用方面一直没有达到最优状态。

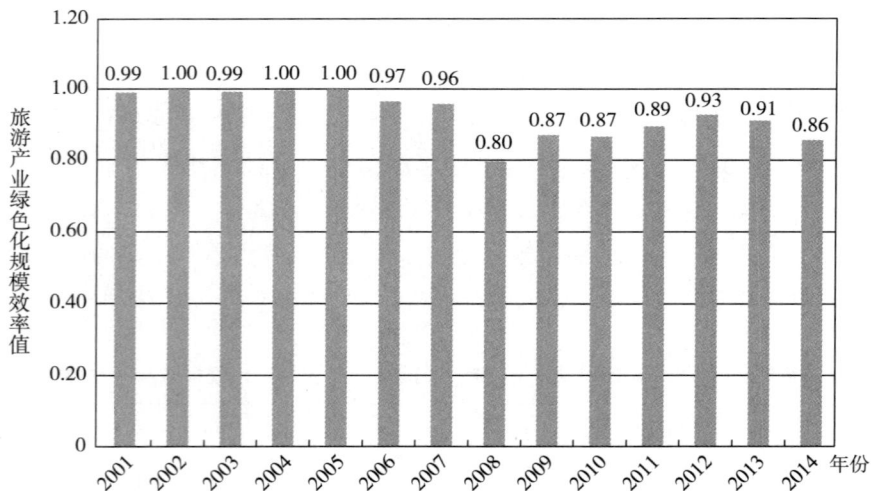

图 4 – 11　2001—2014 年中国旅游产业绿色化规模效率

三大地带旅游产业绿色化规模效率表现出与综合效率、技术效率不同的变化特征，东部、中部和西部旅游产业绿色化规模效率的差距相对较小，总体上三大地带旅游业绿色化规模效率波动中略有下降，东部中部旅游产业绿色化规模效率大于西部，而东部和中部地区旅游产业绿色化规模效率差距非常小，东部地区旅游产业绿色化规模效率由 2001 年的 0.97 下降到 2015 年的 0.92，中部地区旅游产业绿色化规模效率由 2001 年的 0.98 下降到 2015 年的 0.96，西部地区旅游产业绿色化规模效率由 2001 年的 0.90 下降到 2015 年的 0.84。总体上，西部地区旅游产业绿色化规模效率下降幅度最大。很可能是因为中国区域经济发展一直以来不对称造成的。东部地区的经济水平高，所以在旅游业自然投入更多的资源；而毗邻东部的中部地区依托东部的地域优势，自然资源和人文资源丰富，社会经济比较发达，在发展旅游业方面有独特的先天优势，对于"中部崛起"也起到关键的效用，因此中部旅游业的规模这几年一直不断壮大。所以其旅游产业绿色化规模效率和东部地区差距较小，有些年份数据甚至超越东部地区。西部地区有神秘多样的旅游资源，颇具当地少数民族特色，文化底蕴浓厚。大量自然及人文旅游资源共同构成了丰富多样、基础强大的西部旅游资源，不足的是其空间布局不够平衡导致西部地区旅游产业的收益水平整体不高，和东部地区存在一定差距，仍存在内部发展失衡、地区之间协作力低等问题。而且，西部地区旅游产业的基础硬件设备、配套服务、人才水平等与东部均有较大差距，导致西部地区旅游产业规模效率较低（见图 4 - 12）。

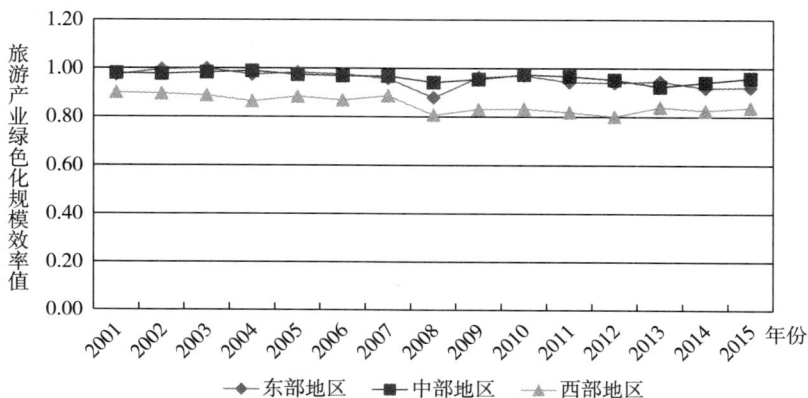

图 4 - 12　2001—2015 年中国旅游产业绿色化规模效率变化特征

　　东部各省之间旅游产业绿色化规模效率差距较小，旅游产业绿色化规模效率最高的是天津市，均值为 1，最低的是山东省，均值为 0.85，其余省份都在 0.90—1。东部旅游产业发展所必需的条件优越，星级饭店数量、A 级旅游景区数量、旅行社数量规模优势突出，所以旅游产业绿色化规模效率数值普遍较高（见图 4 - 13）。

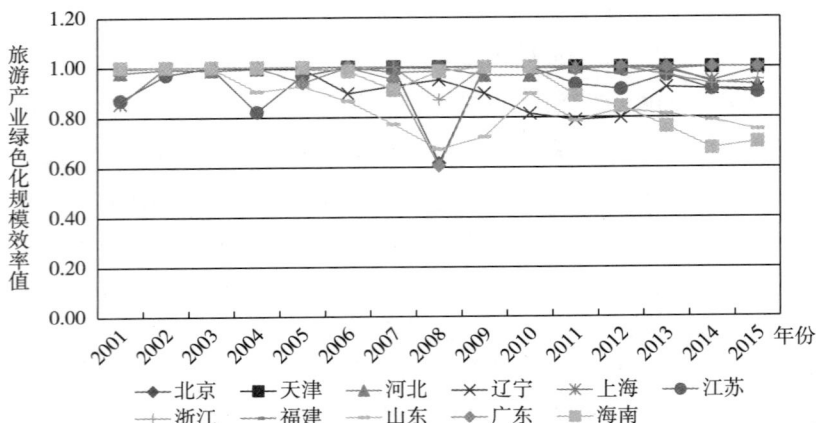

图 4 - 13　2001—2015 年东部各省份旅游产业绿色化规模效率变化特征

　　中部各省旅游产业绿色化规模效率湖南省均值最高为 0.99，河南省最低，为 0.89，其他省份都在 0.97—0.98，大多数省份规模效率处于中上等水平。中部省份旅游业发展处于上升期，规模效率递增（见图 4 - 14）。

　　西部各省份旅游产业绿色化规模效率差距较大，最高的西藏自治区，均值为 1，最低的是宁夏回族自治区，均值仅为 0.28，说明该省份资源利用状况较差，规模不经济现象非常突出。青海省的旅游产业绿色化规模效率也较低，为 0.50，而且波动幅度较大，2007 年达到峰值 0.73，最低值在 2013 年达到 0.34，说明青海在资源利用上一直没有达到最优状态，其在旅游生产过程中的资源投入与最佳前沿水平之间有较大的差异和提升空间。西部各省份需要解决产品质量、市场结构、资源开发等问题，努力缩小与东部和中部地区的规模效率差距。

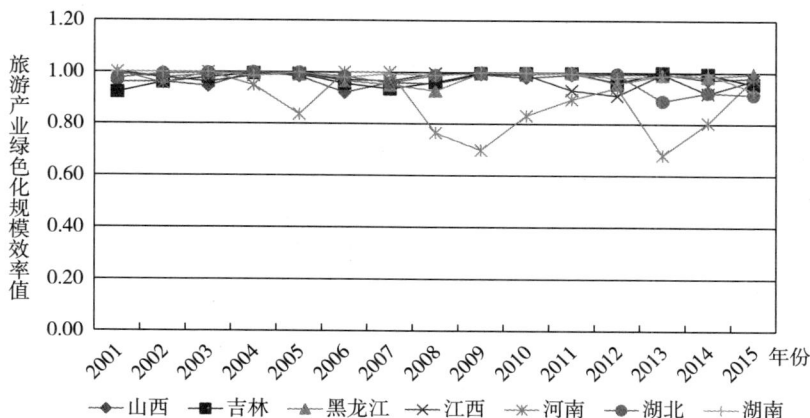

图 4 – 14　2001—2015 年中部各省份旅游产业绿色化规模效率变化特征

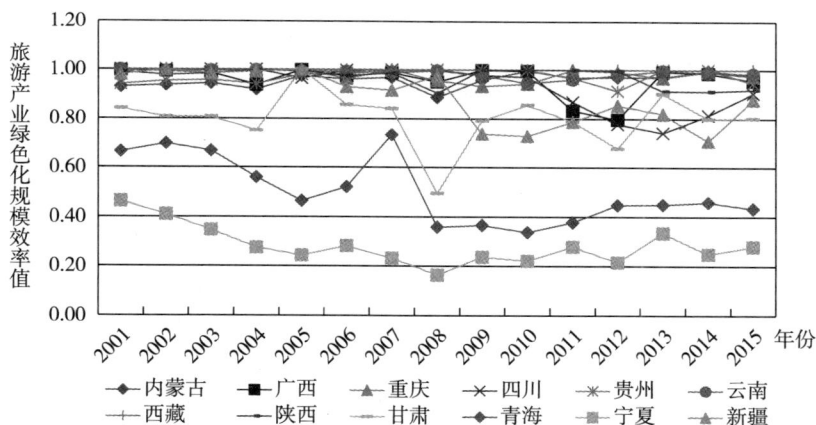

图 4 – 15　2001—2015 年西部各省份旅游产业绿色化规模效率变化特征

四　旅游产业绿色化全要素效率

旅游产业绿色化生产过程的全部生产要素包括产业消耗性要素资本、劳动力与土地和旅游产业环境污染，当这些要素的投入量均不变时，需要注意的是，全要素生产率非常重要，具体表现在生产量仍能增加的部分，除去了所有有形生产要素的影响。纯技术的进步主要包括组织创新、技术专业化、生产创新和知识教育方面的革新等。其中利用了一个数据来进行分析，即利用 DEAP 软件测算得出的 Malmquist 指数即为全要素生产率指数，这个数据需要另外两个数据推得，首先需要分析得出技术进步指数以及技术效率变动指数，然后将这两个数据相乘。其中技术效率变动指数代表的是其变化的程度大小，当这个数据比 1 大的时候就代表了技术效率处于上升的状态。技术进步指数指的是，使用了一种新的技术或者是一种新的发明创造以后带来的经济效率提升。这个数据的标准也是 1，如果数据小于 1，那么表示技术衰退。

以 2001—2015 年旅游投入、产出指标的面板数据为资料，对中国 31 个省市的序列数据进行 Malmquist 生产力指数测度评价，得到中国旅游产业绿色化全要素生产力指数及其分解的计算结果，结果如表 4 – 7 所示。

表 4 – 7　2001—2015 年中国旅游绿色化效率分年 TFP 指数及其分解

年份	技术效率变化（TEC）	技术进步变化（TEch）	纯技术效率变化（PTEch）	规模效率变化（SEch）	全要素生产率变化（TFPch）
2001—2002	1.01	1.08	1	1	1.09
2002—2003	0.98	1.03	0.99	1	1.01
2003—2004	0.89	1.29	0.92	0.98	1.15
2004—2005	1.17	0.96	1.16	1	1.12
2005—2006	0.87	1.09	0.87	1	0.94
2006—2007	1	1.15	1	1	1.16
2007—2008	0.76	1.56	0.84	0.90	1.19
2008—2009	1.29	0.82	1.21	1.07	1.06
2009—2010	1	1.08	1	1.01	1.08
2010—2011	1.02	1.16	1.01	1.01	1.19
2011—2012	1	1.24	1.03	0.97	1.23
2012—2013	0.95	1.15	0.95	1	1.09
2013—2014	1.04	1.06	1.06	0.98	1.10
2014—2015	0.93	1.24	0.91	1.02	1.16
平均值	0.99	1.14	1	0.99	1.11

就全要素生产率变化指数而言，2001—2015 年 15 年间平均值为
1.11，增长幅度仅为 11%，表明中国旅游产业绿色化整体运行效率呈
现缓慢上升的趋势，且年际之间呈现波动状态。2002—2005 年表现为
波动上升，2005—2006 年下降至 0.94，2006—2008 年则呈现波动上
升，2008—2012 年又呈现上升趋势，2012—2015 年上升，说明自 2001
年以来，中国旅游产业绿色化全要素生产效率并未得到明显改善，仍处
于较低水平。这种不稳定的特征也说明旅游产业的脆弱性和敏感性。

就技术效率变化指数而言，2001—2015 年均值为 0.09，降幅为
7%，低于全要素生产率指数均值，说明旅游产业绿色化技术效率数据
呈现下降趋势，主要原因是规模效率除 2001—2002 年、2004—2005
年、2008—2011 年、2014—2015 年呈现为正值，其余年份增长均为负
值，处于规模效率递减阶段。

技术效率变化于 2002—2003 年、2003—2004 年、2005—2006 年、
2007—2008 年、2011—2012 年、2012—2013 年、2014—2015 年都低于
1，说明技术效率在这些年份处于无效率状态，而技术效率的变动主要
是由纯技术效率的变动引起的，纯技术效率波动幅度较大，规模效率方
面波动较小，说明中国旅游产业绿色化更多的是靠规模效率获得，技术
创新起到的作用并不大，中国旅游产业绿色化发展仍然存在很多障碍。

技术进步和技术效率的高低是影响旅游产业绿色化全要素生产力高
低的主要原因。从技术进步情况看，2001—2015 年均值为 1.14，增幅
为 11.30%，略高于全要素生产率指数与技术效率指数，说明中国旅游
产业绿色化全要素生产率在一定程度上受技术进步变化的影响较大。实
际上，科技在旅游产业绿色化发展中的作用日渐显现，在重视发展高
效、低碳、智能化的旅游产业的同时，各旅游地区都在将科技与旅游产
业绿色发展相融合，如智慧旅游、旅游电商的开展、"旅游 + 理念"的
应用等。

对中国 31 个省市的旅游产业绿色化全要素生产率计算结果显示
（见表 4-8），除宁夏外，各地区全要素生产率增长率都大于零，通过
数据分析可以发现，在这些省份中，各种绿色化要素的利用占比每年都
在上升，其中提高得比较快的省份有 4 个，分别是甘肃、山西、福建以
及浙江。从数据上看，这四个省份的增长率一直都保持在 20%。如果

单从这 4 个省份进行分析的话就可以发现，其中提高得最快的是浙江省，浙江省在过去 15 年的时间里，利用效率情况数据每年平均都能够提高 34.60%。除此之外，大多数的省份也都能够将增长率保持在 10%以上。其中包括内蒙古、云南以及西藏等。剩余其他几个省份增长率不足 10%。宁夏回族自治区全要素生产率指数小于 1，为 0.99，即其生产率 15 年间以年均 1.30% 的速度下降，说明宁夏回族自治区旅游产业绿色化生产率在考察期间被纵向观测时，总体上呈现趋势是下降的，且生产率的下降是由技术效率低所导致。

表 4-8　　　　　　　　各省份 Malmquist 指数计算结果

省份	技术效率变化（TEC）	技术进步变化（TEch）	纯技术效率变化（PTEch）	规模效率变化（SEch）	全要素生产率变化（TFPch）
北京	1.02	1.20	1	1.02	1.18
天津	1	1.17	1	1	1.17
河北	0.99	1.13	0.99	0.10	1.09
山西	1.04	1.23	1.03	1	1.27
内蒙古	1.02	1.19	1.01	1.01	1.16
辽宁	1.02	1.15	1.02	1	1.12
吉林	1.08	1.13	1.08	1	1.18
黑龙江	1.02	1.18	1.02	1	1.08
上海	1	1.11	1.06	1.08	1.10
江苏	0.98	1.14	0.98	1	1.10
浙江	1.05	1.29	1.06	1	1.35
安徽	1	1.14	1.01	1	1.13
福建	1.08	1.22	1.01	1	1.27
江西	1	1.16	1.08	1.03	1.07
山东	0.97	1.12	0.99	0.98	1.08
河南	0.98	1.15	0.98	1.01	1.11
湖北	1.02	1.20	1.09	1.02	1.15
湖南	1.04	1.1	0.99	1	1.10

续表

省份	技术效率变化（TEC）	技术进步变化（TEch）	纯技术效率变化（PTEch）	规模效率变化（SEch）	全要素生产率变化（TFPch）
广东	1.02	1.11	1	1.09	1.10
广西	1.01	1.16	1.01	1.07	1.14
海南	1	1.10	1.03	0.98	1.10
重庆	0.99	1.12	0.99	1	1.09
四川	1.02	1.07	1.03	0.99	1.08
贵州	1.03	1.17	1.04	1	1.20
云南	0.98	1.15	0.98	1	1.11
西藏	1	1.12	1	1	1.12
陕西	1	1.14	1.01	0.99	1.09
甘肃	1.14	1.20	1.07	1.03	1.29
青海	0.97	1.13	1.03	0.99	1.09
宁夏	0.89	1.05	0.94	1	0.99
新疆	1	1.17	1.01	1	1.18
东部	1.01	1.16	1.01	1.01	1.15
中部	1.02	1.17	1.04	1.01	1.14
西部	1	1.14	1.01	1	1.13

从技术进步指数来看，所有省份值均高于 1，表明中国旅游产业在绿色化进步过程中技术发明创造、组织结构革新、更新管理理念和专业化等方面应用较好，技术均有所进步，也正是因此才促使了大部分省份旅游产业绿色化全要素生产率的提升。

从纯技术效率变化和规模效率变化程度上分析，23 个省份的纯技术效率变化指数大于 1，纯技术效率增长为正，其中湖北省纯技术效率年均增长 9.40%，涨幅最大。有 14 个省份的规模效率变化指数大于 1，规模效率增长为正，其中广东省的变化幅度最大，规模效率年均上升 8.90%。

第四节　小结

旅游产业绿色化评价的根本目的就是通过综合评价、横向比较和纵向比较、区域间和区域内比较等，了解旅游产业绿色化总体水平，发现区域间差距和发展趋势，明确自身优势和问题，为相关部门制定和调整政策提供理论依据。本章从经济—资源—环境复合系统的投入和产出两个方面选取评价指标，建立评价指标体系，并运用 DEA 模型和 Malmquist 模型对 2001—2015 年中国东部、中部和西部 31 个省域的旅游产业绿色化综合效率、绿色化技术效率、绿色化规模效率、绿色化全要素生产效率水平进行了评价。评价结果表明：

（1）中国旅游产业绿色化综合效率在 2001—2015 年总体上是呈下降的趋势，呈现出一种"升降升降"的变化趋势。这种情况表明，虽然中国旅游产业的规模在不断地扩大，但是这种规模的扩大并没有带动绿色化水平的升级。各省域旅游产业绿色化效率水平地区差异明显，东部、中部、西部区域数据分布不平衡，呈现出东高西低的梯队分布格局，但中国不同地区之间的旅游产业绿色化综合效率差距正在减小。

（2）中国旅游产业绿色化技术效率波动起伏中略有下降。波动幅度和下降幅度明显小于旅游产业绿色化综合效率。总体上呈现东部大于中部、中部大于西部的格局，东部、中部旅游产业绿色化规模效率大于西部，而东部和中部地区旅游产业绿色化规模效率差距非常小。

（3）中国旅游产业绿色化规模效率总体出现小幅度的下降，2008年出现明显降幅，说明金融危机对旅游产业绿色化规模效率影响严重，也体现出旅游产业脆弱性的特点。东部、中部和西部地区旅游产业绿色化规模效率表现出与综合效率、技术效率数据不同的变化特征，地区差异相对较小，东部、中部和西部地区旅游业绿色化规模效率在波动中略有下降，东部、中部旅游产业绿色化规模效率大于西部，而东部和中部地区旅游产业绿色化规模效率差距非常小。

（4）旅游产业全要素生产率方面，自 2001 年以来，中国旅游产业绿色化全要素生产效率并未得到明显改善，仍处于较低水平，15 年间增长幅度仅为 11%，表明中国旅游产业绿色化整体运行效率呈现缓慢上升的趋势，且年际之间呈现波动状态。这种不稳定的特征也说明旅游产业的脆弱性和敏感性。

第五章　全球价值链下中国旅游产业绿色化的影响因素分析

中国旅游产业绿色化的评价结果表明，旅游产业绿色化各种效率在2011—2015年表现出明显的起伏变化。要弄清楚旅游产业绿色化高低变化的原因，就需要对影响旅游产业绿色化变化的因素进行识别和实证分析。只有这样才能够对产生这种结果的本质原因进行分析，然后根据对原因的分析制定各种更加完善的制度和更加有效的措施。本章主要定性分析经济发展、环境治理等诸因素对旅游产业绿色化的影响机理，将旅游产业绿色化影响因素纳入面板数据的分析框架，通过运用面板数据模型分析旅游产业绿色化的影响因素，以揭示各种因素对旅游产业绿色化影响和作用及其大小，也为后续旅游产业升级奠定基础。

第一节　面板数据模型介绍

一　使用面板数据的优势

面板数据是时间序列数据与截面数据的集成。与截面数据（在某一时间上的一系列单位的观测）或时间序列数据（单一个体在一系列时间上观测）相比，Hsiao 和 Balti 认为，面板数据具有多方面的优势：

（1）可获得更多的样本观测数据，模型具有更高的自由度。面板数据是具有时间和空间的二维数据结构，其样本容量柜较于截面或时序数据均得到大大的扩充，因此能为模型估计提供更高的自由度，为模型设定提供更多选择的余地以及能提高估计结果的有效性。

（2）有效缓解解释变量之间共线性和观测个体之间的变异性问题（Hsiao，1986；Balti，2001）。在截面数据中往往存在异质性，即个体之间的差异明显，而描述个体动态过程的时序自回归模型中又往往存在不同程度的共线性问题，解决前者可通过加权的方式，但加权因子的选择同样也成为一个问题；解决后者可能需要依赖一些约束，诸如在分布滞后模型估计中，Almon 的多元滞后模型、Koyck 的几何分布滞后模型等。面板数据可以在很大程度上有效地减少解释变量共线性和个人之间的异质性问题，从而为模型估计减少适当的约束（Pakes 和 Griliches，1984）。

（3）面板数据综合考虑了观测个体之间的差异和个体内部的动态，揭示了研究和控制存在于变量之间的不可观测效应，或遗失变量或不可观测变量的效应（Hausman & Taylor，1981），因此提供了观测和研究更为复杂行为假设的可能性。

二 空间面板数据模型

面板数据模型主要有三种类型，一个是混合估计模型，另一个是固定效应模型，还有一个是随机效应模型。

（一）混合估计模型

如果从时间和截面看模型截距都不为零，且是一个相同的常数，以二变量模型为例，则建立如下模型：

$$y_{it} = \alpha + \beta_1 x_{it} + \varepsilon_{it} \quad (i = 1, 2, \cdots, N; \ t = 1, 2, \cdots, T)$$

α 和 β_1 不随 i，t 变化，称为混合估计模型。

（二）固定效应模型

固定效应模型分为 3 种类型，即个体固定效应模型（entity fixed effects regression model）、时点固定效应模型（time fixed effects regression model）和个体时点固定效应模型（time and entity fixed effects regression model）。

1. 个体固定效应模型

个体固定效应模型就是对于不同的个体有不同截距的模型。如果对于不同的时间序列（个体）截距是不同的，但是对于不同的横截面，模型的截距没有显著性变化，那么就应该建立个体固定效应模型，表示如下：

$$y_{it} = \beta_1 x_{it} + \gamma_1 W_1 + \gamma_2 W_2 + \cdots + \gamma_N W_N + \varepsilon_{it} \quad (t = 1, 2, \cdots, T)$$

其中

$$W_i = \begin{cases} 1, & \text{如果属于第 } i \text{ 个个体}（i = 1, 2, \cdots, N） \\ 0, & \text{其他} \end{cases}$$

ε_{it}（$i = 1, 2, \cdots, N$；$t = 1, 2, \cdots, T$）表示随机误差项。y_{it}（x_{it}，$i = 1, 2, \cdots, N$；$t = 1, 2, \cdots, T$）分别表示被解释变量和解释变量。

2. 时点固定效应模型

时点固定效应模型就是对于不同的截面（时刻点）有不同截距的模型。表示如下，

$$y_{it} = \beta_1 x_{it} + \alpha_1 + \alpha_2 D_2 + \cdots + \alpha_T D_T + \varepsilon_{it}, \quad i = 1, 2, \cdots, N$$

其中

$$D_t = \begin{cases} 1, & \text{如果属于第 } t \text{ 个截面}（t = 2, \cdots, T） \\ 0, & \text{其他（不属于第 } t \text{ 个截面）} \end{cases}$$

ε_{it}（$i = 1, 2, \cdots, N$；$t = 1, 2, \cdots, T$）表示随机误差项。y_{it}，x_{it}（$i = 1, 2, \cdots, N$；$t = 1, 2, \cdots, T$）分别表示被解释变量和解释变量。

3. 个体时点固定效应模型

个体时点固定效应模型就是对于不同的截面（时刻点）、不同的时间序列（个体）都有不同截距的模型。表示如下，

$$y_{it} = \beta_1 x_{it} + \alpha_1 + \alpha_2 D_2 + \cdots + \alpha_T D_T + \gamma_1 W_1 + \gamma_2 W_2 + \cdots + \gamma_N W_N + \varepsilon_{it},$$
$$i = 1, 2, \cdots, N, \quad t = 1, 2, \cdots, T$$

其中虚拟变量

$$D_t = \begin{cases} 1, & \text{如果属于第 } t \text{ 个截面}（t = 2, \cdots, T） \\ 0, & \text{其他} \end{cases} \quad （\text{注意不是从 1 开始}）$$

$$W_i = \begin{cases} 1, & \text{如果属于第 } i \text{ 个个体}（i = 1, 2, \cdots, N） \\ 0, & \text{其他} \end{cases} \quad （\text{注意是从 1 开始}）$$

ε_{it}（$i = 1, 2, \cdots, N$；$t = 1, 2, \cdots, T$）表示随机误差项。y_{it}，x_{it}（$i = 1, 2, \cdots, N$；$t = 1, 2, \cdots, T$）分别表示被解释变量和解释变量。

（三）随机效应模型

在固定效应模型中采用虚拟变量的原因是，解释被解释变量的信息不够完整。也可以通过对误差项的分解来描述这种信息的缺失。

$$y_{it} = \alpha + \beta_1 x_{it} + \varepsilon_{it}$$

其中误差项在时间上和截面上都是相关的，用 3 个分量表示如下。

$$\varepsilon_{it} = u_i + v_t + w_{it}$$

其中，$u_i (N(0, \sigma_u^2))$ 表示截面随机误差分量；$v_t (N(0, \sigma_v^2))$ 表示时间随机误差分量；$w_{it} (N(0, \sigma_w^2))$ 表示混合随机误差分量。同时还假定 u_i，v_t，w_{it} 之间互不相关，各自分别不存在截面自相关、时间自相关和混合自相关。上述模型称为随机效应模型。

采用面板数据计量方法及模型考察旅游产业绿色化效率的影响因素，既能充分考虑到 2001—2015 年中国旅游产业绿色化效率的时间因素，又考虑了截面因素，同时还能反映影响中国旅游产业绿色化效率因素的特征和规律。所以本书采用基于面板数据的空间计量模型来进行分析和研究，研究对象为影响中国旅游产业绿色化效率的具体原因。

第二节 旅游产业绿色化影响机理

一 影响因素选择

旅游产业绿色化涉及经济—资源—环境复合系统的方方面面，经济发展水平、产业结构、环境政策、科技实力等都会对旅游产业绿色化产生影响，但受到研究精力和研究模型的限制，不可能把所有因素都纳入研究体系，这也是不可行、不现实的。本书在选择旅游产业绿色化的影响因子时基于两方面考虑：一是查阅现有学者对旅游产业效率、旅游产业生态效率、旅游产业绿色效率等方面影响因素的研究成果。根据现有文献的分析结果，筛选出适当的影响因子（见表 5 - 1）。二是从旅游产业绿色化内涵和评价指标出发，从经济社会发展的资源消耗、环境影响两个角度探究其影响因子。

表 5 – 1　　　　国内外旅游产业效率、生态效率、绿色效率
影响因素研究指标汇总

已有研究	主要影响因素	主要变量选择	研究尺度
Julie Jackson (2006)	服务业发展规模与水平	第三产值、从业人员	国家
Tombaum (2008)	人力资源、地区专业化水平	第三产业从业人员、区位熵	区域
金春雨、王伟强 (2014)	居民收入水平、交通便利程度、居民出游偏好、地理区位因素	居民家庭人均可支配收入、各地区公路里程和铁路里程之和与各地区国土面积的比值、各地区接待国内外游客人数占全国接待国内外游客总人数的比重、各省级区域分为东部和中部、西部	省域
刘佳 (2016)	地区经济发展水平、旅游产业结构、绿地生态功能、旅游产业从业人员的整体素质、地区政府对改善旅游环境的贡献	国内生产总值、旅游总收入占第三产业比重，建成区绿化覆盖率，旅游高等院校学生数，旅游产业的环境污染治理投资	省域
吴芳梅、曾冰 (2016)	政府政策、旅游资源禀赋、路网密度、对外开放度	各省区财政支出占当地 GDP 比重、各省区 3A 级以上旅游景区、高速公路、铁路、航空线路总里程数除以各省区面积的值、各省区进出口总额占当地 GDP 比重	城市
吕小明、黄森 (2017)	城市化水平、绿色交通水平、技术创新水平、对外开放水平	城镇人口比重、铁路旅客周转量与总旅客周转量的比值、规模以上工业企业专利申请数、单项外商直接投资规模	省域
彭红松、章锦河等 (2017)	旅游发展水平、产业结构、投资水平、技术水平、环保规制	旅游地人均旅游收入、酒店业收入占景区旅游总收入的比例、万元旅游收入能耗、万元旅游收入新增固定资产投资额、景区污水达标排放率	黄山

　　结合表 5 – 1 中的各项数据以及在向旅游行业的相关专家访谈调查的基础上，本书最终选取经济发展、旅游产业地位、环境治理、技术创新、市场潜力共五个因素进行旅游产业绿色化效率影响因素的识别与分

析，对旅游产业绿色化时空变化背后的深层次原因进行进一步分析。

二　影响因素机理分析

（一）经济发展

经济发展是一个国家或者地区按人口数平均的实际福利增长过程，它不仅是财富和经济机体的量的增加，而且还意味着其质的方面的变化，即经济结构、社会结构的新变化，社会生活质量和投入产出效益的提高。简言之，经济发展就是在经济增长的基础上，一个国家或地区经济结构和社会结构持续高级化的创新过程或变化过程。经济发展是通过经济结构的改进和优化、经济质量的优化和提高达到经济量的增长。

一般来说，经济发展包括三层含义：一是经济量的增长，即一个国家或地区产品和劳务的增加，它构成了经济发展的物质基础；二是经济结构的改进和优化，即一个国家或地区的技术结构、产业结构、收入分配结构、消费结构以及人口结构等经济结构的变化；三是经济质量的优化和提高，即一个国家和地区经济效益的提高、经济发展稳定程度、自然环境和生态平衡以及政治、文化和人的现代化进程。

对于一个国家或地区经济发展的水平，可以从其规模（存量）和速度（增量）两个方面来进行测量。所谓"经济规模测量"，是指对一个国家在特定时间范围里能够生产出来的财富总量，包括从基本的生活用品到复杂的生产资料，再到各种文化和精神产品等财富的总量。在对经济规模的测量中最常用的指标是"国内生产总值"（GDP），它综合性地代表了一个国家或地区在一定时期内所生产的财富（物品和服务）的总和。此外，经济学家一般用国民生产总值（GDP）来作为衡量经济发展水平的重要指标。

经济发展对旅游产业绿色化的影响表现在两个方面：国民收入增加带来的旅游消费支出增加，为旅游业扩大规模提供了广阔的空间。根据国际规律，人均 GDP 超过 300 美元，旅游消费开始起步；当人均 GDP 突破 1000 美元时，观光游快速增长；当人均 GDP 高达 3000 美元时，旅游需求呈现爆发式增长，消费结构升级趋势显现。经济增长导致旅游产业规模的扩大，从而需要更多的资源投入。2011 年至今，旅游投资表现为以民营资本为主，政府投资、国企投资和外商投资并重的多元化投资格局，投资重点向休闲度假、酒店餐饮综合度假区等领域倾斜，这些投资推动旅游产业绿色化的发展，但是随之产生的污染物会影响旅游资源的使用和环境质量；另外，随着经济的发展和人民对美好生活和优质旅游的向往，旅游者对旅游体验和环境质量有了更高的要求。2018年，全国旅游工作会上首次提出"优质旅游"的提法，"优质旅游"是指能够很好地满足人民日益增长的旅游美好生活需要的旅游。"优质旅游"是更加安全的旅游、更加文明的旅游、更加便利的旅游、更加快乐的旅游、更加绿色的旅游，消费者更加关注旅游目的地整体的价格、产品、卫生、环境、交通、住宿、餐饮等组成的旅游市场生态环境，以期真正享受到每一个消费环节所带来的舒适体验，实现优质舒适的全行程出游目标。因此，整体旅游市场生态环境的好坏和品牌形象的优劣成为游客是否选择出行的重要依据。相关旅游企业加强绿色生态的旅游产品体系工作建设，打造与新时期经济时代新型休闲生态理念相吻合的旅游产品，以游客为中心，发展多维度的绿色生态旅游，满足优质旅游时代下多元化产品需求，自然会形成人与自然和谐共生的绿色旅游新格局，由此促进旅游产业结构的调整升级。

基于以上分析，本书用国内生产总值（GDP）来表征经济发展。

（二）旅游产业地位

旅游是人们休闲与闲暇的主要活动方式之一，是人们为寻求精神的愉快感受而进行的旅行、游览过程及其中所发生的一切活动的总和。旅游产业（Tourism Industry）是一个以旅游资源为核心，以旅游经纪、旅游食宿和旅游交通等为外围产业向外不断辐射的综合性产业，是为了充分满足旅游者的消费需求，由旅游目的地、旅游客源地以及两地之间的旅游企业、组织和个人通过各种形式的结合，组成生产和服务的有机整体。由于旅游产业涉及诸多经济、社会活动领域，在产业经济学领域也存在旅游是否为产业的争论。美国学者托马斯·大卫认为，旅行和旅游（Travel，tourism）是为了外出经营、娱乐或者私事外出的人的活动；旅游消费只是旅游者的支出导致的一种"支出推动"经济效应，而非"收入推动"经济现象，因而不是传统意义上的产业。在《国际标准产业分类》（ISIC）中也很难找到"旅游业"或"旅游产业"的表述。

然而，根据现实社会中旅游活动及其所带动的经济效应链条，及产业经济学关于"产业"范畴的界定,的确存在一个为旅游者提供服务的,具有投入与产出经济的经济系统。这个系统凭借旅游资源和设施,为人们的旅游、移动行为及消费提供行、住、食、游、购、娱等综合服务,并形成一个相互联系的综合服务体系。由于在旅游活动中存在旅游需求和旅游供给,也存在旅游厂商通过旅游供给来满足旅游者消费需求的经济活动,并由于不同旅游厂商向某一特定旅游市场提供相似的产品和服务活动,进而形成厂商间的竞争或合作、间接与直接的联系,因而也就满足产业经济学关于"产业"内涵的界定。

进入 21 世纪以来,"十五"期间,24 个省(自治区、直辖市)将旅游业确立为支柱、先导或龙头产业。2009 年 12 月,国务院颁布《关于加快发展旅游业的意见》,将旅游业定位为国民经济的战略性支柱产业。党的十八大以来,按照国家《关于促进旅游业改革发展的若干意见》(国发〔2014〕31 号),旅游产业以主动与新型工业化、信息化、城镇化和农业现代化相结合的更大格局,以与经济社会文化生态多方协同的改革精神,全面融入国家战略体系,在推动"旅游+""大旅游""全域旅游"的过程中,转型升级形成新格局。按照"五位一体"总体布局和"四个全面"发展要求,"全域旅游"概念不仅符合旅游业规律的发展要求,而且是促进经济社会统筹发展和协调发展的重要载体。习近平总书记指出,"发展全域旅游,路子是对的,要坚持走下去。""大力发展全域旅游"成为 2017 年中央经济工作会议对旅游产业定位的重要肯定依据。

第三产业的发展很大程度上需要依赖旅游产业的发展,第三产业本身发展好了以后,对于旅游产业又是一个强大的助力。中国旅游产业对于经济发展来说是非常重要的一个部分,在中国国民经济结构中不断变化,已经成为战略性支柱性产业。换句话说,在以后的社会发展中,旅游产业以及相关产业会越来越重要。同时旅游产业的发展会在相应的发展理念指导下进行,即五大发展理念。大众旅游时代来临,爆发式旅游消费使旅游产业的战略地位日益凸显,中国在"旅游十三五规划"中把旅游业确定为一项幸福产业,在这种发展背景下,未来政府将会更加注重旅游产业的发展,同时会带动更多的城乡居民参与带动到这个产业的发展。同时还会带动各界企业对于旅游进行投资,最终中国的旅游产业绿色化发展将会不断地得到升级和完善。

本书采用旅游总收入占第三产业比重进行表示，表征旅游产业在第三产业中的地位。

（三）环境治理

旅游产业是众所周知的、典型的资源节约型、环境友好型产业，也是生态文明建设过程中最有条件、最有优势的产业之一，在保护生态环境的同时能带动相关产业发展，促进经济效益。2018年，全国旅游工作会议提到了绿色旅游的发展观，并强调在旅游开发的过程中，可持续的绿色的旅游发展观必须要贯穿到旅游规划、开发、管理、服务全过程当中。改革开放以来，旅游产业在取得骄人成绩的同时，也产生了环境污染问题，如相当一部分热点旅游区水体遭受污染，空气质量下降，局部生态环境受到破坏，旅游资源受到破坏；旅游旺季大批游客涌入景区，致使基础设施使用紧张，破坏或干扰野生动植物的栖息和生存环境；旅游区环境卫生状况较差；旅游开发建设项目与旅游区整体环境不协调等，这一系列问题给环保实践带入"进退两难"的尴尬境地。

习近平"绿水青山就是金山银山"的理念要求旅游产业绿色化发展要实行最严格的生态环境保护制度。从生态旅游示范区创建、绿色景区的建设，环境友好型产业的打造，到对景区服务质量等级的评定标准，都需要加大环境保护力度，并发布绿色旅游消费指南，从旅游主体到旅游客体，各方齐心协力，各尽其责，协调配合，保护生态，践行对优质生态环境的维护和促进。制定健全完善、切实可行的政策、法规，为有关单位和个人提供行为和活动的准则，从而有效地影响有关单位和个人的行为和活动，这就是旅游环境管理的实质。建立和健全旅游环境管理体制广泛开展各种宣传教育活动，增强公众特别是领导者和管理者的重视程度。采用科学技术手段防治旅游环境污染和破坏，保护旅游资源及环境。

坚持环境治理，全面促进旅游资源节约和集约循环利用。实现旅游产业经济增长和环境污染排放逐步"脱钩"，环境保护与旅游经济增长"再平衡"。这就要求环境监管必须具有一致性和有效性，合理制定旅游监管制度，完善旅游环境监管影响评价制度。通过推动建立依法、公平、透明、专业、可问责的现代旅游环境监管体系，将"运动式"治理方式逐步引导为依法依规常态化旅游环境监管方式。

本书中环境政策指标选取全国各地区环境治理投资总额表示，表征地区政府对改善旅游环境做出的贡献。

（四）技术创新

创新是推动人类社会进步的重要力量。全球范围内旅游产业的竞争越来越激烈，旅游产业不断地进行技术的更新和迭代，很多新的旅游模式被开发，越来越多创新的思维被运用到了旅游产业中。所以旅游产业中创新成为一个非常重要的议题。在这个领域中，很多发达国家利用自己的优势在多方面发力，其中包括商业模式的创新以及商业模式的优化等。发达国家在激烈的市场竞争中也面对着各种问题。

在中国，存在三个方面创新驱动力要素，首先，全域旅游为旅游企业双创提供了新机遇。全域旅游是国家旅游局根据国内外旅游发展大势、中国旅游业改革创新发展要求所提出的新理念、新思维，全域旅游的工作理念和成果也得到了习近平总书记的认可。全域旅游背景下，各个地方的旅游发展思路、旅游业态成长等都在发生变化，与此同时，作为旅游市场的主体——旅游企业的创新创业、成长发展、经营管理也会出现新变化，迎来新机遇。其次，消费升级与旅游有效供给不足的矛盾成为驱动旅游双创领域发展的新动力。长久以来，旅游需求与旅游供给之间的矛盾就是驱动旅游发展的重要动力。旅游消费升级对旅游企业创业创新中的旅游产品设计产生影响。最后，资本驱动与技术驱动加速了旅游双创领域的生态格局的变化。资本与技术的驱动一直是旅游双创的重要动力。技术方面来看，一是人工智能、虚拟现实等新科技给旅行社和酒店等服务企业在运营管理、服务管理方面带来了新的改变，甚至被称为"技术赋能"而使科技手段更好地融入企业管理中。二是移动互联网技术催生了共享经济模式，例如在住宿领域出现了非标住宿。三是大数据，对于游客的游前、游中和游后的大数据开发是未来旅游创业领域的重要商机，围绕着大数据展开的硬件技术、软件服务等内容将是驱动旅游双创的重要动力。

面对这种情况，中国政府提出新的发展理念，具体为"创新、协调、绿色、开放、共享"，在这五大理念中，最关键的就是创新。科技创新是引领发展的第一动力，是缓解旅游经济发展和生态环境矛盾，推进旅游产业绿色化的主要驱动力。以科技创新驱动绿色化是旅游经济发展新常态下实现中国可持续转型的必然选择，推动科技引领旅游发展绿色化是推进科技与经济结合的一种新的探索、新的尝试，有利于促进生态多样化，使绿色循环旅游经济发展、生态系统良性运行。科技创新通过提升资源利用效率实现资源节约，通过强化投入产出效应作用实现产业生态化，通过实现知识外溢效应实现生态经济化，通过强化人力资本效应作用实现消费绿色化，进而实现旅游经济效益（绿色增长）、社会效益（绿色福利）、生态环境效益（绿色财富），最后推动实现旅游产业绿色化。

本书用分地区规模以上企业研究与试验发展活动及专利情况表征旅游产业的技术创新情况。

（五）市场潜力

现代旅游产业产生于 19 世纪，在 20 世纪得到了前所未有的发展。特别是第二次世界大战以后，旅游产业获得了相对和平与稳定的发展环境，迅速成为一个新兴产业。20 世纪 60 年代以来，全球旅游经济增速总体高于全球经济增速，旅游业逐渐发展成为全球最大的新兴产业，甚至已经超过石油和汽车工业，成为世界第一大产业。20 世纪 90 年代开始，国际旅游收入超过石油、汽车、机电等出口收入，旅游产业正式确立了世界第一大产业的地位并保持至今。到 2020 年，全球旅游产业收入将增至 16 万亿美元，相当于全球 GDP 的 10%；能够提供 3 亿个工作岗位，占全球就业总量的 9.20%。2017 年，全球旅游总人次为 118.80 亿人次，较上年增长 13.14%，为全球人口规模的 1.60 倍，全球范围内参与旅游的群体不断扩大，旅游消费已然成为全球民众的重要生活方式；全球旅游总收入达 5.30 万亿美元，较上年增长 4.30%，相当于全球 GDP 的 6.70%。

中国庞大的国内旅游市场、入境旅游市场和出境旅游市场数据已经毫无疑问地表明中国旅游产业巨大的市场潜力。2018 年，我国国内旅游人数达 55.39 亿人次，全年实现旅游总收入 5.13 万亿元。初步测算，全年全国旅游业对 GDP 的综合贡献为 9.94 万亿元，占 GDP 总量的 11.04%。

2018 年，我国入境旅游人数达 1.42 亿人次，国际旅游收入 1271

亿美元。在入境游客中，港澳台游客仍是主力，占 78.60%，其中，香港同胞占比持续降低，澳门同胞、台湾同胞占比呈增长趋势。此外，外国游客比例亦持续提升，入境旅游客源结构优化。这与我国推出的"一带一路"政策也有密不可分的关系。自 2014 年，我国出境旅游人数首次突破 1 亿人次后，虽然一直保持良性增长趋势，但增速有所放缓。2018 年，我国出境旅游人数达 1.48 亿人次，同比增长 13.50%，增长幅度再次突破两位数，出境游市场再度升温。尽管一线城市仍然是旅游消费的主力，但一些新的趋势也显示出旅游消费升级正在下沉。三四线城市居民在旅行消费上的潜力在 2018 年全面迸发。

在众多的旅游消费者中，随着消费者消费意识和观念的改变，绿色化旅游产品必然越来越受欢迎，旅游者的消费行为也会越来越趋向于绿色化，而影响旅游者绿色旅游消费理念或绿色旅游行为的一个重要因素就是经济支撑因素。只有当旅游者可随意支配收入越来越多，才越有可能产生绿色旅游动机或者购买绿色旅游产品。

本书用城镇居民可支配收入表征市场潜力。

结合上述分析，选取的各类影响因素及指标汇总如表 5－2 所示。

表 5－2　　　　　旅游产业绿色化效率影响因素指标体系

影响因素	变量选择	简称
经济发展	地区国民生产总值	GDP
旅游产业地位	旅游总收入/第三产业	TI
技术创新	规模以上企业研究与试验发展活动及专利情况	RD
环境治理	环境治理投资总额	EG
旅游市场潜力	城镇居民可支配收入	IC

第三节　旅游产业绿色化影响因素实证

一　数据来源

本书的研究目标包含了中国除台湾、香港和澳门特别行政区以外的全部区域，共有 31 个省、直辖市、自治区（以下全部称为 31 个地区），选取了 2001—2015 年 15 年的年度面板数据。指标资料都源于政府统计机构面向社会发布的数据，具有权威性，来自 2002—2016 年《中国统计年鉴》、《中国旅游统计年鉴》、《中国城市统计年鉴》、《中国环境统计年鉴》、《中国环境统计公报》、《中国能源统计年鉴》、中华人民共和国国民经济和社会发展统计公报以及研究所需的 31 个省市相关年份的统计年鉴、国民经济和社会发展统计公报。因此，研究数据具有较强的客观性和真实性。

二　模型选择

这里采用的数据空间范围是在中国除了特别行政区以外的所有省份，在时间上使用的范围是 2001—2015 年这 15 年时间内，然后将这些数据进行汇总。通过这些数据可以从整体上对于影响中国产业绿色化的具体因素有一个实证分析。

根据旅游产业绿色化效率影响因素选取的变量以及面板数据的特点，设计模型对影响因素进行识别：

被解释变量为旅游产业绿色化效率水平值。经济发展（GDP）、旅游产业地位（TI）、技术创新（RD）、环境治理（EG）和旅游市场潜力（IC）为解释变量建立计量模型如下：

$$\ln EF_{it} = \alpha_0 + \alpha_1 \ln GDP_{it} + \alpha_2 \ln TI_{it} + \alpha_3 \ln RD_{it} + \alpha_4 \ln EG_{it} + \alpha_5 \ln IC_{it} + \varepsilon_{it}$$

其中，i 和 t 分别表示中国不同地区和不同时期的对应值，EF_{it} 表示第 i 个地区第 t 年的旅游产业绿色化效率值，α_0 为常数项，ε_{it} 为随机扰动项，α_1—α_5 为 5 个变量的参数。

在进行面板数据模型分析之前，首先要进行数据的平稳性检验，从而保证回归结果的有效性。对面板数据进行回归分析要求变量间存在协整关系。对此，采用 EG 两步检验法检验相关变量是否存在协整关系。确认综合效率（EF）、地区生产总值（GDP）、三产比重（TI）、环境治理总额（EG）、研发费用（RD）、城镇居民可支配收入（IC）6 个变量是否平稳，利用 Eviews 8.0 检验确定上述 6 个变量是否为单位根过程，结果如表 5 – 3 所示。

表 5 - 3 变量单位根检验结果

变量	原始序列				一阶差分序列	
	检验形式	检验统计方法	统计检验量	P 值	统计检验量	P 值
EF	0，0，0	Levin，Lin & Chut*	2.8136	0.9465	-20.6834	0.0000
		ADF - Fisher Chi - square	15.9508	0.9500	195.7442	0.0000
		PP - Fisher Chi - square	10.6378	0.9500	201.2777	0.0000
lnGDP	C，T，0	Levin，Lin & Chut*	3.2548	0.9491	-7.7022	0.0000
		ADF - Fisher Chi - square	33.3791	0.8303	118.3739	0.0000
		PP - Fisher Chi - square	38.8512	0.6553	117.2871	0.0000
lnTI	C，T，0	Levin，Lin & Chut*	-4.8092	0.0000	-26.8347	0.0000
		ADF - Fisher Chi - square	13.4848	0.9500	58.4028	0.0036
		PP - Fisher Chi - square	25.5518	0.9374	71.7365	0.0022
lnEG	C，T，0	Levin，Lin & Chut*	0.1961	0.5454	-12.4325	0.0000
		ADF - Fisher Chi - square	36.7690	0.7304	145.7831	0.0000
		PP - Fisher Chi - square	34.0407	0.8133	150.3684	0.0000
lnRD	C，T，0	Levin，Lin & Chut*	14.8711	0.8750	179.1305	0.0000
		ADF - Fisher Chi - square	16.9815	0.7654	118.7428	0.0000
		PP - Fisher Chi - square	8.7439	0.8612	94.1230	0.0000
lnIC	C，T，0	Levin，Lin & Chut*	4.7601	0.7815	46.3471	0.0000
		ADF - Fisher Chi - square	5.0166	0.7611	57.1616	0.0000
		PP - Fisher Chi - square	3.0296	0.7962	28.8656	0.0000

从检验结果来看，综合效率（EF）、地区生产总值（GDP）、旅游产业地位（TI）、环境治理总额（EG）、研发费用（RD）、城镇居民可支配收入（IC）6 个变量的原始序列在各种面板数据单位根检验方法中均非平稳。对之进行一阶差分处理，结果显示一阶差分处理之后符合数据处理要求，之后对数据采用 Pedroni 和 Kao 协整检验方法对相关变量进行了检验，结果如表 5 - 4 所示。从检验结果看，多种检验方法的协整检验 P 值分别均小于 0.01，说明在 1% 的显著性水平下拒绝变量间不存在协整关系的原假设，确认综合效率（EF）、地区生产总值（GDP）、三产比重（TI）、环境治理总额（EG）、研发费用（RD）、城镇居民可支配收入（IC）6 个变量间存在显著的协整关系，相关数据可用于后续

分析。

为进一步分析相关变量对综合效率的作用方式，采用面板数据回归分析的方法，以综合效率（EF）为被解释变量，以地区生产总值（GDP）、旅游产业地位（TI）、环境治理总额（EG）、研发费用（RD）、城镇居民可支配收入（IC）5 个变量为解释变量，对变量间的作用关系进行计量分析。为确定面板数据回归分析中个体效应的影响形式，根据 Hausman 检验结果，选择固定个体效应模型进行回归分析。

表 5 - 4 面板数据协整检验结果

检验方法	检验假设	统计量名	统计量值（P 值）
Kao 检验	$H_0: \rho = 1$ $H_1: (\rho_i = \rho) < 1$	ADF - Statistic	- 6.7766（0.0000）
Pedroni 检验		Panel PP - Statistic	- 19.5519（0.0000）
		Panel ADF - Statistic	- 9.9039（0.0000）

表 5 - 5 Hausman 检验结果

Hausman 检验	统计量名	统计量值（P 值）
截面随机	Chi - Sq. Statistic	34.7009（0.0000）

这里需要注意的是，在面板数据中横截面数据实际的个数是要比时序多的。由于存在这种情况，那么就需要考虑到其中产生的异方差，所以将会利用最小二乘虚拟变量的方法来进行处理，其中使用的基础是截面数据加权（cross - section weight）。完成以后得到的具体结果，如表5 - 6 所示。

三 回归结果及分析

利用 Eviews 8.0 软件计算可得中国旅游产业绿色化效率影响因素回归模型结果，模型的拟合度 R^2 值为 0.958，F 检验值为 31.97，显著性水平为 0.00，达到了 1% 水平下的显著效果，DW 值为 1.83，均在可接受的范围之内，说明模型整体拟合较为显著，模型可用。

表 5 – 6　　　　　　面板数据回归分析结果（2001—2015 年）

变量	系数	标准误差	t 统计量	P 值
C	– 0. 6200	0. 3953	– 1. 5685	0. 1175
lnGDP	0. 1195	0. 0181	6. 5786	0. 0000
TI	0. 0050	0. 0008	5. 8443	0. 0000
lnEG	– 0. 0869	0. 0131	– 6. 6155	0. 0000
lnRD	– 0. 0221	0. 0097	– 2. 2559	0. 0245
lnIC	0. 0840	0. 0370	2. 2699	0. 0237
R^2	0. 9587	F 值	31. 9719	
D. W 统计值	1. 8366	P （F）	0. 0000	

　　通过对于各种影响因素的分析，可以发现其中有三个方面的 P 值小于 0.01，一个是经济发展水平，另一个是旅游产业地位，还有一个是环境治理的要素。这些方面都是可以通过 1% 显著水平进行检验的。其中能够通过 5% 的显著水平检验的有两个：一个是市场潜力要素，还有一个是研发投资要素，这两个方面得到的 P 值都是小于 0.05 的。

（一）经济发展的影响

　　经济发展的回归系数是 0.12，这项数据是符合假设检验的，这里的检验标准是显著性水平为 1%，其中还可以发现，当经济水平上升了 1 个百分点以后，其中的绿色化效率数据也会上升，具体上升了 0.12%，通过分析可以发现，两者之间展现出来的影响是正向的。说明经济发展越高，旅游产业绿色化效率就越高。经济基础决定上层建筑，经济的发展决定了人民越来越追求高层次的旅游体验，越来越追求绿色旅游产品，越来越追求能够很好满足人民日益增长的旅游美好生活需要的优质旅游。坚持走内涵式的旅游发展之路，走协调发展，绿色发展之路，需要强大的经济基础作为后盾，经济基础也是其重要的前提和抓手。随着中国对绿色 GDP 的重视，绿色 GDP 水平的提高对旅游产业绿色化的影响会越来越明显，而旅游产业"低排放""低污染"的绿色产业特征也更能够找到和绿色 GDP 的契合点。

（二）旅游产业地位的影响

旅游产业地位的回归系数是 0.005，并通过了显著性水平为 1% 的假设检验，说明旅游产业地位每上升 1 个百分点，旅游产业绿色化效率则上升 0.05 个百分点，即旅游产业地位对旅游产业绿色化效率的提高是正向影响。要提高旅游产业绿色化水平，首先要提高产业结构水平，尤其是第三产业的结构，促进第三产业结构的优化和升级。旅游产业是第三产业的重要组成部分，是国民经济重要战略性支柱产业，承担了中国经济发展的重任。旅游产业还是人民幸福的产业，人民群众更加满意的现代服务业，未来旅游产业关乎中国人民的梦想，关乎生命质量，关乎人性的成长，关乎人类的幸福。本书中确定旅游产业地位指标所使用的旅游产业总收入占第三产业的比重，体现了旅游产业在第三产业中的地位，它对旅游产业绿色化效率的正向作用反映出中国旅游产业作为第三产业的龙头，旅游产业的绿色化发展既可以引导第三产业的发展，又可以适应人民群众消费升级需求。

（三）环境治理的影响

通过数据统计可以发现，环境治理的回归系数具体数值为 -0.0869，这个数据可以通过假设检验，检验的标准为显著性水平为 1%，同时在数据中观察可以发现，当环境治理上升 1 个百分点时，旅游产业绿色化的数据就会降低 0.0869 个百分点，所以两者的关系是负向影响。说明中国旅游产业环境治理资金的投入并没有起到应有的作用，二氧化硫、能源消耗并没有因为环保投资的增加而减少，反而增加了，环境治理没有达到应有的效果。中国的环境污染治理投资总额占比最高在 2010 年，达到 1.84%。截至 2016 年，占比下降到 1.24%。说明环保投入在 GDP 中占比较低，环保投资规模仍需加大，对旅游产业污染治理的投资在这种大背景下同样也远远不够。另外，2016 年中国环境污染治理投资为 9219.80 亿元，在这些环境治理投资中，城镇环境基础设施建设投资 5412 亿元，占环境污染治理投资总额的 58.70%；工业污染源治理投资 819 亿元，占环境污染治理投资总额的 8.88%。但并没有明确的数据表明污染治理投资在旅游产业的投资额，说明对旅游产业污染治理投资额相对较小，而已经建成的环保设施运转效率低下，降低了环境治理的效益甚至产生了负效益，部分政府在环境治理理念上存在先污染后治理的思想和管理模式，旅游—环境系统还没有建立起环境污染治理投资增加的正反馈机制，这也能很好地解释环境治理对旅游产业绿色化效率的提高是负向影响的结果。

（四）技术创新的影响

技术创新的回归系数是 -0.0221，说明两者之间的关系是负向影响。技术创新是创造新的消费需求和消费方式，是产业成长的重要因子，大数据、人工智能、虚拟现实等新技术逐渐在旅游业普及，旅游产业是科技运用大领域，科技应用在酒店、景区、交通等各个领域，为旅游产业可持续发展注入了新活力，技术创新可以提升产业竞争力，增强竞争优势。然而中国旅游酒店、旅行社、交通、旅游景区等各个领域传统的思维和经验与发展模式已经与目前大数据、云计算、智能化等方面的技术发展和技术创新趋势不匹配，这种不匹配也恰恰影响了中国旅游产业绿色化发展和竞争力的提升。2017 年，世界经济论坛旅游竞争力报告中指出，技术创新的落后是中国旅游竞争力提升的"瓶颈"，说明在中国旅游产业绿色化发展方面，技术的制约还是一个重要因素。

（五）旅游市场潜力的影响

旅游市场潜力的回归系数为 0.0840，这个数据可以通过假设检验。从数据上可以发现两者之间存在的关系是正向影响。随着城镇居民可支配收入的稳步提高，中国人均旅游消费水平、出游率持续提高。2010—2015 年，中国城镇居民可支配收入从 30568 元/人上升到 49619 元/人，年均复合增长率是 10.17%，实现较快增长，与之相对应，中国的人均旅游消费从 2010 年的 7272 元/人增长至 2015 年的 18721 元/人，年均复合增长率是 20.82%，实现快速增长，且增速高于人均可支配收入的年均增速。这说明城镇居民可支配收入和人均旅游消费之间存在长期稳定的均衡关系（瞿华、夏杰长，2011）。这种增长一方面提高了居民的出游率，扩大了旅游产业的市场规模，庞大的产业规模为旅游产业绿色化进程的推进提供了坚实的基础，也为优质旅游的实现提供了基础；另一方面，随着收入的提高人们对旅游体验和产品的要求随之提升，绿色消费理念深入人心，对绿色产品、绿色旅游、生态旅游的需求增大，带动各种旅游消费的升级，通过市场机制的传导，旅游企业通过提供绿色旅游产品深化了旅游产业绿色化程度。

第四节　小结

本章首先介绍了使用面板数据的优势，并介绍了三种面板数据模型，其次从经济发展、旅游产业地位、环境治理、技术创新、市场潜力共 5 个因素来定性分析了各因素对旅游产业绿色化的影响机理，然后以旅游产业绿色化综合效率为被解释变量，从经济发展、旅游产业地位、环境治理、技术创新、市场潜力五方面选取影响因素指标作为解释变量，将旅游产业绿色化综合效率纳入计量分析框架，建立空间计量回归模型对旅游产业绿色化综合效率的影响因素进行实证分析。结果显示经济发展水平、旅游产业地位和旅游市场潜力对旅游产业绿色化综合效率产生正向影响，技术创新、环境治理对旅游产业绿色化综合效率产生负向影响。

第六章　典型国家旅游产业绿色化推动产业升级的借鉴

　　"十三五"规划提出，"将旅游业培育成经济转型升级中重要推动力、生态文明建设重要引领产业、展示国家综合实力的重要载体、打赢脱贫攻坚战的重要生力军"。由此可见，实现旅游产业的转型升级已经上升为国家层面的旅游发展战略，中国在由粗放经营到集约发展的旅游强国稳步迈进过程中，借鉴不同国家的经验，有效避免走旅游产业升级过程中的"弯路"，对中国旅游产业升级和发展战略的制定有明显的现实意义。本章研究围绕不同旅游强国西班牙、日本、新加坡旅游产业绿色化推动产业升级发展历程展开，通过熟悉三个国家旅游产业推动产业升级的不同阶段内容，借鉴这些国家旅游产业绿色化推动产业升级的经验结合中国旅游产业情况进行了阐述。

第一节　典型国家旅游产业绿色化推动产业升级历程

一　西班牙旅游产业绿色化推动产业升级历程

　　西班牙以其基础设施完善、文化景点丰富、安全系数高等因素一直稳居旅游强国之列。《旅游产业竞争力报告（2017）》显示，西班牙蝉联世界旅游业竞争力排行榜第 1 位。西班牙旅游产业是国家重要经济支柱和外汇的主要来源之一，一般国家旅游占比在国内生产总值当中通常区间是 5%—10%。西班牙这一比重超过 10%，而国内就业人群当中，有 10% 的就业人员从事旅游行业。旅游产业发展速度快是西班牙旅游经济发展的一大特征，其速度明显高于全球平均水平，在发达国家当中处于较高水平。

西班牙旅游产业发展和升级经历了起步阶段、发展阶段和新千年变化阶段。

（一）起步阶段（1950—1982 年）

第二次世界大战使欧洲旅游停顿，在战后时期，重建工作造成了经济发展困难，使国外旅游业恢复缓慢。同时由于外汇有限减少了西班牙人出国旅行，因而兴起了国内游。1959 年，西班牙出台的《稳定计划》使经济政策发生根本改变，西班牙经济对外开放，陆续出台了多个《发展计划》，到 20 世纪 70 年代初期，西班牙入境人数总量年均突破3000 万人次，成为世界知名的旅游目的地，也使西班牙成为那个时期的世界旅游强国。西班牙政府专门成立了信息产业和旅游部，旅游产业发展能持续加快，其动力更多来源于政府支持和引导，源自国家自身旅游资源方面的优势。在这个阶段，西班牙逐渐完善了旅游产业的法律框架，在 20 世纪 60 年代，西班牙就颁布实施了《旅游资格法》《企业和旅游活动规定》，这些法律促进了真实、具体、全面的旅游政策的实施。西班牙旅游模式"阳光和海滩"的家庭度假旅游需求持续保持，欧洲游客消费占 85%—90%，其中德国和英国游客消费占 50%—60%。旅游业对国民经济的贡献因此得到认可，尤其是其获取外汇的贡献，但同时旅游政策向新方向变化，更加注重游客和收入的增加，但忽视潜在的负面影响，尤其是对环境的影响。

在这个过程中，旅游产业发展也有波折，受制于国际经济环境和政治环境的影响，1972—1982 年，旅客人数年均增长率仅为 2.40%，远低于前一个阶段的 14.30%，外汇收入增长了 13.80%，低于前一阶段的 34%。旅游发展如果更多注重于收入增长等问题，容易忽视潜在的一些风险问题，尤其是对于环境的影响较为直接。

（二）发展阶段（1982—2000 年）

这一阶段西班牙旅游产业开始加速增长，旅游企业开始推行私有化政策，形成了一系列大型旅游企业。同时这个阶段入境旅游受到了海湾战争、亚洲金融危机影响，尤其是西班牙旅游产业的主要构成，商务旅游、会奖旅游等。这个阶段，西班牙旅游企业随着旅游产业的发展进入了系列重组阶段，由此改变了西班牙的旅游形势。首先，国家工业协会开始推行私有化政策，包括针对一系列旅游企业的政策。其次，组成RUMASA集团的旅游企业重返私营部门，当初由于财政困难而归入国有。其他变化表现为各旅游企业的收购、兼并或危机的结果。最具代表性的是国际快递旅游公司（VIE）、MARSANS旅游公司、ATESA公司、ENTURSA公司、HOTASA公司和MELI公司。

1992年，西班牙颁布了《西班牙旅游业竞争力规划（1992—1995）》，把在工业部门发展的竞争力标准引入旅游业，尝试在服务行业，如旅游业中应用。在这个阶段，西班牙旅游业还引入了一个新观念：可持续性。结合本国在自然和生物多样性等方面的行动，展开旅游产业规划，使资源开发和利用更加科学合理，确保旅游产业发展，同时注重突出环境保护，使规划明确环保问题。此观念在往后几年得到进一步发展。比如政府暂停了在巴利阿里群岛新建酒店，并规定若要建造新酒店，开发商必须减少一间容量相当的酒店。因此，可持续发展不仅要限制酒店的容量，还要提高质量；要实现可持续发展除了要控制酒店住宿供应量的增长，还需要控制非酒店类住宿供应量的增长。

此阶段，旅游业发生了巨大变革——新的旅游分销模式逐渐被引入。该模式初期基于航空公司的中央预订系统（CRS），后逐步被全球分销系统（GDS）取代。预订系统CRS和GDS的出现标志着国与国的边界已被打破，全球化以一种未知的加速度发展。全球化在旅游经营中已通过兼并和收购显现，并将会在所有客源市场和国际连锁酒店业中进一步体现。

与全球化紧密关联的另一个现象是旅游业务的放松管制或自由化，如航空运输、铁路或航运，这些服务之前或多或少受到严格的监管。航空运输自由化始于美国，其后转移到欧洲，对西班牙有明显影响。旗舰公司需要实施规划以提高竞争力并进行私有化运营。各个公有的航空公司，包括IBERIA、AVI–ACO和VIVAAIR被纳入伊比利亚集团，采用了严格的总体规划方式，使濒临技术破产的状况扭转健康，使其可以开始私有化进程，并可参与国内外竞争。此外，在常规航空运输业中也出现了新公司：欧罗巴航空和西班牙航空公司。

这个时期，西班牙大力发展乡村旅游，经济增长速度超过海滨旅游。1992 年，西班牙只有 36 家乡村旅馆（而当时法国多达 36000 家），2004 年合法的乡村旅馆就达到了 7000 多家，还有 15000—20000 家非法（即没有经过政府根据标准认定）的。1992—1998 年，西班牙政府投入了很大精力进行乡村旅馆建设，使乡村旅游设施建设情况有了很大的改善。但在 1998 年以后，西班牙乡村旅游实际上进步最多的不是设施，而是乡村旅游的形象，乡村旅游的发展让全社会都认识到了有必要更好地利用农村的设施，以促进经济和社会的发展。

在西班牙，每一个地区政府都有乡村旅游方面的立法，从立法上确立乡村旅游的地位；西班牙国家和地方政府还就乡村旅游制定了很多标准，其中有一些是必须执行的强制性标准，从而通过标准的设定确保西班牙乡村旅游的质量。比如，对于乡村旅馆，法律就规定必须是具有 50 年以上历史的老房子，而且最多提供 10—15 个房间（现在也有一些专门化区域的划分，如专门接待残疾人的旅馆），开业需要申请，经过政府审核合格，才发给开业许可证。不符合上述标准的将拿不到开业许可证。如使用只有 20 年历史或新建的房子经营乡村旅游则是不合法的，因为它是没有营业执照的。政府会进行督察，查到了不但要关门，而且还要罚款。当然现在西班牙政府也正在着手修改法规，以建立乡村中不同类型旅馆的区分制度，解决那些不合法的旅馆的身份问题。

政府还通过减免税收、补贴、低息投资贷款（有时仅为 1%）等，对乡村旅游给予特定的支持和帮助。贷款主要是用于改善乡村旅游的基础接待设施状况，有 10 年的长期贷款，也有在两年以后即开始还款的短期贷款。政府的补贴只用于修缮那些具有 50 年以上历史的老房子，帮助农民把它们改造成乡村旅馆。另外，政府也会在区域上对乡村旅游进行合理的规划，根据市场需求开展有关方面的建设工作，以免过度的竞争。西班牙政府还通过技术上的帮助或培训，来引导和促进乡村旅游的发展。在培训中教育当地的农民要懂得保护自身的文化，认识到保护农村自然环境和生态环境的重要性，乡村旅游的开展进一步拓宽了西班牙旅游产业绿色化的进程。

（三）新千年变化阶段（2000 年至今）

欧洲统一了货币方便了欧盟的旅游者，成为吸引欧盟旅游者的便利条件，这个阶段西班牙旅游虽然受到经济危机、欧洲恐怖事件等因素的影响出现反复，但是旅游产业总体发展势头良好。

这一阶段，政府制定了《2000—2006 年西班牙旅游质量（PICT2000）综合计划》，PICT2000 计划遵循了所有旅游服务、产品和目的地的质量标准以及公共部门和私营部门合作的原则。作为全球领军的西班牙旅游应制定自身的质量标准，而不是照搬竞争对手的做法。另外，由于被认为不符合新政府的经济政策，旅游补贴被取消。PICT2000 计划分成 10 个方案、旅游目的地的质量方案、旅游产品的质量方案、旅游企业的质量方案、质量培训方案、技术创新和发展方案；西班牙旅游企业的国际化方案、国际合作方案、统计信息和经济分析方案、推广和营销支持方案。不同于以往的计划，PICT2000 计划经过研究分析，并有相应的预算，以确保其执行。

在这个阶段及在 PICT2000 计划方案的实施阶段，巩固了西班牙旅游质量体系（SICTA）的正确性。如前所述，通过 ICTE，专为旅游业的每一个子界别（酒店、露营地、信息处、餐馆、旅行社等）设计质量标准，民营企业和机构可自愿遵循此质量标准，并可申请取得认证，此认证以 Q（质量）为标志。遵循此标准的机构必须通过质量审核，每两年复检一次。

2009 年又推出《创新与未来——E 计划》（*RENOVEYFUTUR——E*），其目的是促进旅游设施的现代化建设和设施的配备，提高能源利用效率，促进新技术和质量体系完善，使旅游业越来越有竞争力，目的地和旅游企业获得可持续的盈利，为推行这些计划划拨了重要的预算。同时，还建立了旅游基础设施现代化基金（FOMIT），向城市提供贷款，用于旅游目的地公共基础设施、旅游设施、自然及城市环境的修复、扩建或改良。

这些政策的制定确保了旅游产业发展的可持续发展性，并切实提升了旅游产业的整体质量，其中包括目的地、产品和从业企业的质量等多方面的提升。同时，进一步优化产业基金体系，建立旅游基础设施现代化基金，为旅游城市发展提供资金保障，切实优化城市环境，提升基础设施水平。通过具体措施的落实，西班牙旅游产业实现了品牌化，整体旅游产业竞争力不断强化，成为全球旅游竞争力最强的国家之一。

为了使旅游模式更加多样化，创造新的旅游亮点吸引更多旅客，同时分流游客，为旅游者带来更好的体验，生态旅游成为西班牙政府力捧的新兴旅游模式。2014 年，西班牙政府就通过了自然和生物多样性旅游行业规划，为生态旅游发展作出整体规划。从 2016 年起，西班牙每年举办一次全国生态旅游大会。政府、旅行社及乡村发展机构等共同探讨制订生态旅游领域发展的路线图，在国内和国际市场准动生态旅游发展，并对行业发展进行指导和规范。

西班牙实施的《西班牙沿海计划》，一方面对海岸线进行修复，不断提高优势旅游资源的国际竞争力，另一方面将滨海浴汤与水上运动相融合，将滨海度假与主题公园、城市旅游、乡村旅游、深险旅游等新老旅游产品结合，与朝圣之路、美食之旅、艺术圣地、自然之旅等相整合，形成结构完整、内容全面的旅游产品体系，以吸引更多的旅游者。2018 年 7 月，西班牙首届"世界可持续乡村旅游大会"，更是向世界证明，在可持续旅游发展方面，西班牙已经走在世界前列。

二　日本旅游产业绿色化推动产业升级历程

从世界旅游市场看，中国和日本旅游既是市场合作者，又是市场的竞争对手。日本旅游产业绿色化发展先于中国，有许多经验可以借鉴。日本是一个旅游资源匮乏的国家，在旅游经济高速增长时期曾出现环境污染问题。因此，日本政府高度重视旅游经济增长与环境保护的统筹发展，始终坚持"政府主导型"旅游发展的模式，将旅游产业发展成为"立国产业"，积极引导旅游产业升级，根据不同旅游发展阶段的特点，通过制定相关法律法规、实施积极的财政金融政策以及必要的税收调节政策加强国际旅游合作，促进旅游产业稳定发展。

日本旅游发展经历了以下几个阶段：

（一）起步阶段（第二次世界大战后至 1963 年）

第二次世界大战后，日本经济艰难恢复，百业萧条，发展旅游产业无从谈起。由于缺少外汇，日本政府优先发展了入境旅游，先后进行了旅游交通基础设施的建设，如先后建设各种新干线、地铁、高速公路等，这为日本旅游产业发展奠定了坚实的基础。《观光基本法》的实施标志着日本观光政策的确定。1961 年，《观光白皮书》指导了日本旅游资源的开发，并取得初步成果。另外颁布了《旅馆业法》《娱乐场所法》《国际观光饭店整备法》《国际旅游事业资助法》《国际旅游振兴会法》等有利于入境旅游发展的法律法规，规范旅游环境，开发入境旅游市场，对满足国际游客的旅游需求和提高日本的旅游服务质量起到了积极的促进作用。

在旅游基础设施建立和旅游资源开发方面，1955 年，日本政府以充分就业和经济自立为目标，制订了第一个经济计划《经济自立五年计划》，由于各项经济指标超额完成，1960 年又制定了《国民收入倍增计划》。其后，为了迎接 1964 年东京奥林匹克运动会，以东京为中心出现了旅游基础设施建设热，建造了各种体育场馆等设施，其工程费用达到 10195 亿日元。当东京奥林匹克运动会开幕时，东海道新干线、东京高架单轨车、首都高速公路网、地铁、名古屋—神户高速公路都已经全部或者部分营业通车了。

这一时期，日本政府共开发建设了 8 个国立公园和 18 个国定公园，这些旅游资源的开发完全是在法律指导下进行的。这一时期制定的旅游资源开发的相关法律主要有：《温泉法》（1948 年）、《文化财产保护法》（1950 年）、《森林法》和《博物馆法》（1951 年）、《城市公园法》（1956 年）、《自然公园法》（1957 年）。作为政府主管旅游业的部门，运输省 1961 年 12 月首次发表了《观光白皮书》。在运输省的指导下，日本对温泉游憩地旅游开发、雄伟自然风光的观光旅游开发和城市休闲旅游开发取得初步成果。

（二）快速发展阶段（1964—2000 年）

以日本政府 1963 年 6 月制定的《观光基本法》于 1964 年正式实施为标志，日本旅游业进入了新的发展阶段。《观光基本法》第一次提出把旅游作为一个新兴的产业来发展，并明确了国家、地方自治体、民间团体在旅游业发展中的各项义务和权利，是指导日本旅游业发展的基本法律。该法第一条总则部分内容规定了国家发展旅游业的政策目标：采取必要的政策措施，促进外国旅客来访，确保观光旅游安全，保护和开发旅游资源，完善旅游的相关设施，通过发展国际旅游和普及正常的国民观光旅游，加强国际友好，发展国民经济，提高国民生活水平，缩小各地区之间的经济差距。该法第四条关于旅游法制部分内容明确规定：政府必须在法制方面、财政方面和金融方面采取必要的措施促进旅游的发展。此外，该法还明确规定了实施旅游政策的年度报告（观光白皮书）工作、国际旅游振兴、观光旅游者保护、旅游相关设施建设、行政机构、旅游相关团体和旅游政策审议会等方面的具体内容。在促进入境旅游发展方面，日本政府的政策措施也是法律先行，1992年颁布实施了《节庆法》，1994年颁布实施了《国际会议振兴法》，1997年颁布实施了《促进外国人旅游访问地区多样化的振兴国际旅游法》，1993年和2000年两次修订了《国际观光饭店整备法》。

这个阶段，日本设置了专门的机构推动国际旅游的发展。为了提高旅游政策制定的科学性、准确性，按照《观光基本法》的要求，日本政府1963年6月设立了审议旅游相关政策的"旅游政策审议会"，专门负责为旅游行政主管部门提供各种咨询建议等事项的服务。旅游政策审议会最初隶属于总理府，1984年7月移交给运输省主持召开，2001年改为"交通政策审议会观光分会"，由国土交通省主持召开。旅游政策审议会为日本政府献计献策，对日本旅游业发展作出了很大的贡献。例如，1963年12月，旅游政策审议会针对旅游新形势，及时向政府提交报告——《当前发展国际旅游亟须解决的事项》，建议政府大力发展国际旅游；1966年10月，向政府提交发展旅游业的纲领性文件——《旅游政策基本方针》；1977年11月，向政府提交报告——《理想观光旅游地区的建设方向》，就如何科学进行旅游观光地建设提出了具体建议；1978年12月，向政府提交研究报告——《面对当前世界局势变化应采取的国际旅游对策》；1984年3月，向政府提交研究报告——《为促进国际旅游的新发展》，针对国际旅游新形势，及时向政府提出新建议。

放松外汇管制发展出境旅游。日本自1964年实施资本自由化政策以后，在旅游业方面也改变此前限制国民出国旅游的政策，开始允许国民海外旅游。最初是允许日本国民一年内携带500美元和2万日元出境，当时这些外汇数额刚好够在国外旅游的基本消费。从1966年开始，允许日本国民每次出境旅游携带500美元的外汇，这一额度1970年被放松至1000美元，1971年再次放松至3000美元；1978年，完全取消了对国民出国携带外汇数额的管制，彻底实现了国民出境旅游自由化。

实施《海外旅游倍增计划》。出国旅游自由化以后，特别是20世纪80年代中期日元大幅度升值以后，日本政府为满足国民海外旅游的需要，又开始通过各种措施鼓励日本国民出境旅游。1987年，日本旅游行政主管部门运输省制定了《海外旅游倍增计划》，决定把出境旅游人数从1987年的500多万人增加到1992年的1000万人。在日元升值特别是泡沫经济发展的情况下，由于股票和房地产的异常增值，日本国民普遍产生了"中流意识"和"一夜暴富"的感觉，奢侈消费和出境旅游成为一种时尚。因此，《海外旅游倍增计划》的目标提前两年实现，1990年日本出境旅游人数就突破了1000万人大关，当年出境旅游者共计花费200多亿美元，增加了服务贸易的支出，在一定程度上缓解了经济收支黑字扩大的不均衡局面。

在这个阶段，日本政府花大力气发展入境旅游，从数据上可以看出1964—2000年入境旅游人数增长了十几倍，而且保持了持续增长的态势（见表6-1）。

表6-1　　　　　1964—2000年日本赴海外旅游人数以及
外国赴日本旅游人数（万人）

年份	日本出境旅游人数	外国入境旅游人数	年份	日本出境旅游人数	外国入境旅游人数
1964	12.80	35.30	1991	1063.40	353.30
1970	66.30	85.40	1993	1193.40	341
1975	246.20	81.20	1995	1529.80	334.50
1980	390.90	131.70	1997	1680.30	421.80
1985	494.50	232.70	1999	1635.80	443.80
1990	1099.70	323.60	2000	1781.90	475.70

日本国内旅游发展20世纪90年代呈现波动下降趋势，在旅游总人数、人均出游次数、旅游消费总额和国民旅游消费额几项指标上可以看出来（见表6-2）。

表 6 – 2　　　　　1992—2000 年日本国内旅游及旅游消费状况

年份	旅游总人数 （人次）	人均出游次数 （人次）	旅游消费总额 （亿日元）	国民旅游人均消 费额（日元）
1992	19500	1.57	90000	72400
1993	20400	1.64	90800	72900
1994	20200	1.62	90400	72300
1995	18700	1.49	81700	65300
1996	18700	1.49	80900	64300
1997	20500	1.63	84500	67100
1998	20500	1.55	86700	68600
1999	19600	1.55	82000	64700
2000	19300	1.52	72900	57500

这个阶段，日本也开始意识到旅游对环境的影响，着力发展生态旅游。这一时期，日本开始提出生态旅游的概念，并逐渐走出了一条独特的"日本型生态旅游"之路。1994 年，日本自然保护协会出版《生态旅游指南》，对旅行社、酒店、游客及旅游地等相关机构团体及个人提出了发展生态旅游的基本方针。1996 年，日本第一家地方性的生态旅游协会在冲绳成立。1998 年 3 月，日本第一个全国性的生态旅游组织——日本生态旅游协会（Japan Ecotourism Society）在冲绳正式成立，为生态旅游的普及做了基础性的铺垫。

（三）曲折发展阶段（2001 年至今）

这个阶段，日本政府先后制定了"面向 2050 年的日本绿色化社会情景"研究计划、《21 世纪环境立国战略》等政策和计划，把发展绿色化经济、创建绿色化社会视为政府的首要任务，这其中也包括发展旅游产业。

2001 年以后，日本政府开始积极推出促进海外游客到访的政策，2003 年，制定并实施《观光立国战略》，再次确立了大力发展入境旅游的方针。为此，2004 年日本政府重新修订了《旅行业法》，2005 年 4 月又颁布实施了《景观法》，全面放松了国际旅游方面的规制。这样一来，就为日本发展入境旅游提供了比较完备的法律环境。2007 年 1 月 1

日正式实施《观光立国推进基本法》，从法律层面明确了各方需要承担的责任还有义务，国家负责制定相应政策，地方则结合自身情况和特点对于政策进行细化实施，强化彼此合作。日本在 10 年间制定了 3 个观光产业推进计划，其中通过政策导向影响，明确观光作为基本立国战略，围绕这一战略部署相应工作。

为了在全国打造具有国际旅游竞争力的区域，充分发挥区域国际旅游竞争优势，日本政府提出《旅游广域地区联合构想》，批准设立了 12 个国际旅游主题地区。

为了发展入境旅游，日本政府还与世界各国尤其是东亚各国家地区之间开展了非常广泛的旅游合作（见表 6－3）。通过国际旅游合作，一方面加强了与世界其他国家旅游行业的交流，另一方面开拓了国际旅游市场，提高了日本旅游的魅力。

表 6－3　　　　　　　　21 世纪日本参加的国际旅游合作

年份	国际旅游合作项目	参与的国家和地区
2000	首届 APEC 旅游部长级会议：《汉城宣言》	APEC 成员各国
	东盟及中日韩首次"10＋3"旅游部长会议	"10＋3"国家旅游部门
2002	日美两国政府关于扩大旅游交流备忘录	日美旅游行政主管部门
	东盟及中日韩"10＋3"旅游部长特别会议：《北京宣言》	"10＋3"国家旅游部门
2003	中日韩签署旅游合作备忘录打造周游三国旅游项目	日中韩旅游行政主管部门
2004	发表《扩大日韩观光合作交流共同宣言》	日韩旅游行政主管部门
2005	日韩观光交流年活动	日韩旅游行政主管部门
	日俄两国政府就旅游领域加强合作的计划	日俄旅游行政主管部门
2006	日中观光交流年活动	日中旅游行政主管部门

20 世纪 90 年代以来，日本旅游资源开发的一个显著特点就是积极申报世界文化和自然遗产。世界文化和自然遗产对提高一国旅游业形象具有非常重要的作用，一旦申报成功，就会在全世界范围内产生很大的旅游吸引力，从而提高国际旅游竞争力。所以，日本政府特别重视世界

文化和自然遗产的申报工作。自 1993 年开始到 2005 年 7 月为止，日本共成功申报 10 处世界文化遗产、3 处世界自然遗产。其中，1993 年首次成功申报法隆寺地区佛教建筑文化遗产、姬路城文化遗产、屋久岛自然遗产和白神山地自然遗产；1994 年申报成功古都京都文化遗产；1995 年申报成功白川乡合掌村民居文化遗产；1996 年申报成功原子弹爆炸遗址遗迹和严岛神社两个文化遗产；1998 年申报成功古都奈良文化遗产；1999 年申报成功日光寺院群文化遗产；2000 年申报成功琉球王国古建筑及关联遗产群文化遗产；2004 年申报成功纪伊山地灵场及参拜道文化遗产；2005 年申报成功知床自然遗产。

在旅游产业绿色化方面，2003 年，日本将生态旅游的推进工作定位为国家战略，在全国范围内大力提升国民对生态旅游的关注和兴趣。2006 年 12 月，日本全面修改《旅游基本法》，制定通过了《旅游立国推进基本法》。2007 年 6 月，通过《生态旅游推进法》，就科学发展生态旅游进行法律层面的规范，标志着生态旅游体制的全面形成，也标志着日本生态旅游走上了新的发展道路。正是由于政府的大力支持，生态旅游在日本得到快速发展，并影响到周围相关产业的发展以及服务质量的提升。

经过多年发展，日本已经成为国际旅游业非常发达的国家之一。2011 年，日本入境旅游者数量达到 621.90 万人次。从 2011 年到 2017 年，入境旅游市场规模每年增长了 33%，到 2017 年访日外国游客人数为 2869 万人次。从旅游市场来看，访日外国游客消费额 2017 年首次达到突破 4 万亿日元大关，达 44161 亿日元（约合人民币 2570 亿元）。《旅游产业竞争力报告（2017）》的结论显示，日本旅游产业竞争力在全球排名第四。日本拥有全球最发达的地面交通基础设施系统和信息通信技术，航空连通性也很发达，能够提供高质量的服务，并且价格竞争力一直是日本整体表现优良的主要推动力。

三　新加坡旅游产业绿色化推动产业升级历程

新加坡旅游产业是新加坡重要的支柱产业，占新加坡 GDP 的 4%，并提供了 15 万个就业机会。《旅游产业竞争力报告（2017）》中，新加坡名列第 13 位。新加坡旅游产业发展分为四个阶段：起步阶段、快速成长阶段、成熟发展阶段以及竞争背景下的稳定发展阶段（见表6－4）。

表6－4　　　　新加坡旅游收支增长率及旅游发展的阶段划分

阶段划分	入境旅游收入年均增长率（%）	出境旅游消费年均增长率（%）	旅游收支年均增长率（%）
起步阶段（1968年以前）	—	—	—
快速成长阶段（1969—1981年）	25.20	20.50	27.80
成熟阶段（1982—1996年）	8.80	16	0.70
平稳发展阶段（1996年至今）	10	19	17

（一）起步阶段（1968年以前）

这一阶段首先发展的是入境旅游。新加坡自1965年始进入了后独立时期，当时恰逢新加坡的交通技术和通信技术发展取得了长足的进步，交通便捷和旅游成本低廉使旅游人数迅速增加，旅游业在这一阶段产生了非常可观的经济收益，急速繁荣。另外，新加坡作为一个刚刚独立出来的国家，急需创造大量就业机会，大力发展尚未走上正轨的经济并重新整合，构建城市和工业基础设施。旅游业作为一个劳动密集型和资源倚靠型的产业恰恰迎合了它的所有需要，迅速进入了政府的视野。同时，政府也充分认识到了旅游业对城市经济和规划的重要性。在这样的背景下，新加坡旅游促进局（Singapore Tourist Promotion Board）于1964年成立。从1964年成立新加坡旅游促进局以来，政府大量构建旅游基础设施，并对城市旅游进行规划，旅游促进局的成立也是政府对旅游产业重视的重要标志，经过城市绿化创造出适宜的旅游环境，让旅游者进入新加坡就有进入城市花园的感受，极大地提升了旅游舒适度。

政府对美化运动非常重视，成立了由资深公务员组成的花园城市行动委员会。委员会负责制订总体计划，并协调管理参与绿色活动的相关政府部门。从此以后，绿化成为城市规划中政府各机构追求的共同目标。从政府总体规划、概要性规划、城区改造、公屋、工业发展等都渗融着绿化理念，保持新加坡的"干净和绿色"已被贯彻到国家政策中。到20世纪70年代以前，政府拨出了绿化用地，并对公园建设和植树进行规范管控。1975 年，"公园及树木法令"颁布，规定道路建设时强行规定留下植物种植区域。城市的景观质量随着花园城市运动逐渐大为改观，公园和游憩部的经费也从 1973 年的 600 万新元涨到了 1985 年的 6300 万新元。

随着这一阶段当中到访游客数量的持续增加，为了更好满足游客扩大后的现实需要，酒店行业不断快速发展，政府对酒店业的鼓励和引导成为常态，进而促成知名的乌节路酒店集群加速形成。到 19、20 世纪之交，新加坡大约共有 20 家酒店。这些早期的酒店主要给当时从欧洲来新寻求贸易机会的商人提供住宿，可以说是酒店业对当时萌芽中的商业旅游的最初支持。1964 年，旅游促进局的成立促使新加坡的酒店业进入大发展阶段。旅游促进局的主要目标是使新加坡成为旅游目的地，并举办了大量推广活动。在此影响下，大部分聚集在乌节路东陵（Tanglin）地区附近的希尔顿、君悦、凤凰和名苑（Ming Court Hotel）等酒店便是政策鼓励的直接产物。而当时乌节路东陵地区也被政府指定为旅游区。在旅游区内集中建造的酒店共同形成了新加坡的酒店集群，而那一带也成为新加坡的主要旅游区之一。

（二）快速成长阶段（1969—1981 年）

这个阶段新加坡经济迅速增长，经济的发展随之带动了旅游产业发展，交通运输业的发展，尤其是机场的建设和完善奠定了观光旅游的交通基础，政府投资了 15 亿新元修建樟宜机场。1981 年，年运输量 1200 万人次的樟宜机场开始投入运营。此后，政府也颇有前瞻性地不断为机场扩容并提供优质服务，使新加坡机场成为国际知名的机场。自 1987 年该机场开始蝉联 20 多年"亚洲最佳机场"称号，先后 80 次被国际认可的组织和媒体评为全球最佳国际机场、世界最佳免税机场、亚太最佳机场，获 IATA 鹰奖等。

1981 年政府颁布五年计划，兴建包括东海岸公园和西海岸公园在内的、以公园为主体的娱乐设施。东海岸公园以"大众娱乐"为主题，内设可容纳许多人同时游泳的泻湖、沙滩、风帆冲浪俱乐部、划艇、野营设备、小型度假木屋、慢跑和自行车跑道、高尔夫球场、垂钓码头、烧烤区及其他娱乐餐饮中心等。西海岸公园占地比东海岸公园小。它的海岸情况不利于沙滩的形成，因此它的开发重点放在海边风景，力图提供一个宁静的环境。这些公园也在建成后不断地重新开发新项目，被视为自然和生态吸引物。公园和花园营造出的舒缓气息与通信、金融和交通业的尖端科技塑造出的冰冷的现代化形象截然不同，它们被打包成旅游吸引物，以两种气质的矛盾与统一为特点，令新加坡成为能包容"惊人反差"的城市。

旅游产业在这一阶段呈快速成长的趋势。入境旅游收入、出境旅游消费、旅游收支三方面增长率都实现了增长（见表6-5）。

表6-5　　　　　1969—1981年新加坡出入境旅游收支平衡情况

年份	入境旅游收入（百万新元）	年增长率（%）	出境旅游消费（百万新元）	年增长率（%）	旅游收支（百元新元）	年增长率（%）
1969	225. 10	—	28. 80	—	196. 30	53. 30
1970	279. 90	24. 30	31. 90	10. 80	248	26. 30
1971	333. 60	19. 20	34. 70	8. 80	298. 90	20. 50
1972	423. 70	27	76. 50	120. 50	347. 20	16. 20
1973	573. 10	35. 30	87. 80	14. 80	485. 30	39. 80
1974	735. 10	28. 30	101. 40	15. 50	633. 70	30. 60
1975	1119. 20	52. 30	400. 40	294. 90	718. 80	13. 40
1976	1266. 40	13. 20	432. 40	8	834	16
1977	1517. 90	19. 90	481. 60	11. 40	1036. 30	24. 30
1978	1843. 60	21. 50	534. 40	11	1309. 20	26. 30
1979	2439	32. 30	590. 90	10. 60	1848. 10	41. 20
1980	3068. 40	25. 80	712. 60	20. 60	2355. 80	27. 50
1981	3786. 40	23. 40	791	11	2955. 20	27. 10

旅游交通设施和基础设施进一步完善，旅游内涵有所开拓，会展旅游也开始萌芽。这一阶段，新加坡在会展旅游方面进行了一系列探索。1971年，新加坡旅游促进局提出把东方会议中心（The Convention Center of the East）作为旅游营销口号亮点内容，试图获得会议的举办权，并让各国际组织、协会了解和熟悉新加坡这个会议举办地。1971年1月，在新加坡大会堂成功举办的"联邦政府首脑会议"（Commonwealth

Heads of State Conference）让政府和人民相信，新加坡有能力举办大型
会议。会展旅游的发展是与新加坡经济发展战略相适应的。1974 年 4
月，新加坡会议署成立，隶属于新加坡旅游促进局。它的主要功能是帮
助各协会参与会议投标，吸引会议组织者在新加坡举办会议并确保会议
组织成功。为了有效宣传新加坡的场馆设施，会议署在国外做宣传促销
时印制场馆指南、会议小册子等分发给潜在客户。同时，他们提出
"全球汇聚新加坡"（Singapore – Where the World Together）作为会议促
销的主题。在新加坡会展业的早期发展中，政府在场馆设施建设、政策
制定和会议目的地营销方面都不遗余力高度参与，把旅游会展发展引上
正轨也是政府国家经济发展战略的一部分。从这种意义上来说，新加坡
的会展旅游业一直都是被精心计划、系统管理的。整个 20 世纪 70 年代
政府都加紧步伐开展会议场地提供促销，每年举办会议的数量已从
1971 年的 75 个增加到 1980 年的 158 个，这十年间取得的成绩使新加坡
成了取得亚洲会议中心主要地位的有力争夺者。会展业的发展同时又带
动了酒店等行业的繁荣。

这个阶段，新加坡通过开发各种旅游吸引物突出"亚洲万象"内
涵："亚洲万象文化秀"推出 20 世纪 70 年代融合多民族风格的舞蹈；
1976 年成立展示亚洲手工制品的新加坡手工艺品中心；1978 年 Rasa
Singapura 食品中心开业，提供新加坡最好的食物等。值得一提的是，
演出、展览和餐饮都被包装进了最现代的大楼而非历史建筑物中，因为
当局认为旅游者希望在安全和卫生的基础上参观历史遗址。这些亚洲元
素都被现代的外衣包裹以迎合旅游者的口味，引导旅游者消费这些旅游
产品。"亚洲万象"着眼于新加坡内部，局限于自身地域内打包各种已
有的元素，目的在于用浓缩的东方多元文化吸引西方旅游者，满足其对
东方文化的最初欣赏需求。当时的西方旅游者现金少、时间紧迫，这种
包装完全适合他们的品位和需要，因此营销是成功的。

（三）成熟发展阶段（1982—1996 年）

20 世纪 80 年代，随着新加坡国民收入水平的提高，出境旅游开始
繁荣起来。旅游产业在此阶段出现新的发展和升级（见表 6 – 6）。这个
阶段新加坡开始反思并酝酿着新发展，如通过对旅游产品的进一步更新
试图寻找东方魅力，对历史建筑的保护愈加重视，旅游营销点从东方文

化转向东西融合的多元文化。1986 年，新加坡贸易及工业部颁布了第一个旅游总体规划——《旅游产品发展计划》。通过政府拨款建立具有五大主题的旅游产品，即"异域东方""殖民遗产""热带度假地""花园城市""世界体育盛事"。这样的产品规划也收到了良好的效果。

表 6 - 6　　　　　1982—1996 年新加坡出入境旅游收支平衡情况

年份	入境旅游收入（百万新元）	年增长率（%）	出境旅游消费（百万新元）	年增长率（%）	旅游收支（百元新元）	年增长率（%）
1982	4034.20	6.50	1027.80	29.90	3006.40	0.40
1986	3847.90	5.30	1404.30	4.10	2443.60	-14.10
1990	8325.40	29.10	3268.40	25.70	5057	31.40
1996	11145.60	-5.90	8594.50	20.60	2551.10	-46

1986 年，新加坡贸易及工业部颁布了第一个旅游总体规划——《旅游产品发展计划》。这是新加坡旅游业走上正轨、日趋成熟的一个表现。该计划拨款 2.23 亿美元依照五个主题重塑新加坡。这五个主题分别是："异域东方""殖民遗产""热带度假地""花园城市""世界体育盛事"。这五个主题的打造几乎涵盖了新加坡当时拥有的所有资源。并按照一定的逻辑将这些资源分类包装，体现了新加坡对自身的审视与思考。不同于以往的规划，这些吸引物旨在树立新加坡人的"地方文化意识"以及吸引新的旅游者，并令其在旅途中获得更多美的享受。《旅游产品发展计划》收到了良好的效果。1993 年新颁布的旅游总体规划《成长战略规划》（*The Strategic Plan for Growth*）评估了《旅游产品发展计划》的成就，给予了它充分肯定，认为旅游基础设施建设已非常完善。新加坡的旅游景观暂时已不需要在数量上增加，而要关注进一步的挖掘。

20 世纪 80 年代，新加坡会展设施在政府的主导下又有了新的发展。新加坡的第一座多功能会议展览中心世贸中心 1981 年投入使用，举办了多场会展活动。它被认为是新加坡会展产业的龙头的标志。新加坡逐渐成为公认的会议目的地之后，世贸中心开始不能满足会议的所有需要。政府急需发展会议中心和其他基础配套设施强调"亚洲会议之都"的形象。1985 年，滨海中心建成三个会议酒店，莱佛士城会议中心也在一年后建成。莱佛士城会议中心拥有当时全世界最高的酒店——史丹福酒店，会议中心的会议室可以容纳最多 3500 名与会代表，并配备了现代化的通信设施。由于设备设施的完善，新加坡旅游促进局的营销活动也更具说服力，他们凭借着新扩建的会展场馆设施吸引到更大规模的国际协会组织来新加坡举办会议。新加坡会展的营销范围也早已从最初的亚洲市场扩大到了美洲、欧洲国家和澳大利亚。新加坡举办会议的数量在 10 年间翻了番，从 1981 年的 246 个增加到 1990 年的 500 多个，成绩斐然。

新加坡历史建筑物保护直到 20 世纪 80 年代才受到政府重视，出现在城市发展文件中。20 世纪 80 年代中期，历史遗产保护成为城市规划中的重要议程。与之前将"现代"吸引物融入历史保护建筑截然相反的是，新政策试图将历史气息注入现代化的城市景观中。人们早已厌倦了经济发展进程冷冰冰的气氛以及随之而来的"日常生活工业化"，怀旧气息开始出现。随着寻求自身精神家园归宿的诉求慢慢觉醒，保护历史建筑的议题自然而然浮出水面。而对历史建筑的修缮维护过程实质上也是回顾、挖掘"异域东方"魅力、保护"殖民遗产"的过程，这与旅游产品开发的思路是一致的。因此，原本属于城市规划范畴的历史建筑保护同时也是发展城区旅游业必不可少的组成部分。

"无限惊喜新加坡"的口号于 1977 年被首度提出，并于 1984 年正式获得推广。"无限惊喜新加坡"是新加坡在立国、强国的奋斗过程中为自己树立起来的新形象。它学习西方技术，以发展经济为目标，无可避免地留下了西方文化的印记。新加坡旅游促进局准确捕获到了这一新气质，在推出旅游形象的时候意图呈现东方独特文化和西方现代化的完美融合，以及这两种文化碰撞产生的奇妙火花。营销上的这一变化可说是时代进步赋予新加坡的特质，是新加坡文化中的新元素。

（四）平稳发展阶段（1996 年至今）

新加坡旅游产业经过 30 多年的发展进入了持续平稳发展阶段，旅游竞争力一直维持在世界前列。

由图 6 - 1 可以看出，2005 年新加坡旅游呈现波动增长的趋势，随着东南亚其他国家旅游业的崛起，旅游产业竞争愈加激烈，新加坡需要重新考虑夺回在亚洲旅游的竞争优势。通过定义旅游者进入东南亚地区浏览景观、体验文化的跳板，与东南亚国家一起联合开发旅游产品吸引旅游者，避免单一的恶性竞争，在与其他国家的合作中谋求共同利益。新加坡政府与印度尼西亚、菲律宾、泰国和中国联合开展营销活动，确定新加坡的门户位置，政府鼓励新加坡的旅游企业到东南亚其他国家、东盟国家地区进行旅游产业投资，新加坡的酒店、度假村、主题公园、餐饮和零售等旅游相关企业在区域重点旅游地投资；航空、海路、陆路运输企业投资进入其他目的地的交通项目，令交通更为便利。通过投资加强与其他国家的联系。

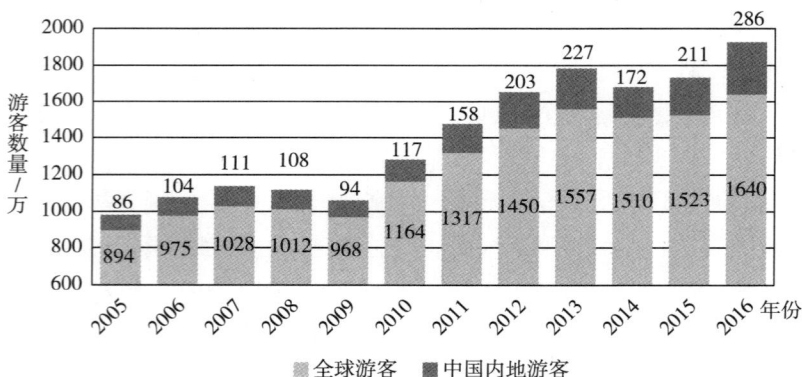

图 6-1 2005—2016 年新加坡旅游接待量

新加坡还以自身为核心开发多个目的地的旅游产品。在保证高品质、安全、舒适的新加坡环境品质的同时，让旅游者获得更多区域内的旅游享受。新加坡与东南亚地区的印度尼西亚、马来西亚、缅甸、越南、泰国和菲律宾都有官方合作。新加坡、马来西亚的 Johor State 和印度尼西亚的 Riau 岛组成了"成长金三角"（Growth Triangle），跨越国家界线成为一个独立目的地。印度尼西亚和马来西亚提供丰富的土地资源诸如高尔夫球场、沙滩度假地和文化旅游景观，新加坡则因其一流的航空和海港设施成为旅游者出入目的地区的门户地区。新加坡和马来西亚旅游早在 1982 年就建立了合作关系，成立了新加坡—马来西亚旅游委员会。在北亚，旅游局与中国的四川、山东省有直接合作；新加坡在南亚和大洋洲与印度和澳大利亚也结成了伙伴关系。此外，新加坡与东盟的合作亦非常紧密。这种联合不仅为新加坡带来了更多的旅游外汇收入、旅游流和旅游消费，与此同时新加坡也把自己的旅游发展心得通过培训、咨询、联合营销和产品开发传到了其他国家。区域联盟整合并分享了地区内的资源，给新加坡和东南亚的其他国家带来了"双赢"的结果。

这个阶段会展业发展越来越成熟，会议的规模和影响力排在世界前列，展览和奖励旅游项目也逐渐进入会展业的日程。1998年之前，新加坡一直把会展业发展重点放在会议上，1998年它开始全面出击。继1992年"相聚新加坡1995"营销活动获得成功之后，新加坡旅游局乘胜追击，于1998年推行包含会议、奖励旅游、展览全方位的行销活动"全球汇聚2000"。这是一个投资600万元、为期三年的全球行销和推广活动。推广活动包括诱人的折扣、对组织者的奖励以及对活动的各项支持服务等。活动的最终目标是要使新加坡成为"全球汇聚之地"（global meeting place）及21世纪会展目的地的"第一"选择。

对会展业的营销战略理念升级，政府投入巨资进行营销提出"相聚新加坡"的营销口号，在《21世纪旅游远景规划》中提出，"把世界带进新加坡，把新加坡带进世界"。会展的硬件建设也同步进行，新加坡国际展览中心建成，成为亚太地区最大的会展中心之一，樟宜机场也建设了新加坡博览中心，进一步顺应了会议和展览功能结合使用的趋势。同时建立了滨海湾金沙度假胜地和圣淘沙名胜世界，更有效地将会议和休闲旅游结合起来，努力打造世界最理想的MICE（会议、展览、奖励旅游）中心。

第二节　典型国家旅游产业绿色化推动产业升级对中国的借鉴

一　高度重视可持续发展问题

对环境进行有效保护，确保可持续稳定发展是旅游产业能够保持生命力的关键所在。西班牙、日本和新加坡都将旅游可持续发展理论与实践相结合，探索出所谓的"增长管理"模式，就是政府有意识地计划，意图在地方权限内影响旅游业发展的速度、总量、类型、地点和未来的发展质量。该模式主要致力于满足景区、社会及当地居民的需求，客观全面地反映当地的社会属性，并且适应当地独特的变化条件。其具体做法体现在三个方面：一是关注旅游发展的质量，运用分区策略、标准策略、交换策略等达到质量控制的目的；二是对旅游发展的控制，严格控制旅游目的地的容量，采取保护发展策略；三是通过旅游区扩大、缩小、转移等方式，对旅游地的选址严格控制，因地制宜，采取不同的发展战略。这三个方面，在不同的地区的实践有各自的侧重，但三者始终相互联系、相互结合，从而有效地促进旅游目的地旅游业可持续发展。

西班牙政府认为，旅游业的持续发展要在生态多样性、社会文化的持续性和经济的可持续性三方面做出努力。在资源开发和利用过程中，他们采取多种形式进行环境保护和治理，全社会参与环境保护的意识非常强。在旅游资源开发中，规划部门要进行定量环保研究，分析未来旅游活动可能对环境造成的影响和需要采取的措施。1994 年制定的《海岸法》就明确规定，距离海水 100 米内不准新建任何建筑物，原有的建筑物不能转让，只能自生自灭；还规定，在海滨建饭店首先要解决排污问题才能获准建设。海滩属于政府的公共设施，为保护游客健康，有专门人员负责对海水取样检测，确保水质达标。2004 年修订的《旅馆法》则规定，在海边建旅馆一定要距离海水最少 500 米，每间客房占地面积不少于 110 平方米，以此来控制海滨饭店设施的建设密度，以保证有足够的空间。

西班牙政府坚持开发就是保护的理念，为了保护西班牙为数众多的古城堡，按照原貌修复，修旧如旧。以国有方式购买古城堡，将古城堡改建为饭店。通过古城堡赚来的钱又去收购更多的古城堡。这样既起到保护文化古迹的作用，又获得经济效益，用赚的钱去再开发。

西班牙政府对乡村旅游非常重视，对于乡村旅馆，法律规定就必须是具有 50 年以上历史的老房子，而且最多提供 10—15 个房间，以防止房间数量过多破坏农村固有的面貌。

1998 年，西班牙制定《可持续旅游业纲要》，并于 1997—1998 年开始启动"可持续旅游城市"项目。在旅游资源开发中，注重对旅游规划进行定量环保的研究，分析未来旅游活动可能对环境造成的影响和需要采取的对策。西班牙政府主导出台"未来"计划，由国家旅游秘书处与官方信用机构（ICO）负责协调与执行，聚焦于能源节约与环境保护方面工作，旨在改善旅游设施的可持续使用性、能源节约与效率、环境管理体系、质量达标体系、创新及新技术应用及旅游供给差异化等状况。截至 2018 年，西班牙通过欧盟 Nautra 2000 自然保护区网络认证（世界最知名的保护区认证之一）的保护区面积达 22.20 万平方千米，居欧盟首位。

日本通过可持续发展旅游活动来推进观光立国的发展。通过旅游立法、成立专门领导机构等具体措施推进旅游产业可持续发展。

为了保护有限的旅游资源，实现旅游的可持续发展，日本政府及有关方面感到有必要遏制过度的开发行为和避免游客过度集中等现象，因而陆续出台一系列政策措施。对自然旅游资源和人文旅游资源的保护主要是通过制定《旅游发展基本计划》《自然公园法》和《文化遗产保护法》（以下简称《文物保护法》）等法律文件，通过指定自然保护区和重要文物等形式来进行的。

日本政府于 1949 年对《国立公园法》（1931 年制定）进行修订。其中提出了设立"特别保护地区"和指定地位次于国立公园的区域（现在的国定公园）加以保护的思想理念和战略方针。日本政府于 1957 年再度修改《国立公园法》，并将其改名为《自然公园法》。该法进一步明确了国立公园、国定公园、都道府县立自然公园的地位，并将其体系化。1972 年 6 月，日本政府颁布《自然环境保护法》，将保护的范围进一步扩大。《自然公园法》是以促进自然风景地的保护和利用为目的，而该法则是以保护自然为目的，不考虑使用上的便利，与自然公园相比，其限制条件更加严格，可以说是一部《自然公园法》之外保护珍贵自然财富的法律。日本政府先后于 1993 年和 1997 年分别制定《环境基本法》和《环境影响评价法》等环境保护法，构建了比较完善的环境保护体系，为实现人与自然和谐发展以及旅游的可持续发展奠定了比较坚实的基础。日本 1950 年颁布《文物保护法》，目的是保护古都的历史风土，以便让国民平等享受，并让下一代继承。随后多次对其修正，使文物保护制度逐渐完善。一些自治体（地方政府）为了保护本地区内未被纳入国家指定的文物保护范围内的重要文物也制定了《文物保护条例》。根据条例，指定地方上认为有价值的文物作为受保护的文物，以期保存和利用。自治体（地方政府）单独资助所有人等进行管理、修理和开放等事业的情况很多。另外，通过设立美术馆、博物馆和历史民俗资料馆等对文物进行开放调查研究，并对地下文物进行发掘调查。同时，管理团体（或机构）对国家所指定的文物进行保护的为数很多。

2008年，日本出台《生态旅游推进法》，提出保护自然环境、振兴地方经济、推进环保教育的三大主题，对不同区域采取了不同的措施，对列入联合国教科文组织的世界遗产名录的区域，对其内游客分时段进行限制措施；对热门旅游区域开展生态休学活动；对其他地区，深入挖掘地方特色，在保护环境的同时让游客深入体验其独特魅力。日本各个地区根据本地区生态旅游资源的实际情况，有在比较适宜开展生态游的地方，设计和引导去开发相关项目，引导当地居民接受并运营参与到生态旅游当中；生态旅游协会对这一行业进行服务和管理工作；在地方自治体、生态旅游协会和当地社区居民的大力支持下，日本旅游企业发展生态旅游动力强劲，先后开发了几百条生态旅游线路，从而使生态旅游市场规模不断扩大，而当地居民也对开展生态旅游活动持积极态度。

新加坡旅游发展非常重视环境保护，以维持旅游产业的可持续发展。新加坡和有关行业协会按照可持续发展的三方合作关系（政府、社区、私人企业）互动的理念，对有意义的活动和项目提供支持，促进旅游业规范发展，引导和促进各旅行社、旅游组织不断提高服务质量，注重旅游资源的整合管理，避免各投资主体的单打独斗和无序竞争，鼓励从业者改变经营模式，使用科技提高生产力，使优质旅游资源得以充分开发利用，实现效能、效益最大化。新加坡大力发展各种人造生态公园和建设花园城市，还将旅游税收的3%用于环境保护，而且新加坡非常注重旅游和当地社会文化的有机结合，力求二者之间平衡和和谐发展。

中国面临着日益严重的环境污染与水土流失问题，人类的生活环境日益恶化，旅游业以独特的生态保护功能脱颖而出。在中国，旅游是一把"双刃剑",一方面它对保护环境,提高人们的生态意识具有独特的作用,另一方面,旅游又可能给地区和环境带来一定的破坏。所以旅游可持续发展这一理念在中国旅游产业发展过程中具有积极意义,对后期发展价值突出。根据国情的不同,中国不能完全套用西班牙、日本和新加坡的模式,但是它们的理念与精髓是需要追寻的目标。结合西班牙、日本和新加坡旅游目的地可持续发展经验,针对中国目前的情况,首先必须强化自然保护意识与可持续发展观念,经济上的收益不能蒙蔽我们的眼睛,保护与开发可以并行不悖,重要的是"度"的把握,与"质"的管理。保护与开发各有限度,才能双管齐下,一方面获取旅游带来的经济收益,另一方面严格保护自然生态,双方界限分明,严格管理。同时,中国要加强法制建设和规划的科学定制,在法律体系建立上设立各类标准与条例,保证旅游目的地的各类权益,在规划中把握"保护、开发"的合理尺度,做到"质"上的保护。而更重要的是要加强立法和规划的严格行动实施、贯彻,避免纸上谈兵。

二　政府主导的灵活发展战略和旅游政策

世界多国经验证明,制度和政策决定着整个国家创新体系中人、财、物力的投入、流向、使用效率和创新效果。即使是强调自由竞争的市场化程度很高的国家,也高度重视政府在推动旅游方面的积极作用,纷纷出台相关政策,设立孵化机制,建立创新网络,培养创新人才,支持创新联盟。

三个国家旅游产业发展过程中,政府对于旅游产业的持续发展具有主导作用,发挥了其主体功能。这些国家在主导保护资源工作方面能够起到应有的作用,进而避免过度开发导致环境受到负面影响;将产品开发、包装等融入统一品牌构建当中,进而能够起到协同作用形成合力;旅游要素的资源整合不断形成合力,更进一步达成宏观调控目的;旅游配套设施,旅游公共服务等由政府完善和运营,融入旅游过程之中,给游客留下了深刻印象,提升了国家的旅游服务形象。

西班牙旅游局一直服务于西班牙旅游业,实行历任政府制定的旅游政策,不因各种重大政治变革的影响而发生重要的改变,无论是1978年的专制政权还是民主政权,无论是在中央集权还是高度分散的政治行政体制中。

　　政府对于旅游产业有独特的关注，将其视为支柱性产业，发展旅游产业能够持续有效地提升本国经济，为了保持旅游产业在国际市场上的竞争力，西班牙政府根据国内旅游发展的变化，制定了一系列灵活的旅游发展政策，着力提升旅游企业及目的地旅游业的竞争力和"西班牙品牌"的凝聚力与知名度，重点打造海滨休闲度假产品，创品牌效应，保证西班牙旅游产业的可持续发展（见表6-7）。

表6-7　　　　　　　西班牙旅游政策演变：走向创新驱动

时间	1980—1990年	1992—1995年	1996—1999年	2000—2006年	2007—2012年
导向	应对危机	竞争力/可持续性	质量	质量	知识和创新
重点	反思自身弱点，制定政策提高旅游设施质量和产品供给的多样性	将创新作为生存的重要方式；在经济、社会和环境标准方面适应全球需求的变化	需求驱动创新；采取积极的创新政策	定位于创新；建立西班牙旅游质量体系和认证体系；实施全面质量管理	把创新作为一种生存方式
工具	西班牙旅游白皮书	FUTURES1项目	FUTURES1项目	PICTE项目	全国旅游规划2020
特征	为后续旅游政策的制定建立框架；加强中央和地区合作	设立专门的旅游创新项目	政府重点支持技术使用、创新和研发	支持创新型项目的运营和工具的使用	着眼于未来

　　日本旅游产业的发展始终和日本的经济、政策紧密联系在一起，并成为国家发展战略的组成部分。在日本，绿色旅游是在国家农业政策和地域开发政策背景下推进的。第二次世界大战后，工业化带来的高速城市化导致了乡村的衰落。促进乡村发展，激发乡村活力，促进区域平衡一直是日本全国国土规划致力的目标，这一点在第五次全国综合国土规划中表现得尤为突出（见表6-8）。

　　第二次世界大战后，日本旅游产业的发展采取政府主导型发展模式。"日本模式"的最大特征是政府对旅游经济的"主导"或"导向"，这一方式在促进旅游产业发展方面也体现得非常突出。主要表现在：一是政府制定了旅游产业发展的基本法和其他法律法规，二是制定并实施了国家层面的旅游产业发展基本计划，三是政府设置了专门的推进机构，即观光立国推进本部、观光厅和日本政府观光局。政府主导的发展模式的使用也获得了巨大的成效，2017 年日本接待外国游客数量超过 2800 万人次，访日外国游客消费达 2570 亿元。

表 6 - 8　日本历次全国综合开发规划中自然型旅游地规划内容变化

	重点开发区域	开发方法	社会意义	规划的关键词
全国综合开发规划（一全总）（1962 年 10 月）	独特的国立公园	基础设施，居民住宿设施整备	把旅游作为一般性的开发方案	基本开发方式（新产业都市）
新全国综合开发规划（二全总）（1969 年 5 月）	北海道，东北，北陆，山阴，四国，九州和离岛的国立国定公园	大规模开发野营地，旅馆等	疏散	大规模开发方式
第三次全国综合开发规划（三全总）（1977 年 11 月）	重点开发区域日常生活区域，山村，渔村，离岛	开发方法没有特别记述	整合居民区与自然环境	定居计划
第四次全国综合开发规划（四全总）（1987 年 6 月）	农村山村渔村	大规模开发旅游区	重塑乡村活力	多级分散性国土，交通网络规划
第五次全国综合开发规划（五全总）（1998 年 3 月）	农村山村渔村	绿色旅游，蓝色旅游	重塑地方活力，激发地方自豪感	构建多轴型国土，自然与人居融合的形态

新加坡非常重视旅游产业的发展，政府认为旅游产业是为国家创汇、为人民就业、为与世界各国构架友好桥梁的产业。新加坡政府非常重视对旅游产业的管理和规划，以及人才的培养。管理方面工作通过政府部门和行业协会两个渠道来进行。前者主要进行宏观管理和规划，使旅游资源得到充分和科学的开发，保证旅游业布局健康合理。后者则促使旅游业规范发展，引导和促进各旅行社、旅游组织不断提高服务质

量，进行有序竞争，保证旅游行业有效、有序地自我发展。规划方面，重视投资的同时，还注意以旅游带动其他产业的发展。新加坡政府高度重视旅游业的发展，因此也十分看重对旅游业的规划和投资。从 20 世纪 80 年代开始，新加坡每年对旅游业的投入达 2 亿—4 亿美元，2007 年则投入 20 亿新元作为旅游业发展基金。在未来的发展规划中，新加坡旅游局制定十年目标，希望 2015 年前每年吸引 1700 万旅客人次，让旅游业收益增加两倍，并为旅游业创造 10 万个就业机会。新加坡政府为旅游产业发展的不同阶段制定不同的主题，同时每个阶段旅游发展的侧重点不同，取得了许多成就（见表 6－9）。

表 6－9　　　　　　　　　　新加坡旅游产业不同发展阶段的主题

时期	旅游主题	旅游发展侧重	具体成就
20 世纪六七十年代	"一站式亚洲"	把振兴旅游观光业作为解决失业问题的方法；进行多民族文化整合；提出花园城市宣言；进行有吸引力的建设	设立观光振兴局；建设第一座狮身鱼尾像，并进行相关特产商品的开发；开设裕廊飞禽公园、新加坡动物园、圣淘沙为休养岛；设立"新加坡国际会议会局"，招揽国际会议在此举办
20 世纪80 年代	"无限惊喜新加坡"	保护历史建筑物和对建成区改造	制订历史性地区保护总体规划；改造中华街、小印度、魅力村等著名旅游地区
20 世纪90 年代	"新加坡，新亚洲"	打造"购物天堂""艺术之都""东南亚中心"，促进海外旅游投资	以购物为卖点建设汇聚名家品牌购物中心的乌节路；进行大规模的会议设施等的建设；举办大型展览会、建造一流的演出场馆，树立"东南亚中心"的地位；向东南亚各国和澳大利亚、中国等进行跨越国境的旅游观光投资，使旅游观光走向世界
21 世纪	"非常新加坡"	传统与现代结合，注重独特性开发；"怀旧新加坡"，找寻"亚洲的灵魂"	景点建筑镶嵌"故事牌"，把无生命的建筑翻译成丰厚历史文化的载体；大力开发建设国际化会议设施和为展览会提供场地

在具体的发展实践过程中，中国国内各地方政府及相关部门要优化调整对于政府主导的基本认识，改变过往固化思维，要切实突出主导而不是让政府区主宰市场，要么把"政府主导"理解为"政府主财"，要么把"政府主导"理解为"政府主干"，这些错误的理解在实践层次表现出旅游行政主体不明，旅游行政壁垒重重，行政管理责任不清等问题。在稳步推进"政府主导型"旅游发展战略过程中，政府应该扮好战略层面的指挥角色，而不是战术层面的执行者角色，要充分尊重旅游市场本身的内在规律，发挥市场的主导作用，做好旅游企业市场操作的协调推动者；要实施规范和持续的管理；要切实做好保障；要突出公平与效率兼顾这一主题；要规避政府管理中可能出现的信息不对称等现象出现，优化决策机制；要借助市场机制更进一步发挥市场作用；要落实企业自主创新，优化决策和节约社会成本，使资源能够合理有序地被开发利用。

三　重视旅游宣传推广，强调整体促销和联合营销

营销的主要目的在于引发潜在旅游者关注，刺激旅游消费，为游客提供信息，使其能够更好地了解旅游产品，进而达成消费意愿。上述国家都非常重视相关宣传营销工作。

西班牙通过媒体宣传和广告创造并确立了该国作为旅游目的地的形象，并建立了一个平台支持西班牙旅游企业开发的旅游产品的营销。这项工作的主要部分已由西班牙旅游办事处网络进行，该办事处创办于20世纪上半叶，在20世纪下半叶迅速发展，并在近十几年把业务拓展到新兴市场。其主要任务是研究市场，加强媒体公关、策划和开展推广旅游产品的营销活动，与主要客源市场的专业旅行社加强联系，以上种种工作都促进了西班牙旅游业的发展，提高其适应不断变化的需求趋势的能力，以保持竞争力。特意组织专门的机构落实宣传工作，旅游促进会为主导的组织，在国外设置超过30个办事处。

在推广领域，在各个阶段都特别强调媒体和广告的作用，是创立和巩固旅游目的地形象必不可少的工具。当西班牙在因政治和社会事件（袭击事件、事故）、自然灾害或者供应恶化等原因而导致其目的地形象在客源市场消费者心中变差时，西班牙一般会利用公共关系、报刊记

者和视听媒体（在2010年数量为1.30万）的通信模式进行沟通。随着所谓的"社会媒体"的出现，公共关系工作的重点已经转移，媒体必须遵循着游客的感知而调整改变。至于广告方面，西班牙有悠久的传统，自20世纪初就开始出版优质的海报和小册子。从20世纪90年代开始，小册子作用发生了变化，从形象宣传转变为提供信息，主要是向游客提供关于旅游目的地的实用信息，采用固定格式和口袋书的形式提供。早在大众旅游阶段，媒体广告活动组织就尝试采用不同的组织形式。直到1974年，广告宣传活动由各个不同的机构负责，而无须繁复的行政手续。从这一年开始通过公开招标进行确定。

此外，从1977年起，广告宣传活动开始针对每个不同的市场而有所不同。1982年采用新的做法并沿用至今，这个做法是面向所有的市场采取一个总的广告宣传手法，采用统一的"版面设计"和主题，目的是设计西班牙作为旅游目的地的统一形象。针对每个市场的特点，选出最适合于每个产品和形象的代表。有时会使用拥有全球声望的西班牙名人作为代表：男高音歌唱家普拉西多·多明戈、高尔夫球手塞维耶罗·巴耶斯德罗斯、世界杯冠军足球队等。西班牙在宣传营销上结合不同周期和界定，有针对性地提出营销口号，如1982—1989年，口号为"西班牙，一切都在阳光之下"，除重点宣传阳光、沙滩外，还根据客人的需求，介绍高尔夫、葡萄酒、传统节日等多样化的旅游产品；1989—1995年，口号为"西班牙—生活激情（对生命的热爱）"，主要向游客介绍西班牙人开放、喜欢过节日、快乐的性格和直接的、自然的、不做作做事的特点；1995—1999年，口号为"西班牙真棒"；1999—2004年，口号为"西班牙品牌"；2017年，口号为"西班牙将成为你的一部分"。在国家整体形象的宣传口号下，每个区的宣传口号可以做一些针对性的改变，如巴塞罗那地区的宣传口号为"巴塞罗那，品牌"，马德里地区的宣传口号为"马德里，品牌"等。而采用米罗标志则是世界旅游历史上独一无二的做法，此标志已使用了超过30年，认可程度非常高，已成为西班牙旅游品牌甚至西班牙的形象代表。

为了适应自助游比例不断增长的趋势，旅行社在设定产品套餐时更为灵活，由于渐渐失去了市场份额，旅行社之间逐渐开始合并且向所有欧洲市场拓展业务，从而减少了旅行社的数量。旅游局在政策上支持西班牙旅游产品的营销，基于三个标准：一是对市场进行调研，通过西班牙旅游办事处网络及通过旅游协会（FRONTUR，研究出国旅游；FA-MILITUR，研究西班牙人的旅行习惯；EGATUR，收集外国游客的旅游消费数据）对客源市场的需求进行研究及不断地更新资料（市场研究、产品研究、形势报告）。西班牙加入申根区后，其国民不需要签证即可进入其他申根区内的国家，在加入申根区前，进行了精确而复杂的游客信息调查，检测旅客流量，以便获取旅客行为及其满意度方面有价值的信息。二是作详细规划。每年针对各个客源市场制定一份旅游营销支持计划（PAC），计划执行和结果检测以及投资回报率的确定均由负责旅游推广工作的中央机构 TURES – PANA 运作。三是在旅游营销支持计划的制定、执行和融资过程中，自治区和地方机构及私营公司必须参与。政府代表（国家、区域和地方）和私人旅行社的代表通过西班牙旅游理事会参与。

以安达卢西亚和加纳利群岛为例，其销售渠道主要是以下几个方面：制作一些介绍海滨旅游产品的小册子、录像带或光盘；在客源地设立旅游办事处，安达卢西亚就在欧洲各个国家和地区设有 40 多个办事处；在有关媒体上做广告，包括报纸（如《纽约时报》的周末版）、电视、专业杂志、旅游批发商的产品目录等；加强旅游信息化建设，建立专门的旅游网站，通过互联网与旅行商、旅游者形成直接的联系；到出境游客源国参加旅游博览会，包括英国的伦敦展、德国的柏林展、意大利的米兰展等，还有一些专业性的旅游博览会，如水上旅游、会议旅游博览会等，安达卢西亚 2003 年到其他国家参加了 8 个旅游博览会；邀请旅游批发商、电视记者、专业杂志的编辑及其他有影响力的旅游权威人士来本地区进行亲情旅游活动，或针对旅游批发商举办专门的旅游研讨会，让他们了解当地的旅游产品、设施等情况，类似的活动安达卢西亚 2003 年开展了 21 次，人数多达 1200 人。还有重要的一点就是建立针对出境国家旅游市场信息的数据库，比如到德国开拓高尔夫球市场，就要了解德国有多少个高尔夫球场、有哪些宣传高尔夫的报纸和杂志、有哪些经营高尔夫旅游活动的批发商等信息，这样促销才会有针对性，效果更好。

日本也非常重视旅游的对外推广，同时也快速适应和迎合现代旅游消费者的特点，通过在线推广和旅游大使的宣传，传播日本旅游体验，提升日本旅游在全球旅游者中的知名度。政府通过推介会等方式进行旅游产品的宣传推广，召开国际会议等方式使日本旅游资源被广泛推广和介绍，取得较大宣传效果，逐渐形成品牌影响力。

新加坡旅游向来注重营销，自旅游产业起步阶段就开始了营销活动（见表6-10），旅游营销由旅游局牵头，联合其他部门共同执行营销计划。城市目的地的属性让新加坡的游客以家庭游客为主，同时也为吸引不同客群有针对性地制定了旅游产品和策略，并非常乐于借明星之力在不同市场进行推广宣传，如先后聘请阿杜、林俊杰、蔡健雅、孙燕姿等明星作为新加坡旅游大使，对新加坡旅游进行营销宣传，效果卓著。2008年和2009年，新加坡连续两年居于"东西方国家（地区）品牌全球指数200"榜首的位置。

表6-10 新加坡营销口号及内容演变

年份	营销口号	营销内涵
1964—1973	"亚洲万象"（Instant Asia）	多元亚洲文化元素吸引西方游客
1984—1995	"无限惊喜新加坡"（Surprising Singapore）	高楼、绿树、花园城市；现代化与亚洲魅力文化并存
1996—2003	"新加坡，新亚洲"（New Asia Singapore）	东西文化熔炉东南亚旅游中心
2004—2009	"非常新加坡"（Uniquely Singapore）	多种族融合传统与现代融合
2010—2016	"你的新加坡"（Your Singapore）"面向未来的新加坡"（Future Ready Singapore）	彰显出国家开放的气度和包容的胸怀
2017年至今	"心想狮城"（Passion Made Possible）	寻求突破和创新、追求理想永不言弃的新加坡精神

政府营销具有公共产品特性和非营利性特点，目的是通过本地区的旅游资源和整体形象来吸引旅游者，扩大知名度和影响力，促进旅游产业的发展。中国政府相关部门在旅游营销推广过程中，需要着重发挥出三方面的作用，首先就是要根据整体旅游情况制定营销规划，明确影响

战略目标，在更高站位上去审视和分析旅游产业定位和后期发展方向问题，编制具有可操作性的战略规划，确保企业能够积极参与其中，实现旅游营销工作持续深入推进，带动行业稳步发展和前行。其次是明确旅游产品宣传口号，使旅游目的地有一个标志性形象。中国旅游资源丰富，各省旅游资源各具特色，政府应该通过统一旅游目的地形象、口号，各个省市也应该根据中国总体形象和口号确定适合本地区的旅游形象，通过政府的联合营销，区域的联合营销，共同创造独特的旅游形象。最后通过多种方式强化旅游目的地形象传播，在信息时代，各种宣传方式多种多样，借助于电视、网络等传统媒体和新媒体，通过媒体融合的方式切实有效地促进旅游目的地整体形象的不断提升，做到高覆盖、多元化，持续性地推广，将优势资源整合打造精品线路。政府在旅游营销方面不仅要注重整体性，还需要注重单一产品推广，使精品旅游线路的推广成为常态，将特色鲜明的旅游产品打造成旅游精品，从而激活当地旅游经济，提升目的地知名度。

四　不断开发新的旅游产品，提供优质的旅游服务

创新是推动人类进步的重要力量。随着全球旅游竞争的加剧、新技术革命的推进、旅游产业模式的迭代、目的地生命周期的演化，创新成为全球旅游业关注的热点话题。2010 年，欧盟委员会提出，要将欧洲建设成为世界第一目的地，并确立新的政治框架加以推进。为此，明确了四个优先领域：提升欧盟旅游竞争力；促进可持续、负责任、高质量旅游的发展；巩固欧洲作为可持续和高品质旅游目的地的形象；最大限度发挥欧盟财政政策对旅游的支持作用。其中将鼓励创新作为提升竞争力的重要手段，涉及技术创新、提高人员技能、消除创新障碍、提供资金支持等方面。2016 年，欧盟资助一项名为"旅游企业家的创新之路：从英国和西班牙政策实施得出的证据"的项目。该项目为期三年，耗资 1834 万欧元，具体由萨瑞大学负责。

旅游产品是一个国家旅游产业的核心竞争力。而优质的服务是这种核心竞争力保持长久的秘诀之一。旅游的本质是服务。旅游本身就是一种对生活品质的追寻、改善和提升，尤其是随着人们收入持续增加、眼界不断开阔、消费观念逐步转变，对于旅游服务品质的期望也随之提

高。体验经济的浪潮袭来，所有的产业都在寻求产品的升级与附加值的提高，就旅游产业而言，本身就是一个高附加值的产业，面对着需求日益多样化的市场，只有将体验、参与等新要素融入旅游产品开发与各相关产业的发展，才能保证旅游产业旺盛的生命力。

为强化在国际旅游市场中高质量的旅游目的地地位，西班牙制定了"旅游质量总体规划"（2000—2006 年），给取得质量保证体系认证的各类旅游服务机构颁发优质旅游标志"Q"（品质），增加市场对西班牙旅游产品和目的地的了解，提高产品附加值，以高质量的设施（如基础通信、卫生、文化设施和自然遗产等）和服务（旅游服务和娱乐等）满足旅西游客的需求。通过提高西班牙旅游业整体发展质量，达到公众对"西班牙品牌"的认可目标，从而吸引更多的游客旅西，提升西班牙世界遗产资源最为丰富的国家形象。

西班牙旅游产业重点打造海滨休闲度假产品，在国际市场上形成了一定的品牌效应。随着时代的发展，单一的海滨休闲度假产品面临激烈竞争，为避免旅游产品同质化，平衡旅游淡旺季，西班牙政府积极调整旅游目的地的旅游产品供给。一方面，积极巩固推广传统的"海水、阳光、沙滩"海滨度假产品；在新老产品的结合上，有机地将海滨度假与特色最鲜明的水上运动旅游项目相结合。另一方面，注重培育"旅游 + 文化"的新型旅游业态，促进旅游与文化的融合发展，开发各种文化旅游路线。如各地充分发挥历史文化资源的优势，推出文化观光、美食之旅、葡萄酒之旅艺术之旅，吸引各类客人在不同季节到西班牙旅游，通过打造优质旅游产品提升旅游体验。

日本旅游产业在发展过程中，紧扣服务的本质，紧密围绕"食、住、行、游、购、娱"旅游组成构成要素，全面提升各要素服务质量，打造和谐精致的吸引物，其干净整洁令游客耳目一新；发展传统与现代结合的住宿业，满足国内外游客的不同诉求；完善发达的交通服务设施能满足不同年龄层、有不同出行偏好游客的出行偏好；"客人第一、客人至上"思想贯穿旅游服务全过程，《观光立国推进计划》中还专门设定了"外国游客满意度"指标和"旅游目的地"满意度指标，打造出日本旅游服务独特优质的特点，让日本旅游市场在全球旅游市场上独树一帜。

新加坡旅游产业的持续发展，重要的一点就是为各国游客提供上乘的服务，这也是塑造非常新加坡形象的保障。新加坡旅游便捷的交通、丰富的商品、良好的服务构成了完整的新加坡旅游产业链，这些也是新加坡旅游产业的吸引力所在。

中国旅游产业的发展，一方面要从基础产业链条方面加强建设，同时也需要进行产业结构的提升。产品开发必须以市场为导向，将单一的产品更新为复合型产品，使顾客获得综合型的体验，另一方面也要注意几个价值的体现，首先，保证复合型旅游的基本价值，即游、购、娱、食、住、行所形成的最基本的体验。其次，要提升复合型旅游业的附加值，增强体验性、综合性与参与性是提升附加值的关键，这也是复合型旅游最大的特征。最后，旅游产业的升级还必须实现价值延展，注重中国薄弱的旅游后续服务的改善，提高市场的满意度和美誉度，从而实现旅游产业的延展价值。

第三节　小结

本章选取西班牙、日本、新加坡这三个旅游产业国际竞争力长期居全球前列的国家作为研究案例，系统梳理了这三个国家旅游产业绿色化推动产业升级的历程，总结了三个国家的主要特点与经验，如高度重视可持续发展，政府主导的灵活的发展战略和旅游政策，重视旅游宣传推广，强调整体的促销和联合营销，不断开发新的旅游产品和提供优质旅游服务，总结这些经验为中国旅游产业绿色化发展和升级发展的实践提供有价值的参考。

第七章 全球价值链下中国旅游产业升级的驱动机制与对策建议

前面几章对旅游产业绿色化的理论和实证进行分析，得出了全面、客观而且具有启发性的结论，这些结论之间相互补充、相互印证，形成了对中国旅游产业绿色化全方面又立体的认识，为中国旅游产业升级和可持续发展路径选择提供了理论和实证支持。本章从旅游产业升级的驱动机制、路径对策方面论述了旅游产业升级的内容，并从产业发展方向、要素配置、产业结构、科技创新等方面对旅游产业升级提出了具体对策建议。

第一节　旅游产业升级的驱动机制

从旅游产业升级的基础动力看，政府、市场和企业三种主客观因素交织在一起形成了旅游产业升级的强大驱动力。从客观因素看，市场需求的增加形成了旅游产业升级的外在压力，使旅游产业的功能趋于综合化。旅游产业绿色化的市场需求、需要引导旅游者的绿色消费，而目前旅游产业也处于矛盾凸显期，旅游产品供给跟不上消费升级的需求，更谈不上引导旅游者的绿色消费。从主观因素看，政府对旅游产业绿色化发展、全域旅游、优质旅游的追求，以及旅游企业适应市场需求推出绿色旅游产品，也都为旅游产业升级提供了基础动力。

一　政府驱动

政府行为在政府意识和政府诉求共同作用下产生。旅游产业的形成受到多重因素影响，政府行为主导不是旅游产业升级的必然条件，但是政府行为会对旅游产业发展的规模、速度等产生影响。我国旅游产业大部分是自发形成，但是在自发形成之后，政府通过财政、经济、行政等手段，在保护、扶持、引导等方面发挥着重大的作用。政府通过改善集群环境、打破区域锁定，促进产业的发展及升级。通过优化产业的形成环境和氛围，对产业的发展进行指导，进行公共物品的供给解决产业的市场失灵和系统失灵问题，促进产业的发展。同时还通过人才培养和制度保障对产业集群的发展进行保障。

政府通过改善产业环境、打破区域锁定等行为，将地方产业融入全球产业链中，促进产业的升级，政府通过相关的综合性的产业政策的提出，解决产业中"市场失灵"现象问题，对产业环境以及产业的动力机制优化。政府在产业的发展中通过公共投资、改善环境以及鼓励创新促进产业的发展。

中国旅游产业绿色化发展水平和程度不断提高和深化，政府驱动起着关键性作用。在旅游发展初期，政府扮演了开拓者的角色，利用行政体制调动所掌握的经济资源，使中国旅游产业迅速确定产业地位，形成了较大的产业规模和供给能力，在旅游产业逐步兴起之后，政府相继出台一系列法规和条例，政府为主导的制度供给提供旅游产业绿色化发展过程所需要的各种有效制度，为中国旅游产业绿色化快速发展提供了保证。由政府主导的市场信号将带来经济结构的变化，通过对价值观、技术、消费方式、生态伦理等问题的适当引导，带动旅游产业的升级（见表 7 - 1）。

表 7 - 1　　　　　　　　　　政府旅游产业政策汇总

年份	政策名称	对旅游产业升级的意义
2009 年 9 月	《关于促进文化与旅游结合发展的指导意见》	提出了文化与旅游十大合作重点：如打造文化旅游系列活动品牌，打造高品质旅游演艺产品，利用非物质文化遗产资源优势开发文化旅游产品，引导文化旅游产品开展品牌化经营，鼓励主题公园、旅游度假区建立连锁网吧、游戏游艺场所，推动文化旅游企业合作，深度开发文化旅游工艺品（纪念品），加强文化旅游产品的市场推广，积极培育文化旅游人才，规范文化旅游市场经营秩序等

年份	政策名称	对旅游产业升级的意义
2009 年 12 月	《国务院关于加快发展旅游业的意见》	首次明确了旅游业"国民经济的战略性支柱产业和人民群众更加满意的现代服务业"的定位，并提出了近几年旅游业发展的主要任务：深化旅游业改革开放、优化旅游消费环境、加快旅游基础设施建设、推动旅游产品多样化发展、培育新的旅游消费热点等。并指出政府要加大投入以及加大金融支持，大力支持旅游业的发展
2012 年 2 月	《关于金融支持旅游业加快发展的若干意见》	要充分认识金融支持旅游业加快发展的重要意义，加强和改进旅游业金融服务，加强旅游景区金融基础设施建设等；要合理调配金融资源，创新金融工具和产品，支持旅游企业发展多元化融资渠道和方式，支持旅游资源丰富、管理体制清晰、符合国家旅游发展战略和发行上市条件的旅游企业上市融资，鼓励社会资本支持和参与旅游业发展，全力推动旅游产业投资发展
2012 年 7 月	《关于鼓励和引导民间资本投资旅游业的实施意见》	要坚持旅游业向民间资本全方位开放，通过民间资本推进旅游产业投资。鼓励民间资本投资旅游业，如合理开发旅游资源，经营、管理旅游景区，开发旅游产品、经营旅游车船业等，切实将民间资本作为旅游发展的重要力量
2013 年 2 月	《国民旅游休闲纲要（2013—2020 年）》	到 2020 年，职工带薪年休假制度基本得到落实，提出城乡居民旅游休闲消费水平大幅增长的发展目标，并提出了大力发展旅游业、扩大旅游消费的几大措施
2013 年 4 月	《中华人民共和国旅游法》	分别对旅游者、旅游规划和促进、旅游经营、旅游服务合同、旅游安全、旅游监督管理、旅游纠纷处理、法律责任做出规定，涵盖了行政法、经济法、民法的内容。第一，突出旅游法的保障地位，为维护旅游者和旅游经营者及其从业人员合法权益、保护旅游资源、保障旅游安全奠定了法律基础。第二，强化旅游法的规范功能，为规范旅游经营、旅游服务合同、旅游监督管理、旅游市场秩序，发挥市场配置资源的基础性作用提供了法律依据。第三，发挥旅游法的促进作用，为健全旅游管理体制、强化旅游发展规划、完善旅游产业发展机制、发挥政府主导作用、促进旅游业持续健康发展创造了法制环境
2014 年 8 月	《关于促进旅游业改革发展的若干意见》	要增强旅游发展动力，扩张旅游发展空间。在政府扶持旅游消费方面，部署了四大方面的重要举措：切实落实职工带薪休假制度；加强旅游基础设施建设；加大财政金融支持；扩大旅游购物消费

续表

年份	政策名称	对旅游产业升级的意义
2015 年 1 月	《2015 年全国旅游工作会议报告》	重点提到了旅游大投资大项目问题：优化旅游项目；多措并举创新旅游投融资平台；积极推动各地的旅游投资建设
2015 年 7 月	《关于进一步促进旅游投资和消费的若干意见》	针对增强旅游投资和消费，意见提出了 6 个方面、26 条具体政策措施：实施旅游基础设施提升计划，改善旅游消费环境；实施旅游投资促进计划，新辟旅游消费市场；实施旅游消费促进计划，培育新的消费热点；实施乡村旅游提升计划，开拓旅游消费空间；优化休假安排，激发旅游消费需求；加大改革创新力度，促进旅游投资消费持续增长
2016 年 1 月	《关于推进农村一二三产业融合发展的指导意见》	加强统筹规划，推进农业与旅游、教育、文化、健康养老等产业深度融合。积极发展多种形式的农家乐，提升管理水平和服务质量。建设一批具有历史、地域、民族特点的特色旅游村镇和乡村旅游示范村，有序发展新型乡村旅游休闲产品。鼓励有条件的地区发展智慧乡村游，提高在线营销能力
2016 年 8 月	《全国生态旅游发展规划(2016—2025)》	按照"五位一体"总体布局和"四个全面"战略布局，牢固树立和贯彻落实创新、协调、绿色、开放、共享的新发展理念，以满足人民群众日益增长的旅游休闲消费需求，以生态环境需要为出发点和落脚点，以优化生态旅游发展空间布局为核心，以完善生态旅游配套服务体系为支撑，坚持尊重自然、顺应自然、保护自然，强化资源保护，注重生态教育，打造生态旅游产品，促进绿色消费，推动人与自然和谐发展
2016 年 12 月	《"十三五"旅游业发展规划》	按照"五位一体"总体布局和"四个全面"战略布局，牢固树立和贯彻落实创新、协调、绿色、开放、共享发展理念，以转型升级、提质增效为主题，以推动全域旅游发展为主线，加快推进供给侧结构性改革，努力建成全面小康型旅游大国，将旅游业培育成经济转型升级重要推动力、生态文明建设重要引领产业、展示国家综合实力的重要载体、打赢脱贫攻坚战的重要生力军，为实现中华民族伟大复兴的"中国梦"作出重要贡献
2017 年 6 月	《全域旅游示范区创建工作导则》	示范区创建工作要实现"五个目标"，并起到相应的示范引领作用：一是实现旅游治理规范化；二是实现旅游发展全域化；三是实现旅游供给品质化；四是实现旅游参与全民化；五是实现旅游效应最大化，成为旅业业惠民生、稳增长、调结构、促协调、扩开放的典范

年份	政策名称	对旅游产业升级的意义
2018 年 1 月	《2018 年全国旅游工作会议》	通过实施旅游"三步走"战略,到 2040 年实现中国成为世界旅游强国目标。第一步,到 2020 年从粗放型旅游大国发展成为比较集约型旅游大国;第二步,到 2030 年从比较集约型旅游大国发展成为较高集约型旅游大国;第三步,到 2040 年从较高集约型旅游大国发展成为高度集约型世界旅游强国;再用 10 年,到 2050 年继续全面提升我国优质旅游发展水平

产业政策是旅游产业升级重要的外部驱动因素。科学合理的产业政策能为旅游产业升级提供宽松的外部条件与激励机制。政府通过不断完善旅游产业绿色发展相关政策、法规,使旅游产业绿色化发展更健康,中国现阶段国情决定了现阶段与今后一段时间内,旅游产业的升级离不开政府的参与,这些政策一方面可以促进旅游产业升级,另一方面也可以倒逼旅游产业升级。由此可见,政府驱动了旅游产业绿色化和产业升级进程发展。

政府通过两个方面驱动旅游产业绿色化,旅游产业又通过绿色化驱动产业升级。

一方面,政府是旅游产业基础设施和产业绿色化政策的主要提供者,旅游产业绿色化的发展,需要有便利的绿色化交通满足旅游者的绿色化出行需求。从服务属性层面比较:旅游基础设施是指为旅游者提供公共服务的物质工程设施,是用于保证旅游活动正常进行的公共服务系统;旅游公共服务是指由政府和其他社会组织、经济组织为满足游客的共同需求,而提供的不以盈利为目的、具有明显公共性、基础性的旅游产品与服务的统称,是提供社会性结构的设施。"十三五"以来,在政府的投资和引导下,旅游基础设施建设和旅游公共服务实现长足发展,取得了巨大成就,旅游接待能力迅速提高,整体服务水平明显改善,推动了旅游产业的升级。

另一方面,政府出台的旅游产业绿色化发展的强化约束与激励相容的政策机制,可以不断规范旅游产业绿色化的市场环境和经营模式(见图 7 - 1)。从西班牙、日本、新加坡等国家旅游产业发展经验来看,旅游产业绿色化作为一种旅游经济可持续发展方式，以创新驱动的旅游产业在发展初期高度依赖于适宜的制度环境和合理的政府引导。政府不断补充和完善支撑旅游产业绿色发展的法律体系和执法制度，为旅游产业各方参与者明确制度性框架和行动准则，并最大限度地保护创新收益、提升环境效益。通过设立基金、补贴、奖励、贷款贴息及融资担保等合理的公共干预，以最大限度地发挥公共投入在市场机制下的"杠杆效应"，这些措施有助于旅游产业结构优化、国际标准化竞争和参与全球治理。

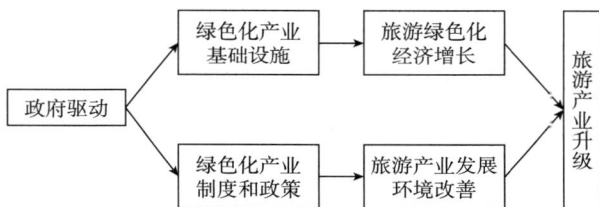

图 7 - 1　政府驱动旅游产业升级示意

二　市场驱动

一般来说，市场机制是实现产业升级的强大动力，一些市场经济国家，充分利用市场机制进行结构调整，使亏损企业被迫倒闭，每年约三分之一的企业破产，又有三分之一的企业新生，从而实现产业结构的自我调整和优化升级。发达国家没有结构调整的概念，因为运用市场机制进行调节，使问题随时得到解决，而不至于积累到必须由政府组织进行结构调整。在推进产业结构升级中，一定要发挥市场机制的作用，应当由市场调节的经济活动要及时地放开，确实做到以市场为导向，面向市场，依靠市场，服从市场。对落后的生产能力企业，通过市场的作用，强行淘汰。对先进的产业，创造良好的市场环境，促进其形成与发展。发挥市场机制的作用，推进产业结构升级，必须深化经济体制改革，形成有利于节约资源、降低消耗、增加效益的企业经营机制，有利于自主创新的技术进步机制，有利于市场公平竞争和资源优化配置的经济运行机制。

旅游产业本质上是市场机制"效率选择"的结果，因而，在旅游产业内部，市场机制作用的发挥必将极大地优化旅游资源配置效率，充分发挥协同效应，具体表现为通过价值链完成旅游生产要素在企业间的组合，用市场交易代替产权控制和内部管理等。旅游产业内的合作创新是在一定制度框架下的组织模式中进行的，它涉及复杂的知识网络和社会关系网络。市场需求的不断变化为旅游产业内企业提供了新的机会和创新诱因。而以此为导向的创新活动在给企业带来利润的同时，又变更了市场需求，形成了一个由"需求—创新—再创新"的向上发展的良性循环。

由于旅游产业是一种真正的市场机制，因此，在其运行的过程中，不可避免地存在市场失灵与政府干预失灵的现象。在市场经济条件下，通过价值规律自发的、事后的调节作用，各种商品的市场价格有逐步接近其均衡价格的趋势。市场经济条件下各种商品市场供给和市场需求保持平衡，是一种实际存在的"经常趋势"。商品的市场价格以价值或均衡价格为中心上下波动，不仅不是对价值规律的否定，而且是价值规律在市场经济条件下发挥作用的唯一可能的表现形式。只有通过竞争的波动从而通过商品价格的波动，商品生产的价值规律作用才能得到发挥，社会必要劳动时间决定商品价值才能成为现实，资源才能够实现有效的配置。但是，垄断、外部性、公共产品和信息不对称因素往往导致市场失灵。旅游产业中的市场失灵主要表现在以下两个方面：一是旅游产业集群对公共产品的需求导致市场失灵；二是外部效应也会导致旅游产业集群出现市场失灵。同样，在旅游产业中，政府干预同样存在失灵的可能性。一方面，表现为政府的干预不足，即其干预的范围和力度不能弥补市场失灵和维持市场机制正常运行的合理需要的程度，导致市场机制功能无法正常发挥；另一方面，表现为政府的干预过度，即其干预的范围和力度超越了弥补市场失灵和维持市场机制正常运行的合理需要的程度，或干预的方向不对，形式不当，其结果不但不能矫正市场失灵，反而抑制了市场机制的正常运行。

必须指出的是，在旅游产业发展过程中，政府和市场对经济的调节的强弱，则须有一个界限，只有合理确定市场机制和政府干预作用的边界，并将二者有效组合，才能产生协同效应。

　　中国旅游产业虽然较早地进入了市场化进程，但是在市场机制的完善和健全、市场作用的发挥道路上并非一帆风顺，旅游市场发育的不完善导致秩序混乱，旅游者权益受损，旅游资源开发和保护过程中由于政府的不合理介入替代了市场的资源配置作用而产生破坏，污染环境，旅游产业由于现代企业制度的不完善导致企业间的恶性价格竞争，整体经济效益下滑。

　　培育一流的旅游企业主体，有效释放市场主体的创新活力，才能实现旅游产业升级。健全的法治基础和规范的现代旅游市场经济体制是推动创新与绿色发展的驱动力，而旅游产业的创新和绿色发展同样可以驱动产业的不断升级。在更大程度、更广范围内发挥市场在资源配置中的基础性作用是旅游产业升级的基本原则；以绿色化的市场机制来构建新的旅游产业体系，是旅游产业升级的基本路径。

　　市场机制通过推动旅游企业绿色技术创新实现产业的升级，党的十九大提出"构建市场导向的绿色技术创新体系"，旅游企业同样需要强化绿色技术创新的体系支撑，大型旅游企业进行绿色生产，将推动形成绿色供应链，带动上下游企业的绿色生产，实现旅游产业的升级。旅游产业高速增长，产生一系列环境污染的负面效应，是缺乏绿色金融政策体系引导的结果。中国旅游企业在短期利益驱动下，进行绿色生产的主动性不高，抑制了绿色金融活动的可持续发展，阻碍了旅游产业的升级。

　　通过市场的倒逼机制，还可以让旅游行业的僵尸企业自动"走出去"，通过市场淘汰，留下那些能真正具有创新技术和绿色发展意识的优秀旅游企业，完善环境倒逼机制有助于加快淘汰旅游产业的落后产能。充分运用环境倒逼机制，继续淘汰落后产能，为绿色旅游企业腾出发展空间。通过完善环境倒逼机制，突破关键技术，延长产业链，打造旅游产业集群，提升旅游产业的竞争力（见图7-2）。

三　企业驱动

　　建立在产业的基础上，企业之间能够充分利用内部优势，一方面能够加强分工合理；另一方面能够将地缘关联起来，充分发挥协同效应。加强内部网络构建的同时注重外部开放，通过多种方式来共同促

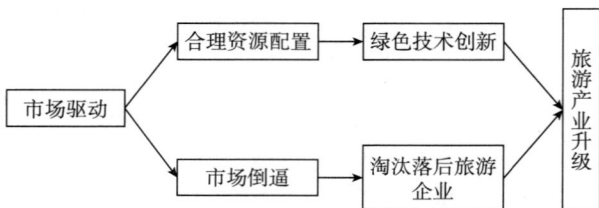

图 7 - 2　市场驱动旅游产业升级示意

进产业机构的优化升级。外部竞争合作体现在两个方面：一是旅游产业从空间上减少了集群成员间的空间距离障碍，便于劳动力在不同产业组织之间的自由流动，推动企业内部和外部知识的沟通和融合，在竞争合作过程中提高了劳动力的创新能力，推动了劳动力资源与技术的整合，实现了自由市场的资源配置，从而导致旅游产业结构优化升级。二是旅游产业组织基于合作竞争的产业组织行为，制定不同的旅游产业组织策略，提高旅游产业组织的市场进入难度，增加市场运营成本，增加旅游市场的份额，实现旅游产业市场结构的转变，如将垄断竞争市场通过合作竞争实现托拉斯、卡特尔等形式的垄断，改变旅游产业结构。

　　作为旅游产业升级的中坚力量，为了创造更多价值，获得更多利益，响应旅游需求的变化，旅游企业必须从各自的资源、技术、管理、产品等优势出发，通过绿色化、品牌化产品，促进旅游产业价值链不断重组与优化，提升旅游产业升级的主动性与积极性。

　　旅游产业自身跨行业特点决定了旅游企业集团化、品牌化运作、综合化服务是其最好的经营方式。越来越多的中国旅游企业以社会需求为核心在不断地开发绿色化的旅游产品，"绿色化"旅游产品的开发，既能丰富旅游目的地的旅游产品体系，同时又能传达一种绿色、生态、和谐的环境理念，进而通过旅游开发形成绿色意识的辐射效应形成一系列绿色品牌。利用绿色化品牌价值的无形资产，强化营销网络功能，获得纵向一体化利润，提升企业的竞争力，不断地推动中国旅游产业的持续升级。中国目前在旅游产业各个领域形成了一批具有国际影响力和竞争力的企业品牌，如酒店行业的锦江集团、首旅如家酒店集团，旅行社行业的港中旅、众信旅游集团，旅游景区行业的华侨城集团、宋城集团等，这些旅游企业集团是旅游产业的中坚力量，对于优化旅游市场结构、推动产业整体竞争力提高具有积极的促进作用。

旅游企业之间通过合理分工，形成一种竞争和合作共同存在的状态，利用这种方式可以让各种旅游企业内部的资源在一个新的渠道内进行重新的组合和交换，这种方式还可以让不同的实体之间完全发挥自己的优势，避免自己的不足。同时，还可以让信息的获取更加方便和迅速，对于旅游企业经营的成本是一种节约。波特认为，明显的合作竞争关系是存在于产业集群内企业间的共同属性，旅游产业的综合性特点在一定程度上使旅游产业特性符合产业集群的特征，通过集群化发展，将旅游产业的"六要素"有机整合在一起，增强其整体性、协同性和系统性，实现旅游与文化、体育、城建、环保等要素的融合，挖掘旅游资源的广度、深度和厚度，开发和提供有需求支撑的丰富多彩的业态和商品服务供给，进行优胜劣汰，全面提升旅游产业的品质、水平和档次，最终完成旅游产业的升级（见图7-3）。

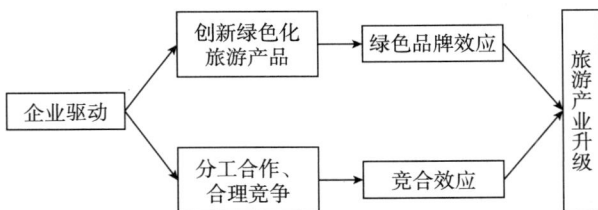

图7-3 企业驱动旅游产业升级示意

第二节 旅游产业升级的对策建议

一 以绿色理念引领产业发展方向

发展理念管全局、管长远，任何国家产业升级无不是理念引领的结果。从世界旅游强国的产业升级之路看，无论是日本的"观光立国战略"，还是西班牙的"旅游业全面质量管理战略"，政府主导的旅游产业绿色理念、可持续发展理念不断推动了这些国家的产业升级，从而提升旅游产业在国际上的竞争力。

（一）政府创新可持续管理思路，提高管理效率

长久以来，中国旅游管理体制机制不完善、不健全，管理分散，基层旅游管理依赖政府的现象仍旧存在，也正是在这样的背景下，造成了旅游市场没有充分地发挥应有的优势。

在进一步落实实施旅游产业运动机制与管理体制的改革任务中，增进旅游产业发展内在动力势在必行。而这就需要政府加速实施"简政放权"与"赋能还权"。首先，简政放权。其根本在于旅游行政管理部门的公权力进行制约，将工作任务转移至推进至现代化旅游管理体系建设之中，管理更加侧重于旅游服务。其次，赋能还权。其根本在于推进现代旅游管理制度的重建，增强国内旅游市场创造力。理清政府与市场关系，政府方面将继续承担公共服务的职能，继续加大政府对经营性项目的支持独立，充分发挥市场资源配置的作用，确保市场稳定运行。以政府为主导的旅游市场，仍需要政府保持较高水平经营策略与创新能力，而这也是确保政府引领旅游产业创新发展的关键。在现阶段中国全面落实深化改革旅游市场创新的背景下，政府仍要继续加强政策学习与创新管理。

旅游产业正在向一个综合服务型大产业迈进，"旅游＋"进一步创新了旅游产业的发展内涵，协调了旅游业和其他社会经济要素的融合发展，促进了绿色、开放、共享的新型旅游发展体系的形成。因此整个产业的管理模式势必按照该产业的发展要求转变，需要站在"大产业"的高度进行管理，管理视角需要脱离行业局限，转向大产业管理视角，以整个社会情况及旅游产业为管理背景进行分析，从宏观的层面考虑旅游管理中的各项问题，以全面协调旅游行业的可持续发展为管理理论。就政府部门而言，要实现统筹型旅游管理，能指导旅游产业从更宽的范围、更高的层次进行资源配置，最终获得整个大产业的全面协调可持续发展。

（二）完善旅游法律和制度体系，提升旅游产业治理水平

旅游产业绿色化的推进构筑了完善的生态文明法律和制度平台，是

旅游产业升级的根本保障。旅游市场拥有健全的立法是确保其资源开发与产业发展的前提与保障。在旅游法律体系完善方面，2013 年《中华人民共和国旅游法》的出台是中国旅游发展的里程碑式的事件，也由此保障了旅游者、项目经营者及目的地居民的利益，确保旅游市场稳定持续的发展。自旅游法颁布以来，中国旅游市场进入了一个新阶段，在该阶段中，旅游产业获得了全面的法律保障。但就从法律框架体系来讲，旅游市场的法律法规等仍有不足。这种不足引起的呆滞严重地影响了旅游市场的发展，旅游产业升级必须加快旅游法律体系的立法步伐，为旅游市场和旅游企业创造优良有序的竞争环境。

严格按照"有法可依、有法必依、违法必究"的基本原则，继续加强理解旅游法的内容与相关配套法律与政策，继而保障旅游者与旅游产业的权益。地方政府在积极响应旅游需求的前提下，加速实施地方旅游管理相关条例，确保旅游市场安全稳定运行，加速旅游市场行为的监管，确保游客与市场各方利益获得保障，细化条例内容，确保其内容具有针对性与可操作性。稳定市场运行，构建安全、便捷、规范的旅游市场环境。加速职能转变，精简行政审批等事项，提升工作效能，让市场更加独立、自主，让市场主导市场，发挥市场自身主体的自主性与积极性，实现旅游产业全面发展，加速产业升级。

制度建设方面，想要建设良好的旅游产业生态环境，相应的法律法规和制度建设需要跟进。政府可以采用必要的行政手段和制定适当的财政、税收、人才等方面的倾斜政策给予低能耗、低污染、低排放以及技术设备先进的旅游企业以优惠或补贴，增加旅游绿色科技创新和旅游景区环境治理方面的财政投入，带动旅游开发项目绿色上马、绿色运营。同时健全相关法律法规，加快建立、完善约束与惩罚机制，对污染环境的旅游企业进行曝光并追究相应责任和给予相应惩罚，对旅游过程中出现的毁坏自然、破坏环境等不利于绿色旅游发展的行为也给予相应的惩处，按照其开发利用资源的程度和污染破坏资源的程度征收排污税、碳税、污染产品税等环境资源税。总之，完善旅游产业绿色化制度，为旅游产业升级创造良好的制度环境，同时绿色化制度建设和完善也倒逼产业升级，这是旅游经济新动能持续增加的关键。旅游产业升级和绿色化制度都是相辅相成的，绿色化制度不可能脱离旅游产业经济发展的需要，没有绿色化制度的支持，旅游产业升级也是不可能实现的。

（三）加强政府经济干预，吸引招商引资

政府经济干预一是可以通过政府财政资金的直接投入、政府控股企业的经济调控以及税收的引导等政府自身的直接行为，二是从招商引资等方面促进旅游产业的升级。

1. 政府通过财政资金的投入促进旅游产业的升级

政府对旅游产业资金的引导可以从政府财政资金投入引导、税收引导等方面出发。政府财政资金的投入一方面是政府通过直接参与旅游产业的生产，如以控制国有企业、政府注资控股等方式对旅游产业进行直接的干预，参与旅游产业升级。另一方面是政府通过对旅游产业相关要素的财政支持和方向的把握对旅游产业发展进行引导。在促进区域旅游产业集群形成的过程中，政府规划专项发展资金，对旅游产业升级做出支持，对公共产品建设等做出支持；根据市场发展规律和趋势，通过调整财政支持的方向引导产业升级。通过政府的直接投资，以国有控股、集体注资等形式进行资金供应。

2. 政府通过税收引导旅游产业的产业升级

政府税收是调节市场行为的有效手段。通过优惠的税收政策和具有偏向的税收方向，鼓励对本区域旅游产业发展具有助益的企业的发展。通过税收的减免鼓励环境污染少、科技创新高、发展潜力大、带动性强的旅游企业发展。

首先，政府通过对融资环境的优化促进产业内资金的支持。产业升级资金的保障最终需要通过市场途径解决。政府通过优化投融资环境，以出面担保等形式，鼓励金融机构入驻产业，鼓励金融机构对产业内企业的投资和借款。通过降低融资标准、简化融资程序等方式，鼓励有条件的企业通过股票、债券、风险投资等方式进行资金筹集。政府建立完善的融资信用担保机制。鼓励金融机构贷款给旅游企业，政府在必要时候以担保、鼓励、行政命令等形式进行政府层面的干预，解决产业内企业的短期融资困难。通过股票、基金等市场行为进行资金募集，政府通过简化融资程序、开通绿色融资渠道等方式促进市场融资的发展。其次，政府通过改善产业环境，吸引更多的企业进入产业内进行投资，通过企业自身的发展解决企业的资金问题。

（四）充分发挥行业协会作用，助推旅游产业升级

中国旅游行业协会在构建旅游行业公共科技与服务平台、组织技术和旅游人才培训、发挥旅游行业自律规范作用、整合旅游产业资源和发挥旅游产业集聚作用、加大旅游品牌宣传力度，拓展旅游营销渠道等方面积累了宝贵经验。旅游产业升级需要搭建旅游产业技术发展平台、构建产业品牌、牵头旅游企业整合并购等。在开展这些方面的工作时，旅游行业协会与政府相比具有更大的信息、组织和协调优势。因此，政府应将由政府承担、但不具有比较优势的职能向旅游行业协会转移。应正确认识政府与旅游行业协会在推进旅游产业升级中的差异化作用，分清政府与旅游行业协会在推进旅游产业升级中的职能界限。根据成本、效率和效果等方面的综合比较，职能履行的成本承担者和服务提供者是可以分离的。政府应建立购买旅游行业协会服务的系统性制度，用购买等形式支持旅游行业协会提供公共性程度较高的服务。政府相关部门应加强对旅游行业协会内部治理的监管，健全旅游行业协会的相关规章制度，使其按规章制度运行；同时，完善组织机构建设，根据旅游行业发展需要发挥组织机构的作用。

二　以旅游者需求优化旅游产业结构

旅游产业结构优化是旅游产业升级的核心内容，升级涉及产业内部各行业要素的结构完善、消费市场结构的优化、产品结构创新和升级、地区空间结构调整和协调等多方面的调整。

（一）改善内部行业要素结构

调整各旅游行业之间的比例构成关系，进一步对各产业要素横向上进行行业间的平衡及纵向上产业链的升级，促进行业间各个配比要素的优化和产业部门之间的协调。合理配置"食、厕、住、行、游、娱、购"7个旅游基本要素，形成高效、有机的旅游产业价值链条，实现旅游要素相互交织融合，实现与之相关的各行各业协同发展，构成一个上下游产业无缝衔接的旅游产业链。另外，统筹旅游产业与城乡规划，优化旅游产业链结构，积极发挥旅游产业在城乡统筹中的带动作用，依托旅游产业的发展，推动城市居民下乡、农村居民进城，打破城乡二元结

构，实现城乡之间人流、物流、资金流、信息流、技术流的互动交流。

（二）调整旅游消费市场结构

大众旅游成热潮，应围绕"文、商、养、学、闲、情、奇"7个旅游市场发展要素积极培育并发展旅游消费市场。各区域应立足本地，不断稳定周边市场，大力扩展中、远距离的国内市场，注重对旅游者的绿色消费行为的引导，积极拓展"一带一路"沿线各国旅游客源市场，向潜在旅游市场目的地扩张，努力打造好中国生态旅游的国际知名度。

（三）调整旅游产品结构

要利用产业的规模经济优势，不断开发新兴旅游产品，完善产品结构，逐步建立一个以观光产品为基础，非观光产品占有较大比重，两者相辅相成的多元化、不断推陈出新和合理分布的旅游产品体系。

1. 不断丰富原有旅游产品的内容和质量，赋予产品更多的内容与项目，形成系列旅游产品

首先，要对原有的旅游项目进行创造性安排，深刻挖掘文化内涵，增加参与性与娱乐性内容，不断推出新的有吸引力的新线路，不断开发新景点、新活动。其次，要注重旅游主题的理性延伸与合理创新，依据旅游产品生命周期理论的指导，抓住游客消费心理，把握未来消费时尚与潮流，扩大或延伸旅游吸引物的文化容量，前瞻性地突出全新的旅游产品，带动需求产生，引导消费。最后，还要通过资金投入、智力投入、文化投入和技术投入全面改善景区的环境质量，完善服务设施、服务内容，提供与旅游资源质量匹配的服务，完善配套产品，实现景区的精致管理，打造旅游品牌。

2. 做好市场细分，形成系列的旅游精品

在注重增加知识含量、丰富旅游内容、活跃旅游生活以及增加购物开支等前提下，开发高品位、深层次、多元化的旅游资源，特别更注重突出地方特色和民族风格，并把其有机地串联起来，形成对海内外旅游者有吸引力的旅游线路。针对旅游消费市场的不同需求，在大力发展生态旅游、休闲观光旅游等大众旅游产品的同时，着重文化旅游、乡村旅游、低碳旅游、工业旅游、研学旅游等精品产品的开发，形成涵盖高、中、低档次旅游产品的完善的旅游产品体系。大力培育和发展旅游新产

品、新业态，如运动旅游、探险旅游、生态旅游、文化旅游、城市旅游、乡村旅游、主题旅游、会议旅游等产品，打造复合型产品结构，以延长游客逗留时间，拉长游客的消费链，从而增加人均消费额，提高产业发展的效益；大胆运用现代科技成果，提高旅游业的科技含量和创新能力，开展多种专项旅游活动。运用最新的高科技手段多角度地开发旅游景点和休闲活动的文化内涵；对某些特殊景点和服务设施进行多功能化的综合设计；运用高科技手段，引入全新的表现形式、多角度地开发旅游景点和休闲活动的文化内涵，对某些特殊景点和服务设施进行多功能的综合设计，增加景点与游客的沟通和互动。

3. 注重不同主题旅游片区的联合开发

中国旅游资源虽然整体具有相似性和关联性，但是又存在地区差异性，这些差异性又构成了地方特色。根据资源特色和区域发展的原则，可以把区域旅游分为几大旅游主题片区。这些片区实际上是共生单元与共生系统的关系，共生系统的发展能带动和促进共生单元的发展，共生单元也可以推动共生系统的发展。所有共生单元要以一个共同的目标，要以区域整体形象为目标，各片区间相互适应，相互激活，相互补充，共同合作。各旅游形象区不仅要强调一脉相承，同时还要各自具有相对的独立性，更要引导游客走向旅游腹地，建设多线路、多类型、多主题的多元旅游目的地体系。

（四）调整旅游空间结构，推进旅游产业主体的立体化布局，加快空间层次整合

旅游产业布局研究不能仅仅着眼于旅游生产体系，而应当着眼于旅游系统，旅游系统中的要素具有空间属性，即旅游者和旅游企业都位于特定的区位。在微观层面上，一个特定旅游企业的空间区位不可能发生改变，这是因为作为生产要素的旅游资源在空间上是不可转移的。但是，资本和劳动力在空间上是可以流动的，而且每个地区都存在旅游资源，因此从宏观上看，旅游空间结构布局不取决于旅游资源的空间分布，而是由旅游供求关系决定的，并且这种空间布局会随着供求关系的变化而发生改变。由于供求关系决定旅游系统的基本结构布局，因此对旅游空间布局的优化归根结底还是对旅游系统的优化。

旅游系统具有自身的整体性以及开放性，在空间的优化上应用系统

的观点取代孤立、封闭的理念，其具体优化包括三个层次：

一是区域旅游要素之间的优化，在分析旅游产业要素的基础上，明确各要素在空间布局上的摆放要合理及高级化，在一定的区域范围内达到各要素聚集与分散的适量标准；充分挖掘现有旅游资源，把旅游资源进行有机整合，形成品牌，不断提高竞争力。将同属于一个较高层次的旅游资源整合起来，扩大规模，提升档次，同时，整合具有共生关系的旅游资源，协调利益关系，调整开发行为，限制开发力度，实现资源与环境的可持续利用。

二是旅游要素与区域空间的优化，从整合区域自身旅游优势出发构建合理的区域旅游空间布局体系，确定不同旅游景点及旅游资源要素的开发方向和旅游功能建设重点；旅游产业绿色化的推进进一步优化了旅游资源空间开发与全域旅游发展两大格局。旅游产业绿色化的发展理念可以打破旅游开发和发展不均衡的局面，避免不同区域发展的盲目性和产业同质化；促进旅游资源最优配置和旅游经济的运行效率，推动旅游产业升级。《中国国内旅游发展年度报告（2018）》显示2017年，中国东部、中部和西部三大区域客源地潜在出游力的比例大约为6.30∶2.40∶1.30，相比较长期处于"7∶2∶1"的三级阶梯状分布格局已有所改善。从区域旅游发展趋势来看，东、中、西三大区域之间的差距呈现出明显的改善趋势。

三是宏观空间网络组织优化，即从区域竞争和合作的角度，明确区域及区域内旅游要素的发展空间定位，在处理好区域内各要素及要素与区域关系的基础上，积极拓展空间服务范围，实现利益互动的网络组织优化。推动区域协同发展与国际合作机制的升级，促进立体合作整合。区域协同发展方面，加大京津冀旅游城市群、长三角旅游城市群、珠三角旅游城市群、成渝旅游城市群、长江中游旅游城市群五大城市群的旅游发展联动，资源共享、游线对接，进一步优化旅游产业的发展环境。国际合作方面，积极强化同"一带一路"国家官方合作，积极拓展交流合作渠道。

中西部地区凭借丰富资源的优势，吸取粗放开发的教训，对旅游资源进行绿色化开发，使中西部地区旅游发展的后发效应作用与比较优势逐渐凸显，保证中西部地区产业升级的速度超过东部地区。推动东部、中西部旅游发展的均衡化发展格局方面，国家层面也已出台举措，如《"三区三州"等深度贫困地区旅游基础设施改造升级行动计划（2018—2020 年）》《山西省黄河、长城、太行三大板块旅游发展总体规划》《北部湾城市群旅游合作框架协议》等措施，进一步推动了中西部旅游产业的升级进程。有助于形成区域经济增长新引擎，为国民经济增长注入新动力。

旅游产业绿色化优化了全域旅游格局，全域旅游已经上升为国家战略。全域旅游是中国旅游业"十三五"规划的发展主线，是指导未来旅游发展的新理念，也是破解旅游产业转型困境和转变发展不可持续状态的必然选择。全域旅游作为一种创新的旅游发展观，同时也是旅游产业升级的重要推手。全域旅游通过旅游产业的综合带动作用可以逐步缩小东、中、西部旅游发展差距，形成旅游产业发展新格局，通过发挥"旅游＋"的关联作用，协同相关产业融合发展，进而实现产业升级。

三　以效率导向提升价值链核心要素配置水平

以优化要素配置撬动旅游供给侧的改革，实现旅游产业升级，必须调整到以"效率为导向"，以效率主导土地、资本、劳动力三大要素的配置，以"优化""深耕""集约"创造更多的有效供给，即"优化"景区的产品结构，使其更加切合人们旅游消费升级的需求；在有限的资源要素中"深耕"，提升景区的综合产出功能；"集约"一切可以利用的资源要素，使其转化成新的供给，提高要素配置的效率。

（一）土地要素

土地是旅游产业发展最基础和最为重要的生产要素之一，其在旅游发展中的优化配置直接关系到产业发展目标和社会效益。国家层面，旅游产业用地问题越来越受关注，先后出台一系列政策文件规范旅游用地问题（见表 7 - 2）。

地方层面也积极响应国家政策，探索创新做法，如 2013 年云南出台的《中共云南省委云南省人民政府关于建设旅游强省的意见》提出，在国家下达云南省的年度新增建设用地指标中，每年预留 1 万亩用于省委、省政府确定的重大旅游项目建设；同年江西出台的《中共江西省委

表 7 - 2　　　　　　　　　　国家旅游用地政策一览

时间	文件名称	土地政策
2009 年 12 月	《国务院关于加快发展旅游业的意见》（国发〔2009〕41 号）	年度土地供应要适当增加旅游业发展用地。积极支持利用荒地、荒坡、荒滩、垃圾场、废弃矿山、边远海岛和可以开发利用的石漠化土地等开发旅游项目。支持企事业单位利用存量房产、土地资源兴办旅游业
2013 年 10 月	《中华人民共和国旅游法》	各级人民政府编制土地利用总体规划、城乡规划，应当充分考虑相关旅游项目、设施的空间布局和建设用地要求
2014 年 8 月	《国务院关于促进旅游业改革发展的若干意见》（国发〔2014〕31 号）	将"优化土地利用政策"单独作为 20 条政策意见中的一条，提出：坚持节约、集约用地，按照土地利用总体规划、城乡规划安排旅游用地的规模和布局，严格控制旅游设施建设占用耕地。改革完善旅游用地管理制度，推动土地差别化管理与引导旅游供给结构调整相结合。编制和调整土地利用总体规划、城乡规划和海洋功能区规划时，要充分考虑相关旅游项目、设施的空间布局和建设用地要求，规范用海及海岸线占用。年度土地供应要适当增加旅游业发展用地。进一步细化利用荒地、荒坡、荒滩、垃圾场、废弃矿山、边远海岛和石漠化土地开发旅游项目的支持措施内容。在符合规划和用途管制的前提下，鼓励农村集体经济组织依法以集体经营性建设用地使用权入股、以联营等形式与其他单位、个人共同开办旅游企业，修建旅游设施涉及改变土地用途的依法办理用地审批手续
2015 年 8 月	《国务院办公厅关于进一步促进旅游投资和消费的若干意见》（国办发〔2015〕62 号）	鼓励民间资本依法使用农民集体所有的土地建设非营利性乡村养老机构，落实差别化旅游业用地用海用岛政策。对投资大、发展前景好的旅游重点项目，要优先安排、优先落实土地和围填海计划指标。新增建设用地指标优先安排给中西部地区，支持中西部地区利用荒山、荒坡、荒滩、垃圾场、废弃矿山、石漠化土地开发旅游项目。对近海旅游娱乐、浴场等亲水空间开发予以优先保障
2015 年 11 月	《关于支持旅游业发展用地行为的意见》（国土资规〔2015〕10 号）	从积极保障旅游业发展用地供应、明确旅游新业态用地政策、加强旅游业用地服务监管等方面对旅游业发展用地行为做了较为系统的规定，是当前指导旅游业用地政策创新的基础性文件

续表

时间	文件名称	土地政策
2016 年 1 月	《关于推进农村一二三产业融合发展的指导意见》（国办发〔2015〕93号）	对社会资本投资建设连片面积达到一定规模的高标准农田、生态公益林等，允许在符合土地管理法律法规和土地利用总体规划、依法办理建设用地审批手续、坚持节约集约用地的前提下，利用一定比例的土地开展观光和休闲度假旅游、加工流通等经营活动
2016 年 12 月	《"十三五"旅游业发展规划》	专门就"完善土地供给政策"做了阐述。除了旅游方面的文件以外，一些相关文件也涉及旅游业用地问题

江西省人民政府关于推进旅游强省建设的意见》提出，优先保证纳入省旅游规划的重点项目用地，对符合单独选址条件、投资 5 亿元以上的重大旅游项目，支持按规定程序列入省重大项目调度会调度，优先安排使用省预留新增建设用地计划指标，并纳入审批绿色通道；2017 年浙江出台的《浙江省全域旅游示范县（市、区）创建工作指南》附有一个认定条件评分表，在政策支持的 125 分中土地保障占 20 分。2016 年出台的《北京市"十三五"时期旅游和会展业发展规划》中指出，要落实旅游业用地保障。改革完善旅游用地管理制度，土地差别化管理与引导旅游供给结构调整相结合。

尽快对《土地管理法》和土地分类国家标准等进行调整，统一旅游用地、旅游业用地、旅游业发展用地等概念的用法，明确旅游业用地的内涵、性质和分类，针对旅游业用地的规划、征收、转让、使用等分门别类制定详细政策，增强政策的科学性和前瞻性。对于旅游基础设施用地可根据其公益性考虑纳入公用设施用地进行管理。对于复合性旅游用地、旅游新业态用地可根据其对土地现状的影响，进行差别化管理。

1. 将旅游业用地作为土地制度改革的先行领域加快政策创新

旅游业用地涉及农用地、建设用地和未利用地以及全民所有土地和集体所有土地等不同类型，涵盖土地制度改革的方方面面，同时旅游业是国家战略性支柱产业，发展方式灵活，管理得当的话对资源环境破坏较小，因此可以选择旅游业用地作为土地制度改革的先行领域试点，实行更加积极的土地政策。如完善点状供地制度；根据旅游业发展的创意，增强土地利用规划中旅游用地的机动性，探索以指标控制代替规划控制；对于少硬化、不破坏耕作层的树屋、车屋、集装箱屋、生态停车场等用地行为适度放宽等。

2. 增强旅游业用地政策的可执行性

通过各种渠道，调查旅游业用地政策相关文件的落实进展，广泛了解各相关主体对于政策的认知和感受，了解各地在旅游业用地实践中的创新做法，加强对规划对接、乡村旅游用地等旅游业用地热点难点问题的研究，启动对旅游业用地政策的系统评估，推动旅游业用地政策的细化和实化。

（二）资本要素

资本要素通过社会文化环境影响旅游产业，产业也在一定程度上影响资本要素的增量和存量，通过影响资本要素的增量和存量，最终影响产业结构的调整。从旅游产业来看，不仅包括餐饮、酒店等对劳动力数量要求较高的产业，也包括交通路网等基础设施的完善和旅游景点的开发。交通路网、公共基础设施、旅游景点建设更多地依赖于资本的投入。企业使用资本要素同样应满足资本边际报酬率等于资本边际成本的原则，旅游产业要获得社会资本的青睐，其资本边际报酬率也应该大于等于资本成本，与劳动力要素一样，旅游资源要获得更多的社会资本，其投资回报率也应该不断提高。社会资本对资本报酬率要求的提高，也一定会推动旅游产业结构向高级化发展，持续优化旅游产业结构。除交通路网、公共基础设施、旅游景点建设这些需要密集资本投入的产业外，酒店、餐饮、商场、休闲设施的发展也会增加对资本要素的需求，这些围绕在旅游景点周围的产业企业，不断完善旅游服务，间接优化了旅游产业结构。

旅游投资作为旅游业供给侧的开端和旅游经济发展的动力，通过投资的规模、密度和类型引导着旅游产业的升级。"创新、协调、绿色、开放、共享"五大发展理念为完善中国旅游发展模式和旅游投资提供重要机遇，同时爆发式旅游消费为旅游投资提供了巨大空间。《关于进一步促进旅游投资和消费的若干意见》（国办发〔2015〕62号）提出通过改革创新促进旅游投资和消费，推动现代服务业发展，增加就业和居民收入，提升人民生活品质。2016年，中国旅游产业实际完成投资

12997 亿元，旅游投资日益成为经济发展的重要动力和旅游产业升级的核心推动力，并呈现出从市场渠道端开始转向目的地资源端的趋势。

围绕国家"一带一路"倡议、城镇化战略、美丽乡村建设等，政府要规范和引导投资方向，建立健全投资引导机制，把旅游投资重点引导向文化旅游产品、乡村旅游产品、休闲度假旅游产品、康养旅游产品等方向，避免投资过度集中，投资过热，从直接投资管理过渡到引导投资宏观指导，促进旅游投资结构的合理化，改善社会资本投资旅游产业的市场环境。投资内容方面，从渠道端向资源端转移，把资本投入有盈利力、吸引力和生命力的景区产品，延伸 IP，将 IP 融入景区各个产品，包括旅游商品及其包装等，实现综合价值的提升，形成品牌效应。加快全域旅游投资，将资本聚集于各类特色小镇以及旅游综合体，促进旅游投资结构布局更加合理，效益更加显著。

（三）劳动力要素

旅游产业从三次产业分类标准来看属于第三产业中的现代服务业，包含交通、住宿、餐饮、游览、购物、娱乐六大直接产业，并且包含一些其他间接产业。旅游产业的发展能够解决大量的就业问题，因此旅游产业的发展往往伴随着旅游及其相关产业劳动力从业人数的增加，旅游企业增加劳动力要按照边际产出等于边际成本的要素使用原则，因此旅游企业增加使用劳动力要素就要不断地提高产品的单位价值，单位价值的增加就需要不断提高产业的附加值，向价值链两端延伸，从而促进产业结构的优化升级。同时，旅游产业发展带动劳动力收入的提高，会培育更大的旅游市场空间。随着收入的提高，旅游消费多样性发展也必然推动旅游产业结构的优化升级。

劳动力要素不仅推动旅游产业结构的优化，而且间接影响旅游产业劳动力结构的变化。旅游产业结构的优化导致旅游产业层级的分化，不同层次的旅游产业对劳动力素质的要求也是不同的。近年来，高端休闲、自助度假、文化旅游、科技旅游等形式日渐兴起，旅游产业对劳动力的学历水平、服务能力等素质的要求也越来越高。越是高附加值的旅游行业对劳动者的素质要求也越高，因此，调整旅游产业结构的同时也要不断提升劳动力素质。

与其他传统的产业相比，旅游产业作为新兴产业，具有劳动密集型的特征。培养旅游人才是保障，不断改善旅游教育质量，培养适应旅游产业发展需要的人才，是实现旅游产业快速高速发展的助推器。旅游产业的竞争在劳动力层面归根结底是人才的竞争，实现旅游产业升级离不开高素质旅游人才的支撑。因此，旅游产业升级的关键在于培养和造就一大批基础理论深厚、专业技能扎实、实践能力强的创新型和应用型的旅游专门人才。因此需要加大旅游科研力度，为中国旅游产业发展提供智力支持。这既是现代社会旅游产业的网络化、信息化、标准化、国际化迅速发展的需要，也是旅游产业目前发展现状的需要。人才培养工作主要表现在三方面：一是要改变现有旅游人才的培养模式，根据旅游市场的需要来确定人才培养的目标、模式、途径和方法，从专业设置、教学计划和教学过程等方面创新旅游人才培养。二是加大复合型、应用型人才的培养力度，可以通过海外实习、合作办学、国外留学等多渠道进行国际旅游教育，从而满足旅游产业升级对多维旅游人才的需求。三是要逐步完善旅游资格考试与岗位认证制度，运用现代评估手段和方法对旅游人力资源进行素质评估，优化旅游人力资源信息系统，实现旅游人才培育工作的升级。

四 以科技创新提高旅游产业素质

技术创新对旅游产业转型与优化升级具有重要作用，技术创新是旅游产业升级优化的内在优势，是旅游产业增强竞争优势的关键。尽管中国旅游业发展已取得了辉煌的业绩，但总体上仍处于高速低质的发展模式，旅游科技基础薄弱，旅游科技投入少，高新技术介入旅游产业的程度较低，对旅游产业结构升级转换的推动作用不强。旅游产业集群为旅游产业的技术路径创新提供了重要的支撑，可提升产品科技含量，加快旅游产业经营的信息化建设，整合营销网络资源，推动旅游产业不断升级优化。

2018 年，全国旅游工作会议上，科技创新被定位为旅游"发展动力"，技术创新，其中需要注意的是技术创新的重要性，它是旅游产业结构更新和经济增长的主要推动力。只有掌握了技术创新的能力，才能够建立垄断优势。同时，技术创新以及科学技术的进步对于市场的扩大有非常重要的作用，只有保证了这两点才有可能在竞争中保持优势。

利用创新实现旅游产业绿色化，产生绿色生产力，将科技和旅游产业进行良好的结合，让两个产业相互辅助，只有利用科学技术和创新观念作为开发的基础，最终才能够建设一条属于中国自己的旅游产业升级道路。向旅游企业投入人力和物力进行支持，将各种服务制度进行完善，构建良好的业务环境，在其中融入创新的技术，最后才能够保证旅游业升级顺利实现。

（一）政企携手营造旅游产业技术创新氛围

创新技术在旅游产业中的广泛推广与应用离不开适宜其生长的大环境，为此，政府及旅游企业需要共同努力，携手创建活跃积极的创新型旅游产业。政府需要通过具体政策引导鼓励旅游产业进行技术引入和技术创新，同时，政府也能帮助旅游产业与其他拥有创新技术的产业或地区进行连接，从而对旅游产业的技术创新进行直接帮助。而旅游企业则应当主动培养创新思想，以游客的需求为导向，对新技术进行深度创新与探索。

目前，中国旅游产业对创新技术的应用范围及应用层次还有较大的发掘空间，因此，广泛深入地研究寻找创新技术应用方式，是旅游产业技术创新的重要任务。首先，旅游企业可以通过向其他旅游产业发展较好的国家或地区学习创新技术，以当地发展的情况为基础，进行模仿式学习，能快速提高旅游创新技术被有效应用的效率。其次，通过与高校、科研机构、相关企业的合作，通过这些组织的专业技术，有针对性地为旅游产业发展引入适宜的创新技术。此外，为旅游创新技术人才提供丰厚的资金报酬及广大的发展平台，也能为旅游产业的转型吸引一大批优秀的技术人才。

在体验经济时代，游客已经不再将自己定位为旅游服务或产品的单纯接受者，而是会根据自身感受，对旅游体验进行主动的反馈及响应。将这些反馈与响应作为旅游企业技术创新的主题，能够帮助企业实现以游客需求为导向的精准创新。在此基础上，旅游企业还需要进一步设法激励更多游客进行响应。

（二）以知识溢出效应和合作创新效应推动旅游产业升级

对于旅游产业来说，其创新优势形成了推动旅游产业升级优化的核心动力机制，这种机制主要是通过知识溢出效应和合作创新效应来实现。

1. 知识溢出效应

随着对创新过程研究的深入，人们越来越认识到研发资源投入规模并不是决定创新绩效的主要因素。创新既是特定部门、特定技术的个体活动，也是一种不同部门、企业之间互动学习的集体行动。事实上，合作创新已经逐步成为技术创新的主流方式，而产业集群为合作创新提供了重要的条件，因为产业的集群化催生了一种新的创新模式——集群式创新。集群中知识的应用具有明显的规模效应，集群内部某企业通过创新所获得的包括技术、产品式样以及市场信息、管理方式等新知识会外溢出去，成为集群中的公共知识。通过知识溢出效应，旅游产业成员可以获取产业之外企业无法获取的知识，从而使自身的创新能力得到增强。

2. 合作创新效应

专业化分工和协作关系可以促进产业的有序竞争来激活企业创新能力。首先，旅游产业中以专业化分工和协作为基础的旅游相关企业和组织通过地理位置上的集中或靠近，可以产生创新聚集效应，从而获得合作创新优势。其次，旅游产业单个企业进行机会主义行为成本较高，合作创新可以促进旅游企业之间的相互信任。企业既可以发挥自身的创新活力，又可以弥补单个企业创新资源不足的缺陷。例如，旅游企业可以向竞争对手求助以解决某一技术难题，竞争对手也愿意提供必要的帮助，并相信这种行为在未来必然会得到回报，这种交流方式使在区域内聚集的企业和机构在创新上取得了独有的优势。最后，大量专业化机构、相关企业和客户的聚集，可以降低企业创新的成本和风险。旅游产业往往是创新过程中所需要的产业独特技能或能力的汇集地，创新费用可以通过存在于集群中的旅游贸易网络、传播机构、旅游商会、培训协会等组织形式，将创新费用和压力分散到产业的各个组织中去，从而降低单个旅游企业的创新费用和压力，避免企业进行创新活动时处于"单兵作战"的境地。此外，生产企业、供应商、用户在地缘上的聚集缩短了新的创新反馈回路。

促进技术扩散。产业内部的共生机制为创新活动提供了一种其他组织模式难以获得的动力来源和传播途径，提高了产业组织获得创新资源——隐性知识的能力，从而极大地促进了创新活动的开展。旅游产业具有明显的技术扩散优势，旅游产业内企业之间地缘接近、联系紧密、互通有无，以及形成的共有的社会资本和集群文化，为技术的扩散提供了极大的便利。旅游企业之间相互信任，存在长期合作关系，各种非正式的、偶然的、面对面的，以及口头的交流方式十分常见。产业的技术和管理经验在集群中传播，产业内部的知识和技能逐渐成为公共知识。同时，旅游产业也为旅游人才的流动提供了便利，这也为技术的扩散提供了重要的保障。

（三）以"互联网＋"为载体，实现旅游技术创新突破

国家倡导的创新与整合"旅游＋互联网"行动对行业的健康发展有重要的推动作用。旅游业是我国经济社会发展的综合性产业，是国民经济和现代服务业的重要组成部分，是产业结构优化升级和"互联网＋行动"的重要领域。旅游业的包容性、开放性使其成为产业融合的前沿领域。旅游业与互联网产业的融合发展，滋生出新的业态，提升了产业附加值，并加速推动旅游业向现代服务业的转变。当前，旅游业与互联网产业加快融合，成为"互联网＋"传统产业的创新先锋，在线旅游日益成为旅游产业发展的新热点，对于经济增长、结构调整、产业升级、改善民生的作用明显增强。

在线旅游近几年势头猛进，在整个旅游市场占据重要地位。随着互联网的迅猛发展，在线旅游业务快速渗透。酒店和机票是最先被在线化的旅游产品品类，此外，度假旅游产品、租车、景区门票、签证等产品也进入了快速在线化的进程。2016 年，中国在线旅游市场交易规模约为 6134 亿元，其中各细分领域市场，在线机票、在线住宿和在线度假预订市场规模分别约为 3407 亿元、1267 亿元和 1110 亿元，占比分别约为 55.50%、20.70% 和 18.10%。

1. 提高旅游产品的科技含量

确定旅游产业高技术发展优先领域、关键技术和重点项目，通过加速旅游科技创新，实现高新技术与旅游业的结合，使旅游产业的科技含量大幅度提高，以科技进步推动产业结构的重组，迅速实现旅游产业结构优化的目标。要运用高科技来开发新的旅游项目、旅游产品，多样化且具创意的旅游线路等。运用最新的高科技手段多角度地开发旅游景点

和休闲活动的文化内涵；对某些特殊景点和服务设施进行多功能综合设计；运用高科技手段，引入全新的表现形式，多角度地挖掘旅游景点和休闲活动的文化内涵，对某些特殊景点和服务设施进行多功能的综合设计，增强景点与游客的沟通和互动。同时，要不断加大旅游产业技术创新的投入，推动旅游产业的结构升级。

2. 加快旅游产业经营的信息化建设

鼓励应用互联网信息技术，实现旅游产业信息管理网络化。旅游产业可通过建立旅游目的地信息系统、计算机预订系统、饭店管理系统、银行结算系统等新型信息管理系统加快旅游产业各部门的高新技术改造，提高旅游产品的科技含量与信息含量，基本实现旅游行业管理的办公自动化、管理网络化，以适应信息时代的新型消费者需求及产业变化趋势。通过"互联网＋"，更迅速地协调旅游信息的动态采集、更新、发布和预报，更好地满足散客旅游对各服务信息的需要。要完成饭店、风景名胜区、旅游社、旅游局之间的相互联结，建立起结构合理的网络体系，建成面向全国的旅游服务综合信息库，实现旅游信息的采集、交换和发布的网络化。推动旅游目的地营销系统（DMS）建设，即建立健全旅游统计体系、旅游信息调查制度和假日旅游预报制度，提高旅游办公自动化及电子政务应用水平。以景区景点、宾馆饭店、旅行社的计算机管理系统为基础，扩大行业联网，实现资源共享，发展网上管理与服务，提高旅游管理和经营服务信息化水平。积极发展旅游电子商务行业，提升旅游业的档次、服务水平、知名度和效益。着重将网上销售、网络预定、虚拟旅行、卫星导游等高新技术推广和应用到旅游开发、旅游管理、旅游营销、旅游服务以及旅游教育培训等方面，建立全方位多层次多功能的网上旅游体系，不断丰富和完善"吃、住、行、游、购、娱"等服务，扩大旅游总量，提高经济效益，通过对传统的资源、业务、渠道、流程等的整合，实现网上"一条龙"服务。

3. 利用互联网增强游客的旅游体验

随着旅游观念的变革及可支配收入的增加，越来越多的游客更希望获得个性化、多元化的旅游服务。新的旅游要素"商、养、学、闲、情、奇"随之产生。面对这些困境，只能依靠技术创新来加以改善。云计算、大数据、物联网、电子商务等一系列技术如今正逐步被旅游产业引入，以实现旅游产业向高效、现代化的发展。这些技术不仅能快速正确地处理产业相关的大数据，并对数据进行云端存储，同时，通过互联网实现人与物的信息交流，以及快速的线上交易，最终为旅游产业营造出一个信息化的、现代化的大环境，游客也能在这样科技化的旅游服务中获得更佳的旅游体验。

对于游客的旅游体验过程，可以通过强大的信息处理技术为其提供具有针对性的最优旅游路径规划、全方位旅游评价、多途径旅游方式的信息。对于旅游企业来说，也可以通过新型的信息数据处理技术进行深层次应用，获得及时的游客信息，从而进行灵活定价、多类型旅游项目打造、基于游客信息的自我完善、新客户的开发与客户的维护。通过对云计算大数据等强大的数据处理技术的深度开发与应用，旅游企业也能不断得到针对性的改善，从而为游客提供更好的服务，游客的旅游体验也被大大提升。在这样的良性循环中，旅游产业的升级也就指日可待。

五　以优质服务提升旅游全球价值链中间环节质量水平

旅游产业的特点决定了全球价值链中旅游产品的价值越来越体现价值链中的服务投入的重要性，为游客提供意料之外和体贴入微的优质服务，是提高游客体验性和培养游客忠诚度的制胜法宝。创新服务模式，改善服务质量，是旅游产业升级的题中之义。优质旅游发展战略的提出符合人民群众对美好生活的向往，人们对旅游产品的需求正在从"有没有"到"好不好"转变，而好不好的关键在于服务的品质。发展优质旅游是广大游客对旅游品质的诉求，对服务的追求。中国的旅游产业发展如火如荼，在优质旅游发展阶段我们要通过提高品质、扩大规模塑造中国服务业的优良品牌，打造中国特色旅游服务的核心竞争力。

（1）政府、社会和行业要齐心聚力，完善和提升全覆盖、高效率的旅游公共服务体系的建立，便捷化、高质量、全覆盖的旅游公共服务既是发展全域旅游的基础条件，又是更好地满足人民日益增长的美好生活需要的重要保障。旅游设施建设及公共服务的提升，已经成为当前旅游产业发展重要的基础性工作。政策密集出台，表明旅游设施建设已经进入飞速发展阶段。在旅游设施属性层面，政策的分类更细，指向性更强，可操作性更强（见表7－3）。

表 7 - 3 近年国家层面对旅游设施及公共服务的顶层设计

国家重要会议/文件	旅游基础设施及公共服务相关论述
2017 年政府工作报告	李克强总理在部署重点任务时明确提出，要"完善旅游设施和服务，大力发展乡村、休闲、全域旅游"
2017 年全国旅游工作会议	建设世界旅游强国，强国必先强基。没有基础设施和公共服务供给能力的持续提升、软硬实力不断增强的经济社会发展基础，就不可能建成世界旅游强国
2018 年政府工作报告	完善区域发展政策，推进基本公共服务均等化发展，逐步缩小城乡区域发展差距
2018 年全国旅游工作会议	发挥科技优势，推进"厕所革命"，实施"补短板"计划，加快推进旅游公共服务体系建设，到 2020 年"厕所革命"取得显著成效，旅游交通更为便捷，旅游公共服务更加健全
2019 年政府工作报告	推动城镇基本公共服务覆盖常住人口；改造完善城镇老旧小区基础配套设施及生活服务设施
2019 年全国文化和旅游厅局长会议工作报告	扩大公共服务覆盖面和提升实效性，推动基本公共文化服务标准化、均等化发展，推进转型升级，加强基础设施，为推动产业高质量发展、培育经济增长新动能提供支撑

加强旅游公共服务体系建设主要包括七个方面：

一是安全体系。包括旅游公共安全机制建设；旅游公共安全服务设施建设；旅游安全监测和预警服务建设；紧急救援体系、机制、网络运作。在旅游安全事件的处置过程中，旅游安全预防、旅游安全控制、旅游应急救援和旅游善后处置等是旅游安全治理工作的主体任务和功能。在特定事件的处置中，这些功能任务具有前后发展的逻辑关系，它们前后依托，共同构成了旅游安全治理的任务结构，当然，这些安全处置工作都必须以完善的旅游安全信息作为支撑。为支撑旅游安全治理工作的开展，旅游管理部门应提供针对性的旅游安全预防服务、旅游安全控制服务、旅游应急救援服务、旅游善后处置服务和旅游安全信息服务。通过向旅游者提供旅游公共安全服务，并使旅游公共安全服务覆盖旅游安全治理的功能体系和任务全程，有利于为旅游安全工作的开展提供较好的服务保障。

二是旅游者权益体系。包括旅游者权益保护；对旅游投诉的执法检查；旅游消费环境监测；以旅游者满意度调查及第三方机构独立评估为主的绩效评估机制；对从业单位和人员的诚信等级评定制度。要完善旅游法律制度，通过制定《旅游法实施细则规定》对《旅游法》实行进一步解释和补充。对相关词义不确定、理解模糊的条文进行解释，使其具有可操作性。完善旅游服务合同，明确好旅游经营者和旅游者的各项权利与义务，合同的履行、中止和违约等责任的分担与执行，对旅行社擅自违反合同约定的行为实施重罚，同时借鉴日本《旅游基本法》的规定在包价旅游服务合同中增加旅行业约款的条目，明确办理旅游业务各主体承担的手续费、交易过程中金钱的收受和退赔以及旅行社责任等事项，使旅游服务合同更加规范，更具有可操作性。进一步明确旅游行政主管部门行政监管范围、执行程序和责任，使旅游监管机制常态化运行，有效监管各旅游经营主体的经营行为。对导游人员工资计算方式、工资幅度、工资获取办法进行明确。对旅游景点和购物点做明确界定，禁止购物点包装成景点。

对旅游市场的监管，国家旅游行政监管部门应建立"国家旅游团队系统"，将全国范围内的团队游客信息纳入团队系统中，准确掌握团队游客行程的各具体信息，以及履行接待服务承诺的旅行社、导游、领队人员等的信息。地方各旅游监管部门应尽职责进行监管，执法部门之间建立良好的联动机制，统一彻查、处置侵犯旅游者合法权益的违法行为；联合交通、出入境等部门做好旅游人数预估，对节假日等游客出游高峰期进行正确的信息发布，制订紧急预案机制和安置服务工作，防止景区游客过多而造成滞留等现象发生。最重要的是加强对旅游经营者监管，从源头上制止侵害行为。

三是交通体系。包括旅游交通的可到达性，大交通快捷，中交通畅达，文化路生态路旅游路；交通节点服务设施，集散中心；一般便利设施建设；自驾车旅游服务体系，车联网；绿道体系。加强与交通、铁路、民航等部门的合作，以公共交通网络为依托，强化旅游服务功能，在服务内容、服务项目、服务方式、运行机制等方面与国际接轨；从满足散客交通需求入手，逐步建立网络化的旅游交通集散体系；从适应自驾游快速发展的趋势入手，建设自驾游营地、完善旅游交通标识引导系统，形成便捷的旅游交通服务网络。

四是旅游信息体系。包括旅游标识系统；旅游咨询设施；城市解说服务；旅游电子商务网建设；旅游电子政务网建设；景区内部解说。以制订旅游公共信息标准为基础，完善与相关部门的信息沟通机制，充分利用现代信息技术，整合旅游公共信息资源，扩大旅游公共信息服务的覆盖面，提高服务水平。以建设旅游咨询中心示范项目为突破，完善以旅游资讯网站为中心的在线旅游信息服务集群，以各类旅游咨询中心为基础的现场信息服务窗口和以旅游服务热线为基础的旅游信息声讯服务系统，形成覆盖不同人群的旅游信息服务体系。

五是公共设施与产品体系。包括对旅游资源的开发管理和生态保护；城市游憩设施；公共厕所与卫生设施。加大旅游基础设施建设的力度，实施"厕所革命"技术创新行动，注重生态环保，智能管理，让人们旅游生活更加方便、旅游消费更加舒心。2017年中国已完成新改建旅游厕所6.80万座。"厕所革命"已经从景区扩展到全域，从城市扩展到农村，不仅覆盖全国3000多家4A级以上旅游景区，还逐步扩展到全国370多个重点旅游城市、500多个国家全域旅游示范区创建单位、9200多家金牌农家乐和2万多家乡村旅游重点村。"厕所革命"极大地提升了旅游者的体验感和满意度。

六是旅游惠民体系。包括假日制度及具体安排；城市休闲体系建设；城市服务体系建设；特殊人群的旅游福利；旅游公共服务的均等化。从为游客谋取更多的福利入手，推动社会推出更多的旅游惠民产品和优惠措施，提供更充足的旅游便民设施，推出针对老人、学生、残障人士、低收入人群等的特殊优惠政策，以进一步发挥旅游在提升生活品质、提高居民素质、促进社会和谐等方面的功能，使人民群众共享经济社会及旅游业发展的成果。

七是政府体系。包括各类旅游规范和标准的制定；旅游公共服务战略和规划制定；旅游公共服务人才培养；政企分开、政事分开的旅游管理体制；发展旅游协会和旅游市场中介组织；对旅游公共服务主体实行减免税和提供优惠贷款；政府主导各种社会主体参与的公共服务体系建设；政府对旅游公共服务的保障投入；区域协调平台建设；各个部门各级部门的通力合作；政策的执行和监督。以维护游客的合法权益为出发点，建设服务型政府，进一步强化优化旅游环境、投诉受理、引导游客文明出游等旅游公共服务职能。强化部门协同、区域合作，努力形成大旅游公共服务格局。

（2）在旅游供给的各个方面各个环节提升服务质量，不仅实行标准化、规范化服务，而且注重人性化、个性化服务，提高人们旅游生活的满意度，让游客为有效供给和优质服务"埋单"。优质服务必须建立在标准化的基础之上，具有标准化的特点。标准化的服务是能够让旅游者最直观地感受得到的服务，也是让客人最放心的服务。做好标准化服务，在设计上，要结合市场和旅游者的需求，优化服务流程，提高服务质量；在实施上，要培养出一些基本素质高、工作态度良好、服务技能过硬的服务人员等。在标准化的基础上，优质服务必然是特色鲜明的服务，具有特色，避免千篇一律。所谓特色鲜明的服务，是指能够彰显旅游企业个性的服务，不求标新立异，但求耳目一新，激发旅游者的好奇心，满足旅游者的探索欲，以其不可模仿性来建立忠实的粉丝群。

以迪士尼乐园为例，迪士尼具有以米老鼠、唐老鸭等为代表的特色品牌和 IP，对于天真烂漫的小朋友和童心未泯的大朋友来说，最好的服务就是使卡通人物出现在现实世界里，并且使游客能够和它们亲密接触、拍照合影等。迪士尼的服务具有极强的品牌意识，它谦逊和骄傲地向世界展示迪士尼的姿态。

满足旅游者的个性化需求，是打造优质服务的另外一个重要因素。优质服务应以满足游客需求为宗旨，尤其是要照顾到客人的个性化需求，具有个性化服务特点。个性化的服务充分体现了"以人为本"的核心原则，让旅游者感受到"宾至如归"的感觉。一要尊重客人，二要了解客人，三要关注细节。优质服务一般是以给客人带来"惊喜"为标志的，所谓"惊喜"是指客人想象不到的喜悦，往往出自关注细节、在细节之处出彩的服务。因此，优质服务一定要关注细节，朝着精细化发展。日本的服务人员就十分关注细节，当有顾客询问的时候，服务人员会立刻停下来，开门迎客的时间准确到秒，目送客人到视线之外，服务人员的素质和态度着实令人难忘。

第三节　小结

从旅游产业绿色化支持产业升级的基础动力看，政府、市场和企业三种主客观因素交织在一起形成了旅游产业升级的强大驱动力。从客观因素看，市场需求的升级形成了旅游产业升级的外在压力，使旅游产业的功能发展趋于综合化。满足旅游产业绿色化的市场需求需要引导旅游者的绿色消费。从主观因素看，政府对旅游产业绿色化发展、全域旅游、优质旅游的追求，以及旅游企业适应市场需求推出绿色旅游产品，也都为旅游产业升级提供了基础动力。旅游产业升级路径方面主要表现在五个方面：以绿色理念引领产业发展方向，以旅游者需求优化旅游产业结构，以效率导向提升要素配置水平，以科技创新提高旅游产业素质，以优质服务提升旅游全球价值链中间环节质量水平。

第八章 结论与展望

本章撰写是以前几章内容所开展的分析为基础，其目的是对全书的分析工作进行总结，继而提炼出此次研究的结论，再结合该研究领域的客观理论，提出未来旅游产业绿色化和产业升级的研究方向和趋势。

第一节 主要结论

本书对全球价值链、旅游产业绿色化和产业升级等相关问题进行了梳理，综合运用价值链理论、可持续发展理论、生态经济学理论、循环经济理论等，在分析全球价值链下中国旅游产业发展的现状和问题基础上，构建旅游产业绿色化评价指标体系，运用 DEA 模型、Malmquist 模型，对中国旅游产业绿色化综合效率、绿色化规模效率、绿色化技术效率和绿色化全要素生产率几个反映旅游产业绿色化水平的关键指标进行了评价，并对评价结果进行了国家、区域和省域范围内的分析。在对比不同区域旅游产业绿色化差异的基础上，构建面板数据模型，对旅游产业绿色化水平的影响因素进行归纳，并对不同影响因素对旅游产业绿色化水平具体影响大小进行测算，最后借鉴国外典型国家旅游产业升级的经验，提出中国旅游产业升级的驱动机制和旅游产业升级的路径对策。

本书的主要结论如下：

第一，从经济、社会、生态三个维度分析中国旅游产业绿色化的发展历程，把中国旅游产业绿色化发展分为三个阶段，分别是经济导向的旅游产业成长阶段（1978—2000 年），经济—生态导向的旅游产业拓展阶段（2001—2008 年），经济—生态—社会导向的旅游产业综合发展阶段（2009年至今）。从三个阶段可以归纳出全球价值链下中国旅游产业发展特点：旅游产业发展已经纳入全球价值链和世界旅游版图；驱动创新下中国旅游产业提质增效效果显著；旅游产业绿色化发展取得长足进展；旅游企业良性发展成为产业可持续发展的有力支撑。当然从这些典型化特征事实可以发现中国旅游产业目前所存在的问题：旅游产业供需失衡，绿色化和转型升级艰难；旅游企业嵌入全球价值链环节中缺少领袖企业，竞争力低；低附加值的旅游产品对中国旅游经济持续增长的支撑度降低；生态环境对中国旅游产业制约日趋显现。

第二，中国旅游产业绿色化综合效率在2001—2015年总体上呈现有所下降的趋势，呈现出一种"升降升降"的变化趋势。这种情况表明，虽然中国旅游产业的规模在不断扩大，但是这种规模的扩大并没有带动绿色化水平的有效提升。中国各区域旅游产业绿色化效率水平差异明显，东部、中部、西部区域分布不平衡，呈现出东高西低的梯队分布格局，不同地区之间的旅游产业绿色化综合效率差距正在减小。

中国旅游产业绿色化技术效率波动起伏中略有下降。波动幅度和下降幅度明显小于旅游产业绿色化综合效率。总体上呈现出东部大于中部，中部大于西部的格局，东部、中部旅游产业绿色化规模效率大于西部，而东部和中部地区旅游产业绿色化规模效率差距非常小。

中国旅游产业绿色化规模效率总体出现小幅度的下降，2008年出现明显降幅，说明金融危机对旅游产业绿色化规模效率影响严重，也体现出旅游产业脆弱性特点。东部、中部和西部地区旅游产业绿色化规模效率表现出与综合效率、技术效率不同的变化特征，地区差异相对较小。东部、中部和西部地区旅游业绿色化规模效率在波动中略有下降，东部、中部旅游产业绿色化规模效率大于西部，而东部和中部地区旅游产业绿色化规模效率差距非常小。

2001年以来，中国旅游产业绿色化全要素生产效率并未得到明显改善，仍处于较低水平，15年间增长幅度仅为11%，表明中国旅游产业绿色化整体运行效率呈现缓慢上升的趋势，且年际之间呈现波动状态。这种不稳定的特征也说明旅游产业的脆弱性和敏感性特点。

第三，从经济发展、旅游产业地位、环境治理、技术创新、市场潜力共5个方面定性分析各因素对旅游产业绿色化的影响机理，以旅游产业绿色化综合效率为被解释变量，从经济发展、旅游产业地位、环境治理、技术创新、市场潜力5个方面选取影响因素指标作为解释变量，将旅游产业绿色化综合效率纳入计量分析框架，建立空间计量回归模型，对旅游产业绿色化综合效率的影响因素进行实证分析。结果显示，经济发展水平、旅游产业地位和旅游市场潜力对旅游产业绿色化综合效率产生正向影响，技术创新、环境治理对旅游产业绿色化综合效率产生负向影响。

第四，西班牙、日本、新加坡3个国家旅游产业绿色化推动产业升级的主要特点与经验有：高度重视可持续发展；政府主导的灵活发展战略和旅游政策；重视旅游宣传推广，强调整体的促销和联合营销；不断开发新的旅游产品，提供优质的旅游服务。

第五，从旅游产业升级的基础动力看，政府、市场和企业三种主客观因素交织在一起形成了旅游产业升级的强大驱动力。客观上，市场需求的升级形成了旅游产业升级的外在压力，使旅游产业的功能趋于综合化。旅游产业绿色化的市场需求需要引导旅游者的绿色消费。主观上，政府对旅游产业绿色化发展、全域旅游、优质旅游的追求，以及旅游企业适应市场需求推出绿色旅游产品，也都为旅游产业升级提供了基础动力。旅游产业升级路径和对策主要表现在五个方面：以绿色理念引领产业发展方向；以旅游者需求优化旅游产业结构；以效率导向提升要素配置水平；以科技创新提高旅游产业素质；以优质服务提升旅游全球价值链中间环节质量水平。

第二节　展望

旅游产业的综合性决定了旅游产业绿色化和升级将会是一个复杂的难题。未来中国旅游产业绿色化和升级，需要从以下几个方面开展研究：

第一，本研究测算的是旅游产业绿色化效率，绿色化效率是判断旅游产业绿色化发展程度的方式之一，绿色化效率是否能准确体现中国旅游产业绿色化发展水平和程度，仍需进一步研究。另外，对绿色化效率评价指标的选择上，涉及跨年度面板数据，指标的选择不可能涵盖所有内容，不同的指标体系对于其研究结果也会存在一定的差异，如何最小化指标选择对分析结果的影响，需进一步论证。此外，此次研究仅选择了2001—2015 年的数据，而其他时间段是否发生变化仍待考证，也有必要加强数据的补充和分析的规范性。对旅游产业绿色化效率空间格局演化的机制研究以及不同旅游发展阶段旅游产业绿色化效率，不同区域旅游绿色化效率演化的机制有待进一步深化研究。

第二，旅游产业是一项关联性很强的第三产业，影响因素较多，旅游产业绿色化效率反映了旅游产业发展相关资源的投入产出情况，受到的影响因素更多。本书主要从经济发展、旅游产业地位、技术创新、环境治理和旅游市场潜力五个因素分析了旅游业绿色化效率的影响因素，对旅游产业绿色化效率也会产生一定的影响。这些因素如何量化，对旅游产业绿色化效率演化究竟有怎样的影响，对各影响因素的具体作用方式和作用机制等问题还有待进一步论述。

第三，旅游产业升级中的内在机制问题有待于进一步精细刻画，目前学术界关于旅游产业升级内在机理尚未形成较为一致的研究框架。本书关于旅游产业升级的机理、战略、路径等研究仍处在初期探索的阶段，仍需要给予进一步的指正，以便形成更多旅游产业升级的政策。对旅游产业升级的时间节点也需要进一步探讨，将旅游产业升级与旅游产业绿色相结合，从旅游产业升级与旅游产业绿色化发展互动中探讨旅游产业的可持续发展。

参考文献

白仲林：《面板数据的计量经济分析》，南开大学出版社 2008 年版。

卞显红：《江南水乡古镇旅游业转型动力机制及路径研究》，《城市发展研究》2010 年第 17 期。

蔡萌、汪宇明：《绿色旅游：一种新的旅游发展方式》，《旅游学刊》2010 年第 1 期。

曹芳东、黄震方、吴江、徐敏：《城市旅游发展效率的时空格局演化特征及其驱动机制——以泛长江三角洲地区为例》，《地理研究》2012 年第 8 期。

曹芳东、黄震方、吴江、徐敏：《国家级风景名胜区旅游效率测度与区位可达性分析》，《地理学报》2012 年第 12 期。

陈超凡：《中国工业绿色全要素生产率及其影响因素——基于 ML 生产率指数及动态面板模型的实证研究》，《统计研究》2016 年第 3 期。

陈诗一：《能源消耗、二氧化碳排放与中国工业的可持续发展》，《经济研究》2009 年第 4 期。

陈淑兰、刘立平、付景保：《河南省旅游产业结构优化升级研究》，《经济地理》2011 年第 18 期。

陈太政、李峰、乔家君：《旅游产业结构高度化与旅游经济增长关系研究》，《经济地理》2013 年第 5 期。

陈秀莲：《泛珠三角国际旅游产业结构实证分析——基于次区域理论和灰色关联度的探讨》，《国际经贸探索》2007 年第 7 期。

陈秀琼、黄福才：《中国旅游业发展质量的定量评价研究》，《旅游学刊》2006 年第 9 期。

陈英：《后工业经济：产业结构变迁与经济运行特征》，南开大学出版社2005年版。

迟景才：《中国旅游经济探索》，广东旅游出版社2004年版。

楚尔鸣、李勇辉：《高新技术产业经济学》，中国经济出版社2005年版。

崔保巧、张辉、黄雪莹：《高铁背景下旅游城市群旅游空间结构转型研究——以环渤海、长三角为例》，《华东经济管理》2014年第11期。

崔凤军：《中国传统旅游目的地创新与发展》，中国旅游出版社2002年版。

崔建勋：《河南省旅游产业结构升级中的创新问题研究》，《管理学刊》2012年第5期。

代谦、别朝霞：《人力资本、动态比较优势与发展中国家产业结构升级》，《世界经济》2006年第11期。

戴利：《超越增长》，上海译文出版社2001年版。

戴维周、李茜：《日本旅游观光产业立国的现状与启示》，《现代日本经济》2006年第2期。

樊欢欢、刘荣：《Eviews统计分析与应用》，北京机械工业出版社2014年版。

方叶林、黄震方、王坤、涂玮：《中国星级酒店相对效率集聚的空间分析及提升策略》，《人文地理》2013年第1期。

方叶林、黄震方、张宏、彭倩、陆玮婷：《省域旅游发展的错位现象及旅游资源相对效率评价——以大陆31省市区2000—2009年面板数据为例》，《自然资源学报》2013年第10期。

高大帅、明庆忠、李庆雷：《旅游产业生态化研究》，《资源开发与市场》2009年第9期。

郭强、王秋艳、范晓波等：《中国绿色发展报告》，中国时代经济出版社2009年版。

耿松涛：《中国旅游上市公司全要素生产率研究》，《南京社会科学》2012年第5期。

高兴、袁杰、李文霞等：《酒店主要产品服务经济—能源—环境系统分析》，《中国人口·资源与环境》2007 年第 4 期。

关伟、许淑婷：《中国能源生态效率的空间格局与空间效应》，《地理学报》2015 年第 6 期。

郭永杰、米文宝、赵莹：《宁夏县域绿色发展水平空间分异及影响因素》，《经济地理》2015 年第 3 期。

盖玉妍：《基于顾客价值的旅游产业价值链整合研究》，《黑龙江社会科学》2008 年第 3 期。

韩元军、吴普、林坦：《基于碳排放的代表性省份旅游产业效率测算与比较分析》，《地理研究》2015 年第 10 期。

何建民：《我国旅游产业融合发展的形式、动因、路径、障碍及机制》，《旅游学刊》2011 年第 4 期。

郝栋：《绿色发展的思想轨迹——从浅绿色到深绿色》，北京科学技术出版社 2013 年版。

贺红权、张婉君、刘伟：《旅游产业价值链解读》，《华东经济管理》2011 年第 8 期。

贺腊梅、李志勇、查建平：《区域旅游业 CO_2 排放的驱动因素分解模型及实证分析——基于 2007—2011 年湖北省 17 个州市面板数据的证据》，《旅游科学》2016 年第 2 期。

胡鞍钢：《中国创新绿色发展》，中国人民大学出版社 2012 年版。

胡鞍钢、周绍杰：《绿色发展：功能界定、机制分析与发展战略》，《中国人口·资源与环境》2014 年第 1 期。

黄和平、伍世安、智颖飙：《基于生态效率的资源环境绩效动态评价——以江西省为例》，《资源科学》2010 年第 5 期。

贺满萍：《中国经济增长的资源环境代价与经济发展可持续性的制度安排》，《经济研究参考》2010 年第 65 期。

江丽芳、王晓云：《从生态旅游到绿色旅游：旅游可持续发展实践的深化》，《中国集体经济》2010 年第 9 期。

蓝庆新、韩晶：《中国工业绿色转型战略研究》，《经济体制改革》2012 年第 1 期。

李兵、张建强、权进民：《企业生态足迹和生态效率研究》，《环境工程》2007 年第 6 期。

李锋、陈太政、辛欣：《旅游产业融合与旅游产业结构演化关系研究——以西安旅游产业为例》，《旅游学刊》2013 年第 1 期。

李惠娟、龙如银、兰新萍：《资源型城市的生态效率评价》，《资源科学》2010 年第 7 期。

李鹏：《昆明市四星级酒店住宿产品碳足迹计算与分析》，《旅游学刊》2010 年第 3 期。

李鹏、杨桂华：《旅游融合发展：旅游产业与生态文明》，中国环境出版社 2016 年版。

李鹏、杨桂华、郑彪、张一群：《基于温室气体排放的云南香格里拉旅游线路产品生态效率》，《生态学报》2008 年第 5 期。

李平：《中国工业绿色转型研究》，《中国工业经济》2011 年第 4 期。

李荣树：《以旅游目的地为核心构架旅游产业价值链》，《沈阳大学学报》2015 年第 1 期。

李晓西、刘一萌、宋涛：《人类绿色发展指数的测算》，《中国社会科学》2014 年第 6 期。

李志勇：《低碳经济视角下旅游服务效率评价方法》，《旅游学刊》2013 年第 10 期。

廖福霖：《生态文明建设的理论和实践》，中国林业出版社 2003 年版。

刘丙泉：《中国区域生态效率测度与差异性分析》，《技术经济与管理研究》2011 年第 10 期。

刘佳、陆菊：《中国旅游产业生态效率时空分异格局及形成机理研究》，《中国海洋大学学报》2016 年第 1 期。

刘佳、赵金金：《中国旅游产业结构与旅游产业集聚空间关联与相互作用的实证研究》，《首都经济贸易大学学报》2013 年第 4 期。

刘明广：《区域创新系统绿色创新效率的空间分布及收敛性研究》，《工业技术经济》2017 年第 4 期。

刘军胜、马耀峰、高军：《基于偏离份额与灰色关联分析的河南入境产业结构研究》，《河南科学》2012 年第 5 期。

刘凯、任建兰、王成新：《中国绿色化的演变特征及影响因素》，《城市问题》2016 年第 4 期。

刘黎黎、毕燕：《旅游产业结构的综合定量及优化分析》，《广西师范学院学报》（自然科学版）2009 年第 3 期。

刘名检、唐静：《旅游产业竞争力提升的动力机制研究》，《经济管理》
2010 年第 12 期。

刘涛：《经济增长与产业结构变动的关系及其效应研究》，科学出版社
2013 年版。

刘亭立：《基于微观视角的旅游产业价值链分析》，《社会科学家》2008
年第 3 期。

刘亭立：《旅游产业价值链研究综述和展望》，《旅游学刊》2013 年第
2 期。

刘伟、张辉、黄则华：《中国产业结构高度与工业化进程和地区差异的
考察》，《经济学动态》2008 年第 11 期。

刘伟、张辉：《中国经济增长中的产业结构变迁和技术进步》，《经济研
究》2008 年第 11 期。

刘小瑜：《中国旅游产业结构的投入产出分析》，经济管理出版社 2003
年版。

刘逸：《旅游价值链研究进展评述》，《旅游论坛》2015 年第 4 期。

楼嘉军、王晓云、邱扶东：《旅游业结构调整与和谐发展》，立信会计
出版社 2005 年版。

卢俊卿、仇方迎、柳学顺：《第四次浪潮绿色文明》，中信出版社 2011
年版。

鲁芬、娄思元、明庆忠等：《旅游产业生态化的内涵分析及其概念模
型》，《旅游研究》2017 年第 5 期。

陆林、葛敬炳、苏静：《基于制度变迁的浙江民营资本旅游投资行为研
究》，《旅游学刊》2008 年第 5 期。

陆学、陈兴鹏：《循环经济理论研究综述》，《中国人口·资源与环境》
2014 年第 2 期。

罗富民：《区域旅游产业发展方式转变的路径及对策研究——基于比较
优势理论的视角》，《四川烹饪高等专科学校学报》2011 年第 6 期。

吕明元、尤萌萌：《韩国产业结构变迁对经济增长方式转型的影响》，
《世界经济研究》2013 年第 1 期。

吕宛青：《旅游经济学》，科学出版社 2009 年版。

吕薇、沈恒超、戴建军等：《绿色发展体制机制与政策》，中国发展出版社 2015 年版。

马述忠、张洪胜、王笑笑：《融资约束与全球价值链地位提升——来自中国加工贸易企业的理论与证据》，《中国社会科学》2017 年第 1 期。

麻学锋：《旅游产业结构升级的动力机制与动态演化研究》，《新疆社会科学》2010 年第 5 期。

麻学锋：《区域旅游产业结构优化评价体系构建——基于张家界数据的实证研究》，《山西大同大学学报》（社会科学版）2009 年第 3 期。

麻学锋、张世兵、龙茂兴：《旅游产业融合路径分析》，《经济地理》2010 年第 4 期。

马浩：《竞争优势：解剖与集合》，北京大学出版社 2010 年版。

马进甫：《国内旅游购物研究综述》，《北京第二外国语学院学报》（旅游版）2006 年第 9 期。

马庆国：《管理统计》，科学出版社 2002 年版。

马晓龙：《国内外旅游效率研究进展与趋势综述》，《人文地理》2012 年第 3 期。

马晓龙、保继刚：《基于 DEA 的中国国家级风景名胜区使用效率评价》，《地理研究》2009 年第 3 期。

马勇、周霄：《WTO 与中国旅游产业发展新论》，旅游教育出版社 2003 年版。

马占新：《数据包络分析模型与方法》，北京科学出版社 2010 年版。

迈克尔·豪利特·M. 拉米什：《公共政策研究：政策循环与政策子系统》，庞诗等译，生活·读书·新知三联书店 2006 年版。

梅亮、葛世伦、过晓丹：《长三角苏浙沪三地国内旅游产业结构对比分析》，《企业经济》2009 年第 12 期。

那声润：《产业结构演进与城市化实证研究》，中国农业大学出版社 2009 年版。

倪红福、夏杰长：《中国区域在全球价值链中的作用及其变化》，《财贸经济》2016 年第 10 期。

牛文元：《绿色设计是启动绿色发展的第一杠杆》，《中国科学院院刊》

2016 年第 5 期。

牛文元：《绿色中国之路：从理论走向运作——评张智光教授著〈绿色中国〉系列专著》，《中国人口·资源与环境》2013 年第 4 期。

诺斯：《经济史中的结构与变迁》，上海三联书店 2002 年版。

欧阳志云、赵娟娟、桂振华等：《中国城市的绿色发展评价》，《中国人口·资源与环境》2009 年第 5 期。

潘大钧：《管理学教程》，经济管理出版社 2002 年版。

潘丹、应瑞瑶：《中国农业生态效率评价方法与实证——基于非期望产出的 SBM 模型分析》，《生态学报》2013 年第 12 期。

彭冲、李春凤、李玉双：《产业结构变迁对经济波动的动态影响研究》，《产业经济研究》2013 年第 7 期。

邱寿丰：《中国区域经济发展的生态效率研究》，《能源与环境》2008 年第 4 期。

邱寿丰、诸大建：《中国生态效率指标设计及其应用》，《科学管理研究》2007 年第 1 期。

齐绍洲、云波、李锴：《中国经济增长与能源消费强度差异的收敛性及机理分析》，《经济研究》2009 年第 4 期。

钱争鸣、刘晓晨：《中国绿色经济效率的区域差异与影响因素分析》，《中国人口·资源与环境》2013 年第 7 期。

任建兰：《区域可持续发展导论》，科学出版社 2014 年版。

申德嘉：《从"旅游产业的范围和地位"想起的》，《旅游学刊》2007 年第 11 期。

生延超、陈太政、辛欣：《旅游产业融合与旅游产业结构演化关系研究》，《旅游学刊》2013 年第 1 期。

生延超：《旅游产业结构优化对区域旅游经济增长贡献的演变》，《旅游学刊》2012 年第 10 期。

盛朝迅：《比较优势动态化与中国产业结构调整——兼论中国产业升级的方向与路径》，《当代经济研究》2012 年第 9 期。

盛馥来、诸大建、叶强生等：《绿色经济——联合国视野中的理论、方法与案例》，中国财政经济出版社 2015 年版。

师傅、张良悦：《中国区域能源效率收敛性分析》，《当代财经》2008

年第 2 期。

师守祥：《旅游产业范围的界定应符合经济学规范》，《旅游学刊》2007
　　年第 11 期。

石敏俊、王妍、张卓颖等：《中国各省区碳足迹与碳排放空间转移》，
　　《地理学报》2012 年第 10 期。

石培华：《旅游业与其他产业融合发展的路径与重点》，《旅游学刊》
　　2011 年第 5 期。

石培华、冯凌、吴普：《旅游业节能减排与低碳发展：政策技术体系与
　　实践工作指南》，中国旅游出版社 2010 年版。

宋娜：《旅游产业技术创新网络模式与特点》，《企业经济》2012 年第
　　6 期。

宋子千：《旅游业应增强产业融合的主动性》，《旅游学刊》2011 年第
　　4 期。

宋子千、韩元军：《中国旅游产业的增长方式与面向现代服务业的转
　　型：基于 2005—2009 年 22 个旅游城市面板数据的实证分析》，《经
　　济地理》2013 年第 10 期。

苏东水：《产业经济学》，江西人民出版社 2012 年版。

苏振、李秋室：《欧洲旅游产业演进对旅游公共政策的影响》，《经济研
　　究导刊》2012 年第 7 期。

孙媛媛：《基于 DEA 的中国旅游上市公司区域竞争力比较研究——东部
　　为例》，《安徽农业科学》2010 年第 19 期。

孙治宇：《全球价值链分工与价值链升级研究》，经济科学出版社 2013
　　年版。

唐婧：《绿色旅游生态循环经济系统构架研究：以湖南为例》，《湖南社
　　会科学》2010 年第 5 期。

陶卓民、薛献伟、管晶晶：《基于数据包络分析的中国旅游业发展效率
　　特征》，《地理学报》2010 年第 8 期。

Aivaz K. A. , Corina Vancea D. P. , "A study of the black sea tourism com-
　　panies efficiency using envelop techniques", *Transformations in Busi-
　　ness and Economics*, Vol. 8, No. 3, March, 2009.

Anderson R. I. , Fish M. , Xia Y. , et al. , "Measuring efficiency in the hotel industry: A stochastic frontier approach", *Hospitality Management*, Vol. 18, No. 1, March, 1999.

Apostolakis A., Jaffry S., "A choice modeling application for Greek heritage attractions", *Journal of Travel Research*, Vol. 43, No. 4, July, 2005.

Ariadna G. M., Xavier G., Anna R., "Mass tourism and water efficiency in the hotel industry: a case study", *International Journal of Hospitality Management*, No. 61, February, 2017.

Aruro Malian – Gonzalez, Juan Manuel Garcia – Falcon, "Competitive potential of tourism in destinations", *Annals of Tourism Research*, Vol. 30, No. 3, April, 2003.

Assaf A. G., Josiassen A., "European vs. U. S. airlines: Performance comparison in a dynamic market", *Tourism Management*, Vol. 33, No. 2, April, 2012.

Ayres R. U., "Towards a zero – emissions economy", *Environmental Science and Technology*, Vol. 32, No. 15, July, 1998.

Baker M., Riley M., "New perspectives on productivity in hotels: Some advances and new directions", *International Journal of Hospitality Management*, Vol. 13, No. 4, March, 1994.

Barham N., Dorry S., Schamp E. W., "Relational Governance and Regional Updating in Global Value Chains – the Case of Package Tourism in Jordan", *Die Erde*, Vol. 138, No. 2, February, 2007.

Barros C. P., "Measuring efficiency in the hotel sector", *Annals of Tourism Research*, Vol. 32, No. 2, March, 2005.

Barros C. P., "Airports and tourism in Mozambique", *Tourism Management*, Vol. 41, No. 4, July, 2014.

Barros C. P., "A stochastic cost frontier in the Portuguese restaurant industry", *Tourism Economics*, Vol. 10, No. 2, March, 2004.

Beaumont N., Dredge D., "Local Tourism Governance: A Comparison of Three Network Approach", *Journal of Sustainable Tourism*, Vol. 18, No. 1, January, 2010.

Becken S. , "Analyzing international tourist flows to estimate energy use associated with air travel", *Journal of Sustainable Tourism*, Vol. 10, No. 2, May, 2002.

Becken S. , Simmons D. G. , "Understanding energy consumption patterns of tourist attractions and activities in New Zealand", *Tourism Management*, Vol. 23, No. 4, September, 2002.

Becken S. , "Developing indicators for managing tourism in the face of peak oil", *Tourism Management*, Vol. 29, No. 4, July, 2008.

Becken S. , Simmons D. G. , et al. , "Energy use associated with different travel choices", *Tourism Management*, Vol. 24, No. 3, October, 2003.

Becken S. , Simmons D. G. , "Understanding energy consumption patterns of tourist attractions and activities in New Zealand", *Tourism Management*, Vol. 23, No. 4, March, 2002.

Becken S. , Frampton C. , et al. , "Energy consumption patterns in the accommodation sector: the New Zealand case", *Ecological Economics*, Vol. 39, No. 3, July, 2001.

Becken S. , "Operators' Perception of Energy Use and Actual Saving Opportunities for Tourism Accommodation", *Asia Pacific Journal of Tourism Research*, Vol. 18, No. 1 - 2, February, 2013.

Becken S. , Patterson M. , "Measuring national carbon dioxide emissions from tourism as a key step towards achieving sustainable tourism", *Journal of Sustainable Tourism*, Vol. 14, No. 4, April, 2009.

Bergh G. , "Rocky Mountain towns resort to recycling", *Resource Recycling*, Vol. 13, No. 12, December, 1994.

Beritelli P. , Bieger T. , Laesser C. , "Destination Governance: Using Corporate Governance Theories as a Foundation for Effective Destination Management", *Journal of Travel Research*, Vol. 46, No. 1, March, 2007.

Bode S. , Hapke J. , Zisler S. , "Need and options for a regenerative energy supply in holiday facilities", *Tourism Management*, Vol. 24, No. 3, July, 2003.

Bolund P. , Hunhammar S. , "Ecosystem services in urban areas", *Ecological Economics*, Vol. 29, No. 2, March, 1999.

Botti L. , Goncalves O. , Ratismbanierana H. , "French destination efficiency: A mean – variance approach", *Journal of Travel Research*, Vol. 51, No. 2, April, 2012.

Brida J. G. , Deidda M. , Pulina M. , "Tourism and transport systems in mountain environments: Analysis of the economic efficiency of cable – ways in South Tirol", *Journal of Transport Geography*, Vol. 36, No. 4, June, 2014.

Castán Broto, Bulkeley, "A survey of urban climate change experiments in 100 cities", *Global Environmental Change*, Vol. 23, No. 1, February, 2013.

Chan W. W. , Lam J. C. , "Energy – saving supporting tourism sustainability: A case study of hotel swimming pool heat pump", *Journal of Sustainable Tourism*, Vol. 11, No. 1, March, 2003.

Charles K. N. , Paul S. , "Competition, privatization and productive efficiency: evidence from the airline industry", *The Economic Journal*, Vol. 111, No. 473, November, 2001.

Chiang W. E. , "A restaurant performance evaluation of Taipei international tourist restaurant Using data envelopment analysis", *Asia Pacific Journal of Tourism Research*, Vol. 11, No. 1, February, 2006.

Clancy M. , "Chains, Service and Development: Theory and Preliminary Evidence from the Tourism Industry", *Review of International Political Economy*, Vol. 5, No. 1, March, 1998.

Clancy M. , "The Globalization of Sex Tourism and Cuba: A Commodity Chains Approach Studies in Comparative International Development", *Winter*, Vol. 36, No. 4, May, 2000.

Clancy M. , "Tourism and development: Evidence from Mexico", *Annals of Tourism Research*, Vol. 26, No. 1, March, 1999.

Côté R. , Booth A. , Louis B. , "Eco – efficiency and SMEs in Nova Scotia, Canada", *Journal of Cleaner Production*, Vol. 14, No. 6 – 7, July,

2006.

Cracolici M. F. , Cuffaro M. , Nijkamp P. , "Sustainable tourist development in Italian holiday destinations", *International Journal of Services*, *Technology and Management*, Vol. 10, No. 1, February, 2008.

Dahlstrom K. , Ekins P. , "Eco – efficiency Trends in the UK Steel and Aluminum Industries: Differences between Resource Efficiency and Resource Productivity", *Journal of Industrial Ecology*, Vol. 9, No. 4, July, 2005.

Daskalopoulou I. , Petrou A. , "Urban tourism competitiveness: Networks and the regional asset base", *Urban Studies*, Vol. 46, No. 4, August, 2009.

Davies B. , Downward P. , "Exploring price and non – price decision making in the UK package tour industry: insights from small – scale travel agents and tour operators", *Tourism Management*, Vol. 28, No. 5, May, 2007.

Wade D. , Eagles, "A history and Market Analysis of Tourism in Tanzania", *Tourism Management*, Vol. 22, No. 1, March, 2001.

Dober P. , Wolff R. , "Eco – efficiency and denationalization: Scenarios for new industrial logic in recycling industries, auto – mobile and household appliances", *Business Strategy and the Environment*, Vol. 8, No. 1, July, 1999.

Dubois, Ghislain, Ceron, Jean Paul, "Tourism/Leisure Greenhouse Gas Emissions Forecasts for 2050: Factors for Change in France", *Journal of Sustainable Tourism*, Vol. 14, No. 2, February, 2006.

Entight M. J. , Newton J. , "Tourism destination competitiveness: a quantitative approach", *Tourism Management*, Vol. 25, No. 4, April, 2004.

Eraqi M. I. , "Tourism strategic marketing planning: Challenges and opportunities for tourism business sector in Egypt", *Tourism Analysis*, Vol. 10, No. 2, March, 2005.

Ewen Michael, *Micro – Clusters and Networks: The Growth of Tourism*, Elsevier Science, 2006.

Font X. , Tribe J. , "Promoting green tourism: the future of environmental a-wards", *International Journal of Tourism Research*, Vol. 3, No. 1, February, 2001.

Francesca, "Green Building for a Green Tourism. A new model of eco – friendly agritourism", *Agriculture & Agricultural Science Procedia*, No. 8, July, 2016.

Fukuyama, Hirofumi, William Weber, "A Directional Slacks – based Meas-ure of Technical Inefficiency", *Socioeconomic Planning Sciences*, Vol. 43, No. 4, March, 2009.

Fussler C. , "The Development of Industrial Eco – efficiency", *Industry and Environment (Chinese version)*, Vol. 17, No. 4, June, 1995.

George Assaf A. , "Benchmarking the Asia Pacific Tourism Industry: A Bayesian Combination of DEA and Stochastic Frontier", *Tourism Man-agement*, Vol. 33, No. 5, October, 2012.